山东省重点马克思主义学院建设经费资助项目

泰山学者工程专项经费资助项目（TS201712038）

新时代中华民族凝聚力建设的理论发展与实践创新研究

张学亮　著

吉林大学出版社

·长春·

图书在版编目（CIP）数据

新时代中华民族凝聚力建设的理论发展与实践创新研究 / 张学亮著. —长春：吉林大学出版社，2023.3
ISBN 978-7-5768-1499-6

Ⅰ.①新… Ⅱ.①张… Ⅲ.①中华民族－民族精神－研究 Ⅳ.①C955.2

中国国家版本馆 CIP 数据核字（2023）第 041035 号

书　　名：新时代中华民族凝聚力建设的理论发展与实践创新研究
XINSHIDAI ZHONGHUA MINZU NINGJULI JIANSHE DE LILUN
FAZHAN YU SHIJIAN CHUANGXIN YANJIU

作　　者：张学亮
策划编辑：黄国彬
责任编辑：闫竞文
责任校对：王　蕾
装帧设计：姜　文
出版发行：吉林大学出版社
社　　址：长春市人民大街 4059 号
邮政编码：130021
发行电话：0431－89580028/29/21
网　　址：http：//www.jlup.com.cn
电子邮箱：jldxcbs@sina.com
印　　刷：天津和萱印刷有限公司
开　　本：787mm×1092mm　　1/16
印　　张：13.75
字　　数：280 千字
版　　次：2023 年 3 月　第 1 版
印　　次：2023 年 3 月　第 1 次
书　　号：ISBN 978-7-5768-1499-6
定　　价：98.00 元

前　言

　　随着中国特色社会主义进入新时代，中华民族已经站在由"富起来"向"强起来"转变的新的历史时期。实现中华民族伟大复兴的中国梦引领着中华民族一路向前，但是，当今世界风云变幻，世界百年未有之大变局与中华民族伟大复兴的战略全局交织叠加，新冠疫情带来全球经济大衰退，世界格局正在经历冷战以来最为深刻的变动。中国日益发展壮大引起西方世界的恐慌，出于"文明冲突""资本增值""国强必霸"等思维逻辑，西方对华遏制变本加厉，扰乱中国和平发展、挑拨中国民族关系的企图更加昭然若揭。中华民族凝聚力建设既面临时代际遇，也面临严峻挑战。在脱贫攻坚取得全面胜利，小康社会全面建成的背景下，如何巩固攻坚脱贫的成果，如何将人民群众的"获得感"转化为对党的领导和社会主义制度的"认同感"，这是一个重大的理论课题和实践命题。对此，习近平总书记特别强调指出："经济发展、人民生活水平提高，并不会自然而然带来人们思想认识水平的提高。维护民族团结，反对民族分裂，要重视少数民族和民族地区经济发展，但并不是靠这一条就够了。应该说，问题的成因主要不在物质方面，而是在精神方面。一把钥匙开一把锁。我们在继续用好发展这把钥匙的同时，必须把思想教育这把钥匙用得更好。"[①]习近平总书记的这些重要论述，实际上也为新时代中华民族凝聚力建设提出了要求、明确了任务。因此，结合新时代新矛盾、新形势、新任务，深化对中华民族凝聚力的研究，是推动中华民族伟大复兴，铸牢中华民族共同

---

　　① 习近平. 论党的宣传思想工作[M]. 北京：中央文献出版社，2020：84-85.

体意识，提升国家综合国力的根本之要，也是打破西方对华遏制和诋毁，提升中国国家形象，展现人类文明新形态的关键之举。

一、研究现状概述

铸牢中华民族共同体意识，是目前学界研究的热点，也是习近平新时代中国特色社会主义思想的重要内容。中华民族共同体意识，强调的是内在的思想认知，而中华民族凝聚力，强调的则是由内而外的一种"力"，这种"力"直接体现为国家软实力。正如党的十九大报告强调的："要铸牢中华民族共同体意识，加强各民族交往交流交融，促进各民族像石榴籽一样紧紧抱在一起。"①也就是说，铸牢中华民族共同体意识要以增强中华民族凝聚力为目标和归宿，只有"紧紧抱在一起"才是铸牢中华民族共同体意识的落脚。

中华民族已经处于近代以来最为接近民族复兴的关键时期，但世界百年未有之大变局与中华民族伟大复兴的战略全局交互叠加，"两大变局"对中华民族凝聚力提出许多新课题，面对严峻复杂的国际局势，面对新冠肺炎疫情的严重冲击，中华民族能否"紧紧抱在一起"，共同团结奋斗、共同繁荣发展，共同迎难而上，将事关中华民族的前途命运。因此，深化对中华民族凝聚力的研究，维护安定团结的政治局面，不仅有助于铸牢中华民族共同体意识，也有利于提升国家文化软实力，增强综合国力，维护国家安全。

(一)研究现状

根据文献检索，目前学界针对此问题的研究主要表现在以下几个方面。

1. 关于中华民族凝聚力形成的研究，学者们主要有以下观点。(1)中华民族凝聚力形成的"历史文化传承说"，有学者提出图腾崇拜对民族凝聚力的作用，提出仪式性文化活动对民族凝聚力具有重要作用(傅铿，1988)；也有学者提出中华民族长期生活的同一地域，各民族各有所长、各有需求，形成休戚与共的关系，以及中华优秀传统文化强调择善而从，是民族凝聚力形成的重要原因(沈嘉荣，1990)；如爱国主义、兼爱互利、中华文化万物一体、天

---

① 习近平. 决胜全面建成小康社会 夺取新时代中国特色社会主义伟大胜利——在中国共产党第十九次全国代表大会上的报告[N]. 人民日报，2017-10-18.

人合一、恋土归根、天下大同等思想为中华民族凝聚力形成提供了客观可能。(2)中华民族凝聚力形成的"多因素说",有学者提出中华民族凝聚力是由自然地理环境、社会血缘关系、生产方式与社会结构、文化心理背景诸要素共同作用的结果(李权时、李明华,1991);也有学者提出中华民族凝聚力是以社会历史根源、思想根源、内在根源、前提条件、具体表现、功能效应的作用六个环节的形式存在着(肖君如,1991);还有学者提出特殊的自然地理环境、血缘纽带和伦理中心、中国古代的生产方式、中国悠久的文化传统、民族关系、政治传统共同促进了民族凝聚力的形成(韩振峰,1996;冼剑民,1998)。可见,中华民族凝聚力的形成是多重因素综合作用的结果,但文化的作用是最为核心的要素。

2. 关于中华民族凝聚力的构成及特征的研究。(1)"五力构成说",有学者研究了凝聚力的构成,提出生存力、发展力、权威力、物理力、心理力构成了凝聚力。并进而提出中华民族凝聚力是个人需求和群体需求的结合,基于以上结构,形成了血缘型关系、地域型关系、经济型关系、政治型关系、认识型关系(李丽芳,1992)。(2)"核心构成说",有学者提出社会基本价值是中华民族凝聚力的核心(王学川,1992);也有学者提出文化精神或曰民族精神是中华民族凝聚力的核心(周大鸣,1992)。(3)"二大类多要素说",有学者提出中华民族凝聚力可以概括为物质力和精神力两大类,依次划分有经济、科技、军事、血缘亲缘地缘、政治、文化、心理意识等方面的要素(张国仪,1994)。(4)"三要素说",有学者认为构成中华民族凝聚力的要素是适合本民族统一和发展的经济、政治、文化因素(卜鼎焕,1994)。也有学者从文化哲学的文化结构解读,提出物质文化、制度文化、精神文化共同推动中华民族凝聚力建设(田旭明,2016)。关于中华民族凝聚力特征的研究。有学者提出整体性、爱国爱乡的亲情感、民族利益认同感、开放性与包容性、强韧性是中华民族凝聚力的主要特点(王继宣,1996);也有学者提出文化理性精神、有限的开放性、坚忍持久而又强弱交替是中华民族凝聚力的典型特征(张坚,1999)。可见,中华民族凝聚力是多重合力综合作用形成的,其特征也是多样的,由此体现出中华民族凝聚力的复杂性。

3. 关于中华民族凝聚力影响因素的研究。有学者提出现实生活中的政治破坏力、经济破坏力、文化破坏力、宗教破坏力、民族分离力、地方离心力，以及腐败问题等都会破坏民族凝聚力（张国仪，1995）；也有学者从分裂势力的挑战、国际民族关系更加错综复杂、国际恐怖主义、霸权国家试图改变国际多极化趋势等方面提出问题（许政、祁进玉，2022）；还有学者提出历史虚无主义削弱民族凝聚力（姜迎春，2018）。

4. 关于增强中华民族凝聚力的路径研究。学者们普遍认为，坚持改革开放，搞好我国经济建设，加强执政党的自身建设，坚持正确的思想教育和文化教育，必须克服影响民族凝聚力的消极因素，坚决反对民族分裂主义（曹忠华，1992）；也有学者提出教育对中华民族凝聚力具有基础性的作用，由此提出需要加强爱国主义、社会主义、集体主义教育，加强中华民族优良传统和民族精神的教育，加强有利于中华民族凝聚力形成的民族文化心理、民族价值观以及民族共同发展目标的教育（朱永新、杨树兵，2000）；还有学者从增强民族国家认同层面，增强中华民族凝聚力，提出逐步弱化区隔的"二元社会"界限，实现各民族和谐发展是增强民族凝聚力的结构性前提；加快民族地区经济社会发展，推动其社会结构现代转型，缩小民族间差距是增强民族凝聚力的经济基础；加强社会主义核心价值观教育和民族团结教育是增强民族凝聚力的思想基础；审视传统中华民族凝聚力自身的结构，提升民族凝聚力；防止和坚决打击国内外敌对势力的民族分裂活动（罗大文，2012）；还有学者提出以社会主义核心价值观和人际吸引的一致为基础，树立培育共同的价值取向，让国家民众认同国家共同体的目标、认同国家民族的价值取向及主流意识形态，秉承中国精神并将其融入自己的生存与发展目标及个人的取舍与得失之中。用中国梦筑起共同的理想、共同的价值取向（章忠民，2013）；有学者提出中华民族共同体意识建构的价值旨归是国家凝聚力（苏泽宇，2021）。综上，学者们主要从党的领导、经济发展、文化教育、价值认同、防范分裂势力等方面提出对策，体现出学界对于增强中华民族凝聚力建设的共识。

另外，学界还就中华民族凝聚力的发展规律（马中柱，1999）、民族凝聚力与国家凝聚力之间的关系（王明安、沈其新，2016）、民族凝聚力的发展趋势（李振连，1999）、民族凝聚力的强弱衡量（孙友忠，1994）等问题进行过研究。

(二)研究现状述评

综上,学界关于中华民族凝聚力的研究成果较为丰富,研究的视角也较为多元,提出了许多有益的研究成果。但是现有研究仍然存在不足之处。

一是关于新时代中华民族凝聚力建设的理论发展缺乏系统总结和阐释;党的十八大以来,习近平总书记围绕意识形态建设、铸牢中华民族共同体意识、社会主义核心价值观、中华民族伟大复兴中国梦等发表了大量关于增强民族凝聚力的重要讲话、指示和批示,这些重要论述为新时代中华民族凝聚力建设提出了新理念、新要求和新思路,系统总结凝练这些新理论,是做好新时代中华民族凝聚力工作的重要遵循。

二是缺少从"伟大成就"与"两大变局"的高度观照中华民族凝聚力建设面临的际遇与挑战;中国特色社会主义现代化建设的伟大成就,为新时代中华民族凝聚力建设提供了际遇;但与此同时,世界大变局与中华民族伟大复兴交织叠加,也给中华民族凝聚力建设带来严峻挑战,系统总结和分析这些际遇和挑战,是做好新时代中华民族凝聚力的战略要求。

三是现有成果缺少从民族凝聚力的层面研究不同国家的民族团结问题,本项目以美国、苏联和新加坡为例,研究三个形态迥异的国家的民族凝聚力建设问题,以更清晰地呈现民族凝聚力建设的重要性,以及不同国家在民族凝聚力方面的建设概况,为中华民族凝聚力建设提供经验和教训。

二、研究思路、主要内容及创新之处

(一)研究思路

一是理论发展:梳理党的十八大以来习近平总书记关于增强民族凝聚力的重要论述,明确中华民族凝聚力建设的理论发展。二是重大意义:分析新时代增强中华民族凝聚力建设的重大意义,以体现研究价值。三是重点和任务:根据我国国情和唯物辩证法主次矛盾的原理,通过分析边疆民族地区特殊境况,明确中华民族凝聚力建设的重点和任务。四是经验借鉴:他山之石,可以攻玉,通过分析美国、苏联、新加坡三个比较典型国家的民族凝聚力建设状况,明晰其民族凝聚力建设的经验和教训。五是际遇与挑战:结合新时代新形势,以及国内外民族凝聚力建设的经验和教训,分析中华民族凝聚力建设的际遇和挑战。六是提出对策：从工作能力、物质利益、文化认同和社会公平正义等方面提出民族凝聚力建设的对策。

(二)主要内容

第一章：理论阐明。中华民族凝聚力的含义及理论发展。通过分析学界对凝聚力和民族凝聚力的内涵界定，明确中华民族凝聚力的内涵。并分析党的十八大以来，习近平总书记关于推进民族团结进步、铸牢中华民族共同体意识、意识形态工作、社会主义核心价值观，以及中国梦等凝魂聚力的重要论述，总结凝练新时代中华民族凝聚力建设的理论发展。

第二章：战略意义。新时代增强中华民族凝聚力建设的战略意义。主要从中华民族伟大复兴的战略全局和世界百年未有之大变局的高度，以党的十八大以来习近平总书记关于铸牢中华民族共同体意识的重要思想为指导，从民族复兴、国家安全、"四个自信"等方面，体现中华民族凝聚力建设的重大意义。

第三章：战略重心与任务要求。新时代中华民族凝聚力建设的重心与任务。依据主次矛盾辩证关系原理，提出边疆民族地区是中华民族凝聚力建设的战略重心，通过对边疆民族地区民族状况、经济发展形势等境况的分析，体现新时代中华民族凝聚力建设的战略意义；同时，通过分析习近平总书记关于加强民族团结的新要求，明确中华民族凝聚力建设的战略任务。

第四章：比较借鉴。中华民族凝聚力建设的比较借鉴。主要分析了美国、苏联、新加坡三个极具代表性的国家的民族凝聚力建设概况；通过分析典型国家的民族凝聚力建设成败得失，为新时代中华民族凝聚力建设提供经验借鉴和教训。

第五章：现实挑战。新时代中华民族凝聚力建设的挑战研究。主要从新时代国际国内背景和时代要求出发，从西方对华意识形态渗透的新态势、经济社会发展形势的新变化、民族分裂势力的分裂活动等方面分析中华民族凝聚力建设的时代挑战。

第六章：时代际遇。新时代中华民族凝聚力建设的际遇研究。新时代中华民族凝聚力建设存在巨大际遇，这些际遇包括：社会主义建设的伟大成就带来时代际遇，夯实了中华民族凝聚力建设的物质基础。攻坚脱贫、疫情防控将中国特色社会主义制度的优势充分展现；党的十八大以来，以习近平同志为核心的党中央对意识形态工作的高度重视；这些都对中华民族凝聚力建设提供了际遇。

第七章：实践策略。新时代中华民族凝聚力建设的实践策略研究。结合前述分析，结合新时代我国经济社会发展形势，主要从社会责任感、物质获得感、文化认同感、社会公平感层面，提出新时代中华民族凝聚力建设的实践策略。

(三)创新之处

1. 梳理凝练新时代中华民族凝聚力建设的理论发展。党的十八大以来，习近平总书记关于意识形态工作、中华民族共同体意识、社会主义核心价值观、中国梦等的重要论述，为新时代中华民族凝聚力建设提供了新的理论指导。形成了提出以意识形态"铸魂"、以中华民族共同体意识"培根"、以中华民族伟大复兴中国梦"激励引领"的中华民族凝聚力建设理论发展成果。系统梳理这些创新理论成果，可以为增强新时代中华民族凝聚力建设提供理论指南。

2. 提出中华民族凝聚力建设要有"六心"，即核心、重心、人心、虚心、齐心和恒心，以"六心"为抓手，以此搭建推动中华民族凝聚力建设的理论逻辑分析框架。通过"六心"，明确了中华民族凝聚力建设的思路和方法、理论逻辑与实践路径。

3. 提出新时代中华民族凝聚力建设的实践策略。从新时代中华民族凝聚力建设的新思想、新理念、新任务，以及借鉴国外民族凝聚力建设的经验教训入手，从能力建设层面、物质共享层面、文化引领层面、社会治理层面提出对策，其中，能力提升是前提，物质共享是基础，文化引领是核心，社会公平是保障，保证了提出策略的科学性和可操作性。

目 录

第一章　中华民族凝聚力的深刻 内涵及理论发展

　　"五十六个民族五十六朵花，五十六族兄弟姐妹是一家"，歌词深情唱出了中华民族团结和睦的生活状态，也是中华民族强大凝聚力的生动描绘。在漫长的历史长河中，各族人民密切交往、相互依存、休戚与共，形成了中华民族多元一体的格局。中华民族历经数千年的风云变幻，经过多少次的朝代更迭，面对数次的外敌侵扰，迎受一次次异域文化的冲击，仍然岿然不动，意气风发，充满活力地屹立于世界民族之林。其中，最为深刻的原因是中华民族拥有一种强大坚韧的民族凝聚力，这种凝聚力是维系民族团结和祖国统一的精神纽带。但从历史上看，中华民族也曾发生过因民族凝聚力不强，多次让外敌窥探到入侵华夏的可乘之机。民族团结无小事，民族凝聚力建设不是一劳永逸的，而是永远在路上。中国共产党成立以来，始终将民族工作视为"天大的事"，开创了中华民族凝聚力建设的新局面。党的十八大以来，以习近平同志为核心的党中央，立足时代发展新要求新机遇和国际国内环境的新变化、新挑战，在推进中华民族凝聚力建设方面提出了许多新思想、新论断，极大丰富了中华民族凝聚力建设的理论和实践。深入系统地分析新时代党的民族凝聚力理论创新成果，对于做好新时代中华民族凝聚力建设工作具有极为重要的意义。

第一节　中华民族凝聚力的深刻内涵

凝聚力是多重因素综合作用的结果，既是一种状态，也是一个过程。影响凝聚力因素的多样性，决定了凝聚力生成或建设的复杂性。理解中华民族凝聚力的内涵，首先要明确凝聚力的内涵，并在此基础上分析和理解中华民族凝聚力的深刻内涵。

一、凝聚力含义的多元界说

凝聚力最早源于拉丁文（Cohaesus），意为结合和黏合，国内学者关于凝聚力的内涵主要有以下界说。一是程度说。强调群体或组织内的聚合力，是群体或组织的亚群体、亚组织及其成员基于共同的目标或愿景而结成有机整体的程度。二是力量说。强调凝聚力就是一种把分散的事物凝聚起来的力量。这种力量基于共同的利益、共同的目标、共同的价值观念，使人们产生情感共鸣、行为一致的内在聚合力量。三是情感说。强调凝聚力主体与凝聚力客体基于对凝聚主体价值理念认同基础上的一种情感共鸣，凝聚力不断提升的过程，也是人们情感不断走向统一的过程。

国外学者从多维视角界定凝聚力的内涵。著名心理学家科特·利文（Kurt Lewin）在 20 世纪 50 年代就提出凝聚力概念，利文主要从个人的角度定义凝聚力，认为，凝聚力主要应该关注个体如何知觉其自身与某个特定群体的关系。受利文定义的影响，许多学者也多从个人的角度理解凝聚力。如，费斯汀格（Festinger）认为，凝聚力是指作用于群体成员使其留在群体内部的各种因素的合力。卡特赖特（Dorwin Cartwright）认为，凝聚力是指"群体成员渴望留在群体中的程度"。洛特（Lott）指出，凝聚力是多维的，并受群体成员之间相互合作的程度、群体对其成员的接受、群体的外部威胁以及群体成员报酬等因素的影响。很多研究者也从群体和组织的角度来审视凝聚力问题，木伦（Mullen）和科博（Copper）曾经把凝聚力视为系统中能把人与人之间的摩擦降低到最低限度的"润滑剂"。扎卡里亚（Zaccaro）则将凝聚力分为任务凝聚力和人际凝聚力，任务凝聚力是指群体能够帮助其成员实现其重要目标和满足其重要期望而产生的凝聚力。人际凝聚力是指群体因人际关系良好而产生的对成员的吸引力。

国外有些学者还研究了凝聚力的影响因素，认为凝聚力是多种因素共同作用的结果，概括起来，影响凝聚力的因素包括人际、结构、组织和情境四个层面的因素。其中，人际因素是影响凝聚力的最一般的因素；结构因素，是指个人在加入特定群体后，群体的结构特征如群体领导者的影响力，群体的规模、激励，群体资源的分享，共同的目标、目标实现过程中的相互依赖，会对加入群体的个人产生重要影响。组织可以为个人或群体提供他们所不具备的因素，组织能够为个人实现提供资源，而外部威胁可能会刺激组织增强凝聚力。

国外学者还就凝聚力的测量进行过研究，以社会测量法为基本方法，以群体内成员情绪上的相互选择和排斥的数量为主要指标，从而把群体成员的团结性理解成其成员相互交往的数量、频率、强度、持续时间等。但是这一测量方法也有其局限性，在不了解人们相互选择和排斥的动机原因的基础上，如果人们回答得不真实这种测量就没有意义。苏联学者也曾对凝聚力测量进行过相关研究，认为团结水平高的群体有高的情绪认同，团结水平低的群体其认同也低。实际上，这种测量也有其问题，团结性有高中低之分，情绪认同也有高中低之分，二者之间可以出现多种组合。显然，关于凝聚力的测量问题有待进一步研究。

综合上述关于凝聚力的分析可知，凝聚力是指组织或群体基于共同愿景，而在理想信念、价值理念和道德观念上达到高度统一，从而形成的一种内聚力，这种内聚力对外则体现为强大的影响力和吸引力。

深入把握凝聚力的内涵，还需要从以下三个方面进一步理解。一是凝聚力是精神信仰力。凝聚力的形成是多重因素综合作用的结果，有基于共同的兴趣爱好形成的凝聚力，也有基于共同的利益形成的凝聚力，还有基于共同的目标任务形成的凝聚力，更有基于共同的信念信仰形成的凝聚力，形成凝聚力诱因的多因性，也体现出凝聚力生成的复杂性。当然，不同诱因形成的凝聚力，其凝聚力效果也会有显著的不同。比如基于兴趣爱好或共同利益形成的凝聚力，往往是短暂的，也不牢固。因为人的兴趣爱好都会随着时间的变化而变化，或者时代变了，人的兴趣爱好也会随之改变，从而基于共同的兴趣爱好形成的凝聚力也会随之消散。同样，人的需求也在变化，当共同的利益得以实现或得以解决，这时建立在共同利益基础上的凝聚力也会发生变化。只有基于共同的信仰建立起来的凝聚力才最为坚实，最为稳定。当然，要建立起基于共同信仰的凝聚力，也离不开兴趣爱好、利益等因素的作用。也就是说，凝聚力实质也是精神信仰力。二是凝聚力是软实力。凝聚力首先是一种力，是一种无形的软力量，虽然看不见、摸不着，但又默默地发挥着不可替代的作用。可以说，凝聚力是文化软实力的体现，文化软实力是国家综合国力的重要组成部分。一个民族、一个国家的凝聚力越强，这个民族、国家的综合国力就越强，在世界上的地位就越强。抓住了凝聚力，就牵住了国家软实力建设的牛鼻子。三是凝聚力是价值认同力。价值认同，是指人们基于共同的价值认同而建立起来的内聚力，价值认同度越高，凝聚力越强，反之，则越弱。要建立起强大的价值认同力，就必须大力培育和弘扬社会主义核心价值观，以最大公约数的方式实现凝魂聚力。党的十八大以来，习近平总书记多次强调要建设强大凝聚力和引领力的社会主义意识形态，实质上就是要增强价值认同力。

二、中华民族凝聚力的内涵

学界针对民族凝聚力的概念进行过相关界定，这些界定为我们理解中华民族凝聚力的内涵奠定了基础。深化对中华民族凝聚力内涵的理解，还要把握中华民族凝聚力的主要特征。

(一)中华民族凝聚力的含义概述

学界关于民族凝聚力的含义也有相关界定，学者们主要有以下观点。一是"二因素说"，有学者主要从马克思主义关于物质与意识的辩证关系分析，认为"民族凝聚力"包括物质凝聚力和精神凝聚力两部分，在民族形成和发展过程中，民族凝聚力的物质因素是第一性的，精神因素是第二性的，并由此提出，民族凝聚力的精神因素，必须与社会的经济形态，即物质条件相适应，因时而变，否则就是抱残守缺。① 二是"文化共识说"，有学者指出"文化共识"是民族凝聚力的内核，并提出："民族内部形成文化共识而促使民族成员相互吸引、团结、统一的作用，这就是民族凝聚力的本质即内涵。"②认为，民族的整体性产生文化共识，任何民族都有各自的文化共识，文化共识是构成和产生民族内聚、统一的根本机制。文化共识是区别不同民族凝聚力的根本标志，是民族凝聚力的本质体现。三是"社会基本价值说"，该学者认为民族凝聚力并不是由某一因素的地位和作用决定的，需要从整体出发，去发现一种能够贯穿于各个要素之中并把各个要素统一起来的东西，才能从更深层次上把握民族凝聚力的核心，并由此提出社会基本价值才是民族凝聚力的核心。而且社会基本价值在不同的历史时期，其内涵也有所不同，社会基本价值既是民族凝聚力的出发点，也是落脚点。③ 四是"民族价值观说"，有学者提出"民族凝聚力，在历史平面上，发源于民族自然环境、社会结构、生产方式和民族文化心理的内部，是在民族价值观（民族精神）的导向下，由以上诸因素有机结合而形成的一种向心力、集聚力和黏合力。"五是"综合说"，有学者提出："民族凝聚力，即是一种符合民族发展规律的民族奋进向上的积极动力，是民族自身的各种进步力量，如亲和力、拒蚀力、奋进力、向心力……的综合。"④并提出，民族凝聚力的增强，不能完全以经济水准、文化素质衡量，同时亦需提高整个民族意识、民族觉悟、民族素质，从而增强民族自尊心、自信心和自强心。

可见，学者们关于民族凝聚力的内涵的界定稍有差异，但差异中有许多共性，即都强调文化或精神是民族凝聚力的不可或缺的因素，虽然也有学者强调物质因素对于民族凝聚力形成的决定性作用，但多数学者认为文化、精神是民族凝聚力的内核。由此，笔者也认同文化是民族凝聚力生成的核心因素，没有文化共识或者意识形态共识，民族凝聚力是建立不起来的。当然，这里强调文化或精神因素的核心作用，并非忽视物质因素、自然环境、社会

① 方志钦，朱新镛. 论中华民族凝聚力的物质基础[J]. 学术研究，1992(2).
② 刘宗碧. 文化共识——民族凝聚力的内涵[J]. 学术研究，1992(5).
③ 王学川. 中华民族凝聚力的核心之我见[J]. 哲学动态，1992(8).
④ 姜樾. 从民族学考察民族凝聚力[J]. 广西民族研究，1992(4).

制度等的作用，而文化也是建立在一定的物质基础之上的，没有物质做基础，文化凝心聚力的作用也难以发挥；文化或精神是物质、环境、制度等的产物，正如毛泽东在《新民主主义论》指出的："一定的文化是一定社会政治和经济状况的反映，又给予伟大影响和作用于一定社会的政治和经济。"①但是，如果仅强调物质，没有文化认同，民族凝聚力也是绝对不牢靠的。正如世界上不同国家、不同民族之所以具有独特的民族性格，根本不在于物质方面，而在于文化认知的不同。因此，民族凝聚力是以共同文化或意识形态为内核建立起来的精神共同体，并由此展现出的强大向心力、吸附力和感召力。

关于中华民族凝聚力的含义，学界也有不同的解读，比如，"四方面说"。有学者从各民族人民对中华民族价值观、民族精神的共识感、对中华民族发展目标的认同感、与中华民族息息相关的命运感以及各族人民同甘共苦的归属感、在民族所有成员具有献身中华民族事业的责任感和使命感，并把这种献身民族发展的责任感和使命感付诸实际行动。② 还有"观念或精神说"，有学者认为"中华民族凝聚力虽然离不开一定的物质条件，但本质上是一种观念或精神范畴，如果从文化结构来看属于观念文化系统"。由此，作者提出，中华民族凝聚力的内涵理应包括五个方面的内容，一是中华民族和各地方群体在共同利益中产生的相互依存性；二是个人对中国文化中价值准则和规范的信奉程度；三是中华民族对离散成员的感召力和辐射力；四是各民族成员对中华民族的归属感；五是中华民族对各民族、各地方群体的制约力和调适力。③

通过上述分析，本书认为中华民族凝聚力是指，中华民族在长期共同的生产生活中以共同的文化认知为核结成的内聚力，从而使各民族形成相互离不开的精神共同体和实践统一体。中华民族五千多年的发展史，也是中华文化生生不息的发展史，不同时代中华文化的内容不断被赋予新内容，从而推动中华文化始终保持旺盛的生命力，发挥着文化凝魂聚力的作用。

（二）中华民族凝聚力的鲜明特征

深入理解中华民族凝聚力的内涵，还需要深刻掌握中华民族凝聚力的特

---

① 毛泽东选集(第 2 卷)[M]. 北京：人民出版社，1991：694.

② 朱永新，杨树兵. 论教育与中华民族凝聚力[J]. 教育研究，2000(6).

③ 周大鸣. 论中华民族凝聚力的核心[J]. 学术研究，1992(2).

征，概括起来主要体现为强大的包容性、坚韧的生命力、和谐的共同体。

1. 强大的包容性

中华民族凝聚力扎根于深厚的中华文化沃土，中华文化的开放包容性，使得中华民族凝聚力具有强大的包容性。民族是文化的主体，文化是民族的血脉，丰富的文化资源是一个国家、一个民族凝聚力生成的前提要件。中华民族凝聚力的生成不是无源之水、无本之木，而是深深扎根于中华优秀传统文化、革命文化和社会主义先进文化之中。而中华文化的包容的文化性格是中华民族凝聚力生成的秘籍，包容的文化性格，是指能够尊重他人的观念、理念、习俗、信仰，不将自己的意志强加于人，而是善于发现他人的优点，并在相互交流中增进理解、扩大共识，进而找到和谐相处的最大公约数。

文化是有性格的，不同性格的文化其凝心聚力的作用是不同的。人类社会发展史证明，保守的文化容易使人变得偏狭，极易滋生小团体主义或民族主义，最终会使一个民族或国家走向死胡同。包容的文化则会使人变得理性，人与人、民族与民族之间、国家与国家之间易于超越文化差异做到彼此尊重、和谐相处，民族或国家也能得到存续发展。因此，包容的文化性格是一个人、一个民族、一个国家团结凝聚、发展壮大的核心要素。中华文化的包容性鲜明体现在中华民族生成的历史发展进程中，"中华民族"作为一个概念，是梁启超于1902年才提出的，但实际上中华民族作为一个自在的民族实体，已存在几千年，在中华大地上繁衍生息的各民族不断交融会聚，特别是中国自秦汉形成统一多民族国家以来，大一统的理念深入人心，各民族在分布上交错杂居、经济上相互依存、文化上兼收并蓄、情感上相互亲近，最终形成了多元一体的中华民族。

包容的文化性格是中华文化的典型特征，也是中华民族绵延五千年薪火相传、绵延不绝的最深层次原因。中华文化自发生起，包容的文化性格就油然而生，根据考古发现，中华民族的远祖分为华夏、东夷和苗夷三大文化集团，但历经300年殷商西周文化模式转换、春秋战国百家争鸣的特殊文化环境，过去被华夏各国视为蛮夷的族群逐渐华夏化。秦始皇及汉高祖建立的秦汉王朝以其开拓进取、宏阔包容的时代精神作用于中华文化共同体内部，汉武帝时期，张骞通西域开辟的丝绸之路，使得中国文化开始与外部世界进行多方面、多层次的交流，同时，欧洲、西亚乃至印度文明，也源源不断地涌进中国。隋唐时期，中国文化进入史诗般壮丽的隆盛时代，唐文化体现出一种无所畏惧、无所顾忌的兼容并包的宏大气派。唐太宗李世民不仅在政治上实行"开明专制"，在文艺创作上也积极鼓励创作道路的多样性，在意识形态上奉行三教并行政策。在对待外域文化上，唐文化以宽大的胸襟大规模吸收外域文化。南亚的佛学、历法、语言学、医学，中亚的音乐、舞蹈，西亚和西方世界的伊斯兰教、摩尼教、医术、建筑艺术等一拥而入，体现出中华文化兼容并包的文化特点。到了近代，伴随西方列强对中国的侵略，中国文化受到严重摧残，但是中国文化兼容并包的文化性格并没有因此改变，其中以蔡元培最具代表性，他力主吸收世界各国的文化，尤其是共和先进国之文化，但同时发出提醒："所得于外国之思想言论学术，吸收而消化之，尽为我之一部，而不为其所同化。"①在五四新文化运动的洗礼下，中国的马克思主义者相继提出古今中外文化沟通互补的思想。毛泽东综合党内外同志的真知灼见，提出研究党史要运用"古今中外法"，在古今关系上要做到古为今用、洋为中用。正是基于中华文化的包容性格，才有"和平共处五项原则"外交政策，"一国两制"的伟大构想以及"铸牢中华民族共同体意识""人类命运共同体""'一带一路'倡议"等等。可见，中华文化包容的文化性格，不仅构筑了中华民族多元一体的文化格局，奠定了中华民族团结凝聚的思想基础，而且始终以开放的姿态拥抱世界，兼收并蓄地吸纳域外优秀文化成果，增进了与世界各国人民的相互理解和信任，使中华民族凝聚力久经考验，历久弥新。

2. 坚韧的生命力

中华民族凝聚力具有坚韧的生命力，一路走来，生机勃勃。中华民族几千年的历史，就是一部各民族相互学习、相互通商、相互通婚、相互融合的历史，即使是战争和统治阶级的民族歧视政策最后都不能阻止这一趋势。春秋时期，中国就有"普天之下，莫非王土；率土之滨，莫非王臣"的大一统观念。虽然历史上，中华民族也曾发生过民族之间的争斗，但每一次的争斗都以民族融合结束。古代中国，曾经发生过几次民族大分裂。

---

① 蔡元培. 蔡元培教育名篇[M]. 北京：教育科学出版社，2007：203.

春秋战国时期，诸侯争霸，战争频发，前后绵延五百余年，最后以秦统一六国而结束，自秦统一后，我国两千多年的封建社会虽然有的时期出现了割据状态，但统一始终是历史的主流；三国两晋南北朝时期，政权更迭频繁，社会矛盾交织，连年的战乱，使得北方经济破坏，人民生活困苦，为了生存，迫使各民族联合起来，共同斗争，客观上推动了民族之间的联系，加速了民族之间的交流、交融，民族融合也成为这一时期的典型特征，魏晋时期，匈奴、鲜卑、羯、氐、羌等族大批内迁，他们在北方各地和汉族人民杂居相处，北魏孝文帝改革，实行汉化政策，促进了民族的大融合，为隋唐时期多民族国家的繁荣与发展奠定了基础。五代十国时期，中国疆域出现了五代与十国等诸多割据政权，这一时期也是中国历史上最混乱的时期之一，虽然政权分立，但长期政治统一的历史影响和各地经济发展的密切联系，使统一始终是客观存在的必然趋势，自元朝真正实现全国统一，此后七百多年中国再也没有全局性、长时期分裂。清朝不仅统一了全国，而且使中国疆域进一步巩固、中央对边疆民族地区的管理制度化。

而与中国始终趋向统一相对的则是欧洲，欧洲历史上由于"蛮族"入侵导致罗马帝国崩溃，分裂成诸多国家，再也统一不起来。近现代欧洲更加紧走向"一个民族一个国家"，第一次世界大战导致多民族的奥匈帝国崩溃，冷战导致多民族的苏联、南斯拉夫崩溃。而中国经历分裂割据之后，大都是统一的范围越来越大，制度越来越完善，加入统一国家中的民族越来越多，各民族之间的经济、文化交流交融更加深入、国家疆域更加巩固。

中华民族自我意识的真正觉醒是在与西方民族的碰撞与交流中，特别是近代以来各民族在反帝反封建的共同斗争中发生的。近代以来，中华各民族在捍卫祖国统一、抵抗外来侵略的斗争中更加紧密地团结起来，凝聚力和向心力空前加强。中国共产党的成立，领导全国人民团结抗争、励精图治，中华民族凝聚力、向心力和爱国主义精神的增强，不仅使中国在帝国主义列强侵略面前免遭亡国灭种，而且为取得后来抗日战争和新民主主义革命的胜利奠定了民众基础。新中国成立以后，中国共产党领导中国人民进行社会主义改造、社会主义建设，开创了中国特色社会主义道路，创造了世所罕见的经济快速发展奇迹和社会长期稳定奇迹，夯实了民族团结进步的物质基础和精神力量，在全社会培育和践行社会主义核心价值观，民族团结进步画出最大公约数。中国特色社会主义进入新时代后，面对世界局势急剧变化的严峻挑战和经济社会发展道路上遇到的重重困难，党领导人民团结奋战，攻坚克难，中华民族凝聚力也跃升到历史的新高度。面对世界百年未有之大变局，中国共产党坚定推进中华民族伟大复兴中国梦，坚持人民至上的理念，众志成城，攻坚克难，向历史和人民交出了优异的答卷。疫情防控取得决定性胜利，中国也因此成为疫情发生以来世界上第一个恢复经济正增长的主要经济体，成为全球经济的领跑者。多难兴邦，经历了巨大风险和考验，中华民族凝聚得更加紧密，磨炼得更加坚强。

3. 和谐的共同体

所谓共同体，是指社会中存在的、基于主观上和客观上的共同特征（这些共同特征包括种族、观念、地位、遭遇、任务、身份等）而组成的各种层次的团体、组织，既包括小规模的社区自发组织，也可指更高层次上的政治组织，还可指国家和民族这一最高层次的总体。所谓和谐，辞典的解释为配合得适当、协调，和睦融洽；和谐还有和而不同、尊重差异、包容多样之义，即具有差异性的不同事物的结合、统一共存。由此，和谐的共同体，是指构成共同体的各要素之间虽有差异，但能够做到和而不同、和睦相处。

中华民族是由五十六个民族组成的大家庭，在漫长的历史进程中，中国各族人民密切交往、相互依存、交流融合、休戚与共，形成了中华民族多元一体的格局，共同开发了祖国的大好河山，共同推动了国家发展和社会进步，中华民族共同体意识深入人心。不可否认，五十六个民族之间在文化习俗、宗教信仰、生活习惯等方面差异明显，但能大杂居、小聚居地生活在一起，谓之和谐共同体，由此体现出中华民族凝聚力的现实特征。中华民族除汉族外，还有五十五个少数民族，汉族一般居住在中原地区，少数民族一般住在边疆省份，我国少数民族文化，既有各少数民族的传统文化，也有现当代文化。中国的许多少数民族是与汉民族同生共长的民族。许多民族在历史上都曾创制了自己的语言文字，并形成了丰富的文化典籍。在语言文字方面，在我国 55 个少数民族中，除回族、满族通用汉语言文字外，其他 53 个民族都有自己的语言，22 个民族使用着 28 种本民族文字。据统计，目前在我国一亿多少数民族人口中，有将近 6 000 万人使用着本民族语言和文字。特别在边远民族地区，使用本民族语言和文字的人口比例更高。从大的文化形态上看，我国少数民族居住地域十分辽阔，地域文化特色鲜明，有高原文化、雪域文化、绿洲文化、农耕文化、草原文化、渔猎文化等多种表现形式。从各民族文化的具体特点看，呈现出多姿多彩、风格迥异的地域特色。我国还有 30 多个民族与国外同一民族跨境而居，这些民族的文化无一不具有深厚的边疆地域特色。在宗教信仰方面，在广大的民族地区，宗教信仰种类繁多复杂，给人以"百家争鸣"之感。由于社会发展水平不同，宗教发展也不平衡，从原始宗教到神学宗教，多种宗教形式并存，形成了各具特色的宗教文化圈，我国有些少数民族在其历史发展过程中，还创造了具有本民族特色的独特的宗教信仰，展现了中华民族多元化的特点，我们称之为民间宗教或民族宗教。这些信仰主要包括朝鲜族的天道教、侍天教、青林教、大倧教、元倧教；纳西族的东巴教；摩梭人的达巴教；普米族的韩规教；彝族的西波教；壮族的师公（中国大教）等。总之，我国少数民族的宗教信仰繁多复杂，形式多样。然而，在不同的语言文字、不同的生活习俗、不同的信仰、不同的生活环境中，中华各民族长期以来和睦相处、和衷共济、和谐发展，鲜明体现出中华民族凝聚力具有和谐共生的特征。

第二节　中华民族凝聚力的理论发展

中国特色社会主义进入新时代，世界百年未有之大变局与中华民族伟大复兴的战略全局交互叠加，正在加速国际格局发生二战以来最为深刻的变化。另外，随着我国社会主要矛盾的现实转化，发展不平衡不充分的问题愈发突显，由此必然会对中华民族凝聚力建设提出新课题。党的十八大以来，以习近平同志为核心的党中央高度重视中华民族凝聚力建设，立足复杂多变的国际国内形势，将增强中华民族凝聚力提到新高度。

一、高度重视意识形态工作，筑牢民族凝聚的思想基础

中华民族凝聚力根本是"人心"的凝聚，或曰是思想的凝聚，而意识形态工作，说到底是做人的思想、观念、价值等的引导工作。党的十八大以来，习近平总书记高度重视意识形态工作，在赋予意识形态工作新定位的同时，明确提出要把统一思想、凝聚力量作为宣传思想工作的中心环节。意识形态是凝聚不同阶级、阶层的"社会水泥"，习近平总书记关于意识形态工作的重要论述、重要要求，无疑是新时代中华民族凝聚力建设的重要理论指南。

(一)赋予意识形态工作新的价值定位

2013 年 8 月 19 日，习近平总书记在全国宣传思想工作会议上指出："经济建设是党的中心工作，意识形态工作是党的一项极端重要的工作。"[①]能否做好意识形态工作，事关党的前途命运，事关国家长治久安，事关民族凝聚力和向心力。民族凝聚力作为"三个事关"的内在要求，将意识形态工作定位为"极端重要"的工作，这在党的历史上还是第一次，体现出习近平总书记对意识形态工作的高度重视，也体现出我们党对意识形态工作在推动民族凝聚力建设中的作用认识更加深刻，从字面意义上理解"极端重要"，"极端"是指事物发展到端点状态，达到极点。"极端重要"是对事物重要性的最高程度的描述。意识形态工作"极端重要"，意味着意识形态工作是经济社会发展的"生命线"，意识形态工作做不好或者出问题，经济社会就无从发展。在实际工作中，意识形态工作极端重要，内蕴丰富。

一是意识形态工作只能加强，不能削弱。要始终将意识形态工作置于最高位置，要牢牢掌握意识形态工作领导权、管理权和话语权，任何时候都不能旁落，否则就要犯无可挽回的历史性错误。因为意识形态是做人思想的工作，思想是行动的先导，思想如果出问题，行动必然会偏离方向。社会舆论只有风清气正，社会才能团结稳定，经济社会才能发展，人民才能安居乐业。另外，意识形态领域斗争也是极其复杂的，影响人们思想变化的因素复杂多样，"新形势下，意识形态领域斗争复杂尖锐。历史和现实都警示我们，思想

---

① 习近平. 习近平谈治国理政[M]. 北京：外文出版社，2014：153.

舆论阵地一旦被突破，其他防线就很难守得住。在意识形态领域斗争上，我们没有任何妥协、退让的余地，必须取得全胜。"①

二是意识形态工作要坚持原则，保证方向。意识形态属于上层建筑，要维护统治阶级的意识。马克思、恩格斯指出："统治阶级的思想在每一个时代都是占统治地位的思想。这就是说，一个阶级是社会上占统治地位的物质力量，同时，也是社会上占统治地位的精神力量。"②也就是说，意识形态作为统治阶级的自我意识，体现的正是这个阶级在社会上的利益和命运。因此，意识形态工作必须坚持以马克思主义为指导，站稳马克思主义的立场，坚持党管意识形态工作不动摇、不放松，高扬旗帜，确保意识形态工作的社会主义方向。这是做好意识形态工作的原则和底线。否则，意识形态工作就会走向歪路和邪路，就会对整个社会主义事业造成难以挽回的损害。

三是意识形态工作要围绕中心，不走极端。意识形态工作极端重要，必须予以高度重视。但并不意味着意识形态工作可以取代中心工作，或者意识形态工作压倒一切。意识形态工作的"极端重要"，是指在服务和促进"中心工作"上，相对于其他工作而言的极端重要。不能脱离"中心工作"，空谈意识形态工作。

因此，凝聚力是意识形态的内在属性，意识形态工作的根本任务就是凝心聚力。意识形态工作的极端重要性，自然要求从"极端重要"的高度推进中华民族凝聚力建设。以强大的民族凝聚力展现意识形态的重要性。

(二)从"三个事关"的高度，体现意识形态工作的极端重要性

意识形态工作事关党的前途命运、事关国家长治久安、事关民族凝聚力和向心力，这是对意识形态工作极端重要性的形象表述，也体现出加强社会主义意识形态凝聚力建设的必要性和重要性。

一是事关党的前途命运。中国共产党成立百年来，已经由建党之初的几十人，上升到拥有 9 000 多万党员的世界上党员数量最多的执政党。这一特殊的党情和国情，意味着抓好意识形态工作，执政党才能避免人亡政息的历史

---

① 习近平. 论党的宣传思想工作[M]. 北京：中央文献出版社，2020：23.
② 马克思恩格斯文集(第 1 卷)[M]. 北京：人民出版社，2009：550.

悲剧。领导我们事业的核心力量是中国共产党，党建设好了，国家和民族才有希望，核心坚强有力，才能大局稳定，乘风破浪。党的领导首先是思想领导，即做好意识形态工作。国外一些国家的执政党人亡政息的例子有很多，原因也很复杂，但没有抓好意识形态工作，即"精神也就渐渐放下"是其中主要原因之一。如果"没有思想上的统一，组织上的统一是没有意义的，也是不可能的"①。因为"只有以先进理论为指南的党，才能实现先进战士的作用。"②苏联解体、东欧巨变的事实告诉我们，一个政党要想长期执政兴国，开拓前进，就必须牢牢掌握意识形态工作主导权，夯实团结奋斗的思想基础。

二是事关国家长治久安。人心齐，泰山移，国家长治久安的根本在"人心齐"。即人心齐是国家长治久安的根本保证。正如马克思指出的："如果从观念上来考察，那么一定的意识形态的解体足以使整个时代覆灭。"③陈云同志说得更通俗："经济工作搞不好要翻船；意识形态搞不好也要翻船。"④在全球化时代，资本主义国家凭借经济优势、话语强势和科学技术强力向社会主义国家输出意识形态，推广其价值观念、文化及生活方式，进行文化殖民。说到底就是要用资本主义的意识形态颠覆其他国家政权，使其他国家沦为世界少数西方国家的附庸。不仅如此，西方国家还直接通过扶植"代理人"的方式里应外合搞乱对象国，这些"代理人"长期接受西方资本的扶植、被西方洗了脑、全盘接受西方价值观，为讨好其"主子"，甘心与自己的国家为敌，无中生有，混淆视听，制造谣言。另外，从国际形势看，苏联解体后，中国作为世界上最大的社会主义国家，西方势力长期以来，通过各种手段和方式进行意识形态渗透，比如美国之音、英国 BBC、法国国际电台等长期负责对华进行有组织、有计划、有协调的意识形态攻击。随着国际格局东升西降的深刻变化，在可预见的未来，中西两大制度之间的意识形态斗争将是长期的，维护国家长治久安的任务也是艰巨的。

---

① 陈先达. 坚持马克思主义在意识形态领域的指导地位[M]. 北京：经济科学出版社，2014：21.

② 列宁全集（第 5 卷）[M]. 北京：人民出版社，1986：247.

③ 马克思恩格斯全集（第 30 卷）[M]. 北京：人民出版社，1995：539.

④ 中共中央文献研究室. 陈云年谱（1905—1995）：下卷[M]. 北京：中央文献出版社，2000：262.

　　三是事关民族凝聚力和向心力。民心是最大的政治，增强民族凝聚力和向心力，既要靠物质力量，也要靠精神力量。靠物质力量，是因为"人们奋斗所争取的一切，都同他们的利益有关。"①只有让人民群众有不断增强的获得感，才能增强人民群众对党的领导的认同、对社会主义制度的认同，对社会主义国家的认同。但是，一把钥匙开一把锁，"经济发展、人民生活水平提高，并不会自然而然带来人们思想认识水平的提高。……问题的成因主要不在于物质方面，而是在精神方面。"②经济建设搞不好会出问题，精神建设搞不好同样会出问题，而且会造成无可挽回的后果。因此，增强民族凝聚力和向心力，长远的和根本的是增强文化认同，即做好意识形态工作。

（三）要从"民族复兴"的高度，推动社会主义意识形态凝聚力建设

　　实现中华民族伟大复兴是近代以来中华民族最伟大的梦想。民族复兴是全面的复兴，是各个方面都要强起来。在中国共产党的领导下，中华民族已经从站起来到富起来，现在正走在"强起来"的征程上，经过中国共产党成立100多年，新中国成立70多年，改革开放40多年的发展，我国经济社会发展取得了历史性的成就，国家面貌发生了历史性的变革，中华民族比历史上任何时期都更接近、更有信心和能力实现中华民族伟大复兴的目标。但是，船到中流浪更急、人到半山路更陡，越是接近目标，我们面临的风险和挑战越大，遇到的问题也会越多。邓小平曾指出："我国发展起来以后的问题不比不发展时少。"③首先，从党的自身建设来看，实现中华民族伟大复兴的历史使命，对我们的党提出了前所未有的新挑战，影响党的先进性和弱化党的纯洁性的"四大危险"和"四大考验"具有很强的危险性和破坏性。其次，从国际形势来看，世界处于百年未有之大变局，国际形势波谲云诡，"西方之乱"与"中国之治"形成鲜明对比，受经济发展停滞、主权债务危机、难民危机等的影响，美国等西方国家掀起"逆全球化"风潮。曾经被人们津津乐道的"地球村"正在受到贸易保护主义、民粹主义、民族主义等的冲击。叠加新冠肺炎疫情在全球的爆发，西方国家无视全球合作抗疫共克时艰的呼声，趁机鼓噪"脱钩

---

①　马克思恩格斯全集(1)[M]. 北京：人民出版社，1994：82.
②　习近平. 论党的宣传思想工作[M]. 北京：中央文献出版社，2020：84-85.
③　邓小平年谱(1975-1997)(下)[M]. 北京：中央文献出版社，2004：1363.

论""制造业回流""去中国化",将斗争的矛头对准中国,各种抹黑、诋毁中国的声音此起彼伏,使得中国发展的外部环境更加严峻。再次,从国内形势来看,随着我国社会主要矛盾的转化,人民群众对美好生活的需要将变得更加多元多样,"不仅对物质生活提出了更高要求,而且在民主、法治、公平、正义、安全、环境等方面的要求日益增长。"①但由于发展不平衡不充分的问题仍然存在,客观上就会滋生大量的社会矛盾。国家面临的风险在增多,西方国家推行贸易保护主义、新重商主义、单边主义等逆全球化措施,很大程度上恶化了中国经济发展的外部环境,增大了国内经济发展的压力,使得中国经济在金融安全、国际贸易安全、战略资源储备安全、粮食与能源供应安全等领域都面临潜在的风险。西方国家不仅在经济领域对中国持续施压,在政治领域也是无所不用其极,西方政客及媒体运用冷战思维和双重标准,鼓噪"中国威胁论""中国负责论""中国修正论"等,无底线地丑化、污蔑中国,煽动西方社会对中国的仇恨,企图恶化中国发展的外部环境,达到孤立中国之目的。对于中国内政也是横加干涉,插手香港事务,支持乱港分子;挑战"一个中国原则"的红线,为"台独"分裂势力撑腰壮胆;"孜孜不倦"地抹黑新疆棉花,明里暗里支持新疆恐怖势力,面对西方国家"逢中必反"的态势,政治风险变得更加严峻。

正如习近平总书记强调的:"行百里者半九十,中华民族伟大复兴,绝不是轻轻松松、敲锣打鼓就能实现的。"②新挑战新形势,我们面临重大挑战、重大考验、重大阻力、重大矛盾,我们必须进行新的伟大斗争,建设强大凝聚力和引领力的社会主义意识形态,将全国各族人民紧紧团结凝聚起来,自觉地践行社会主义核心价值观,用先进的思想、模范的行动影响和带动全社会,使中华民族亘古以来业已形成的创造精神、团结精神、奋斗精神、梦想精神,成为新时代全体中国人民坚定不移的精神追求。实际上,社会主义意识形态凝聚力建设,也是增强国家文化软实力的要求,强大的民族凝聚力和向心力是国家最深厚的软实力。国家文化软实力作为国家综合国力的重要组成部分,

---

① 习近平. 决胜全面建成小康社会 夺取新时代中国特色社会主义伟大胜利[N]. 人民日报,2017-10-18.

② 习近平. 习近平谈治国理政(第3卷)[M]. 北京:外文出版社,2020:12.

推动着中华民族的伟大复兴。因此，从"民族复兴"的高度推进社会主义意识形态凝聚力建设，更能体现社会主义意识形态凝聚力建设的战略意义。

(四)明确意识形态工作的目标任务，为中华民族凝聚力建设提质增效

习近平总书记关于意识形态工作的重要讲话、重要文章、批示和指示，提出了新时代意识形态工作的目标任务，这些目标任务的落实必将极大提升中华民族凝聚力建设的质量和效果。

1. "两个巩固"的目标任务要求

在 2013 年 8 月 19 日召开的全国宣传思想工作会议上，习近平总书记指出："宣传思想工作就是要巩固马克思主义在意识形态领域的指导地位，巩固全党全国人民团结奋斗的共同思想基础。"①宣传思想工作"两个巩固"的根本任务，标志着党对宣传思想工作(意识形态工作)规律的认识提到新高度，为做好新时代意识形态工作提供了根本遵循。"两个巩固"的根本任务，是习近平总书记立足于宣传思想工作的环境、对象、范围、方式的深刻变化，从坚持和发展中国特色社会主义的战略全局出发，对新时代宣传思想工作根本任务最集中最鲜明的概括。

着力巩固马克思主义在意识形态领域的指导地位。马克思主义是我们立党立国的根本指导思想，是我们认识世界、改造世界的强大思想武器。坚定马克思主义信仰，巩固马克思主义的指导地位，党的领导和社会主义制度才有灵魂和方向。意识形态领域的斗争是一场没有硝烟的战争，斗争形势复杂尖锐，新自由主义、历史虚无主义、西方宪政民主、夹杂各种谣言和负面信息，对马克思主义指导地位的挑战和冲击从未停止。西方敌对势力对我实施西化、分化的图谋一直没有改变，无所不用其极地进行意识形态渗透，蓄意制造各种事端。其目的就是妄图搞乱人们的思想，颠覆马克思主义指导地位。因此，巩固马克思主义在意识形态领域的指导地位是立党立国的根本要求，因为，在马克思主义指导地位问题上一旦认识不清醒，各种反马克思主义、非马克思主义的思想就会趁机而上，进而导致社会思想混乱，人民行无所归，国家动荡、社会混乱、民不聊生的局面也就不远了。因此，在实践中，在坚

---

① 习近平. 习近平谈治国理政[M]. 北京：外文出版社，2014：153

持马克思主义指导地位问题上必须毫不动摇，毫不懈怠。持续推进马克思主义中国化、时代化、大众化，用创新的马克思主义理论成果武装全党、教育人民、引领风尚。

着力巩固全党全国人民团结奋斗的共同思想基础。这也是意识形态凝聚力的形象表达。共同思想基础对一个政党、一个国家、一个民族的生存发展来说至关重要，是执政党的执政根基和基础，是国家发展和国家软实力的重要体现。假若全党全社会没有共同思想基础的维系和支撑，党将不党，国将不国，民族也不会有凝聚力。要形成共同的思想基础，就必须建立全社会都认同的核心价值观，用最大公约数凝聚人心、汇聚力量。要形成团结奋斗的共同思想基础，既要靠理论宣传，增强理论的现实解释力，以彻底的理论说服人，因为"理论只要说服人，就能掌握群众，理论只要彻底，就能说服人。"[①]也要根植于共同的利益，社会主义意识形态，要赢得人民的信任和支持（意识形态话语权），就要"善于把理想与经济斗争参加者的利益密切结合起来"[②]。因为，"人们奋斗所争取的一切，都同他们的利益有关。"[③]"社会主义经济政策对不对，归根到底要看生产力是否发展，人民收入是否增加。这是压倒一切的标准。空讲社会主义不行，人民不信。"[④]在不断增强人民群众获得感、幸福感和安全感的基础上，巩固全党全社会共同团结奋斗的思想基础。

2. 牢牢掌握"三权"的目标任务要求

习近平总书记在全国宣传思想工作会议上的讲话（简称 8·19 讲话）中，特别强调必须牢牢掌握意识形态工作领导权、管理权和话语权（简称"三权"），任何时候都不能旁落，否则就会犯无可挽回的历史性错误。领导权、管理权和话语权是意识形态工作的核心问题，是新的历史条件下做好意识形态工作的重大要求。提出牢牢掌握意识形态工作"三权"的目标任务，主要基于对党的十八大以前的一段时期，意识形态工作一度呈现宽松软的情况的一种纠偏。掌握意识形态工作"三权"，是对党员干部提出的目标要求。"三权"之间具有

---

① 马克思恩格斯选集（第 1 卷）[M]．北京：人民出版社，2012：12.
② 列宁全集（第 6 卷）[M]．北京：人民出版社，1986：37.
③ 马克思恩格斯全集（第 1 卷）[M]．北京：人民出版社，1994：82.
④ 邓小平文选（第 2 卷）[M]．北京：人民出版社，1994：314.

内在的逻辑关系，领导权是管理权、话语权的前提，管理权是领导权、话语权的抓手和保障，话语权是增强领导权、管理权的重要条件。牢牢掌握意识形态工作"三权"，是社会主义意识形态凝聚力建设的基础和前提，意识形态工作"三权"出问题，社会主义意识形态凝聚力就无从谈起。

习近平总书记提出意识形态工作"三权"建设目标要求，意味着当前意识形态工作在"三权"方面仍然存在问题。在意识形态工作领导权问题上，意识形态工作，关乎旗帜、关乎道路、关乎国家政治安全，意识形态工作的极端重要性决定了不同阶级或政治集团围绕意识形态工作领导权，进行的斗争将是长期的、复杂的。意识形态工作领导权并非是一劳永逸的，利益格局的调整、多元社会思潮的冲击、党的自身建设等问题都会对意识形态工作领导权带来挑战。当前意识形态工作面对的形势更加严峻，主要表现为西方国家对华意识形态渗透更加歇斯底里，遏制中国、搞乱中国的企图更加昭然若揭。因此，当前，要凝魂聚力，确保国家的长治久安，意识形态工作领导权必须牢牢掌握在中国共产党手中，任何时候都不能旁落。在意识形态工作管理权问题上，意识形态管理权是意识形态管理主体在实施管理行为的全过程中所拥有的权力。思想虽然是无形的，但承载和传播思想的载体是有形的。马克思和恩格斯曾指出："作为思想的生产者进行统治，他们调节着自己时代的思想的生产和分配。"①这里的"调节"，实际就是"管理"。所以，意识形态管理权实质就是对承担意识形态工作载体的人和物的管理，对人的管理主要是对意识形态工作队伍的管理，对物的管理主要是指对宣传媒介的管理。要求宣传工作要掌握在忠于党和人民的人手里，宣传工作人员要讲党性，在原则性问题上不能有任何问题。宣传文化工作的机构不仅要遵守宪法等法律，服从国家有关部门的行政管理，还必须要遵守党的宣传纪律，包括各种具体工作要求、注意事项等。不讲纪律，领导权、管理权都会落空。在意识形态话语权问题上，意识形态话语权作为左右人们"想什么"和"怎么想"的软权力，既要靠意识形态领导权和管理权得以实现，也是巩固意识形态领导权和管理权的关键和要求。当前，我国在意识形态话语权方面仍然存在"有理说不出"和"说

---

① 马克思恩格斯文集(第 1 卷)[M]. 北京：人民出版社，2009：551.

了传不开"的话语困境,"西强我弱"的国际话语格局仍然没有改变。在"人人掌握麦克风"的时代,在西方敌对势力对华各种丑化、污蔑登峰造极的时刻,迫切需要增强社会主义意识形态话语权,壮大主流舆论,弘扬社会主旋律和正能量;同时,提升中国话语的国际表达权,积极对外讲好中国故事,传播好中国声音,向世界展现一个真实的中国、立体的中国、全面的中国。意识形态话语权的提升,意味着舆论宣传工作得到加强,这是增强社会主义意识形态凝聚力的重要前提和基础。

3. 创新意识形态工作方法路径的任务要求

在习近平总书记关于意识形态工作的重要讲话中,包含着大量关于意识形态工作方法路径的论述,这些重要论述为推动新时代意识形态工作方法路径创新提供了重要遵循。比如,在2013年全国宣传思想工作会议的讲话中,习近平总书记强调:"宣传思想工作一定要把围绕中心、服务大局作为基本职责,胸怀大局、把握大势、着眼大事,找准工作切入点和着力点,做到因势而谋、应势而动、顺势而为。"①在2016年全国网络安全和信息化座谈会上,强调:"凝聚共识工作不容易做,大家要共同努力。为了实现我们的目标,网上网下要形成同心圆。……党政机关和领导干部要学会通过网络走群众路线,经常上网看看,潜潜水、聊聊天、发发声,了解群众所思所愿,收集好想法好建议,积极回应网民关切、解释疑惑。"②在2019年秋季学期中央党校(国家行政学院)中青年干部培训班讲话中指出:"斗争是一门艺术,要善于斗争。在各种重大斗争中,我们要坚持增强忧患意识和保持战略定力相统一、坚持战略判断和战术决断相统一、坚持斗争过程和斗争实效相统一""要注重策略方法,讲求斗争艺术。要抓主要矛盾、抓矛盾的主要方面,坚持有理有利有节"。③可以说,系统总结习近平总书记关于意识形态工作的重要讲话,能给人以工作方法的启迪。这些重要方法路径的论述,实际上也为新时代社会主义意识形态凝聚力建设提出了目标要求,坚持并遵循这些工作方法路径,也成为事关新时代意识形态工作成败与否的关键。正如毛泽东指出的:"我们的

①　在全国宣传思想工作会议上的讲话[N]. 人民日报,2013-8-21(01).
②　习近平谈治国理政(第2卷)[M]. 北京:外文出版社,2017:335-336.
③　习近平谈治国理政(第3卷)[M]. 北京:外文出版社,2020:227.

任务是过河，但是没有桥或没有船就不能过。不解决桥或船的问题，过河就是一句空话。"①可见，方法和路径问题对于任务实现至关重要。因此，深入总结和掌握习近平总书记关于意识形态工作方法路径的重要讲话，是做好意识形态工作的关键。

要贯彻和落实好习近平总书记的意识形态工作方法路径要求，一是要求意识形态工作要处理好与"中心工作"的关系。意识形态工作要在"围绕"中心工作上下功夫，意识形态工作要定好位。同时，要具有宏大视野，要拨云见日，不能为一时一事所干扰，要与时俱进，不断结合时代发展的要求提出解决问题的新思路新方法。二是意识形态工作要依靠群众，学会走群众路线。习近平总书记提出意识形态工作要走好网络群众路线的思想，为党员干部做好新时代意识形态工作提供了遵循，这实际上也是对领导干部意识形态工作方法的要求。截至 2021 年年底，中国网民规模破十亿，互联网普及率达 71.60%；手机网民规模达 10.06 亿，网民使用手机上网的比例达 99.6%。在无人不网、无处不网的时代，网络意识形态安全形势更加复杂，网络意识形态工作就显得尤为重要。三是意识形态工作要运用辩证法。对待意识形态工作要有底线思维、风险意识、忧患意识；有善于抓住主要矛盾和矛盾的主要方面，这实际上都是对意识形态工作方法的新要求，也是对宣传思想工作队伍意识形态工作能力的要求。因此，落实好这些方法路径要求，是做好意识形态工作的关键，也是增强中华民族凝聚力建设的关键。

（五）弘扬社会主义核心价值观，为中华民族凝聚力提供精神纽带

核心价值观作为意识形态的内核，是意识形态理论的灵魂和统摄。社会主义核心价值观，是中国特色社会主义意识形态在价值观层面上的高度浓缩。全体社会成员价值共识的程度，是国家意识形态安全的重要评价标准。核心价值观越是能够被社会成员的大多数所接受并认同，国家意识形态就越安全，与此相应，它在国家发展中所承担的精神引领的力量也就越强大。社会主义核心价值观是中国社会各个利益阶层和社会成员价值观的"最大公约数"。

---

① 毛泽东选集（第 1 卷）[M].北京：人民出版社，1991：139.

1. 核心价值观是民族团结和睦的"稳定器"

党的十八大以来，习近平总书记围绕培育和弘扬社会主义核心价值观，提出了一系列富有创见的新思想、新观点、新要求，这是党中央治国理政新理念新思想新战略的重要组成部分。核心价值观是文化的内核，是国家强盛和民族团结进步的价值支撑。习近平总书记强调："如果没有共同的核心价值观，一个民族、一个国家就会魂无定所、行无依归。"①培育和弘扬社会主义核心价值观，是新时代中华民族凝聚力建设的精神纽带，是中华民族大家庭守望相助的共同精神家园。

任何一个社会都会存在多种多样的价值观念和价值取向，要把全社会的意志和力量凝聚起来，就必须要有与这个社会的经济基础和政治制度相适应并能形成广泛社会共识的核心价值观。我国是一个有着 14 亿多人口、56 个民族的大国，要坚持和发展中国特色社会主义，带领全体人民同心同德、团结奋进，就必须找到并确立全社会共同认可的核心价值观，大力建设和始终坚守这样的核心价值观。一个民族、一个国家的成员之间有共性，才能形成持续稳定的"我们感"，人们之间才能有紧密的"命运共同体"意识。在经济全球化和信息技术革命的背景下，各种社会思潮相互激荡，人们的价值观越来越多样化，社会分工和职业的分化也使人们的价值取向日趋多元化。在这种情况下，要把全社会的意志和力量凝聚起来，就必须有一套与当下社会经济基础和政治制度相适应并为社会广泛接受的核心价值观。

社会主义核心价值观深入回答了要"建设什么样的国家、建设什么样的社会、培育什么样的公民"的重大问题，是中国社会各个利益阶层和社会成员价值观的"最大公约数"，承担着统领国家意识形态的基本功能。社会主义核心价值观是当代中国社会阶层和社会成员价值观的"最大公约数"，也是抵御西方价值观渗透的最有力的思想武器，因而也是凝聚共识的重要保障。批判西方意识形态，前提是要形成自己的价值观。如果没有自己的价值观，就没有"批判的武器"，没有"批判的武器"，也就没有凝聚共识的保障。社会主义核心价值观是中国社会价值的凝练表达，是在中国特色社会主义建设实践中总

①　习近平. 在文艺工作座谈会上的讲话[N]. 人民日报，2015-10-15(2).

结出来的科学的思想理论体系，是中国国家意识形态的高度价值浓缩。因此，只有用社会主义核心价值观，才能抵御和批判西方资本主义国家意识形态的渗透和挑战，捍卫价值共识，维护社会和谐稳定和民族团结。

2. 核心价值观是推动民族复兴的"清醒剂"

建设社会主义现代化强国，实现中华民族的伟大复兴，让中华民族以更加昂扬的姿态屹立于世界民族之林，这是亿万中华儿女的中国梦。但要实现这一梦想，既需要发展经济、科技、军事等以夯实硬实力，也需要发展文化以增强软实力。但同硬实力相比，文化软实力在强国建设中发挥着更为基础、更为关键的作用。"一个国家如果物质硬实力不行，这个国家可能一打就败；而如果一个国家文化软实力不行，则这个国家可能不打自败。"①而要增强文化软实力，就离不开核心价值观。正如习近平强调的："核心价值观是文化软实力的灵魂、文化软实力建设的重点。这是决定文化性质和方向的最深层次要素。"②这种灵魂性的作用，充分体现在"如果一个民族、一个国家没有共同的核心价值观，莫衷一是，行无依归，那这个民族、这个国家就无法前进"③。可以说，社会主义核心价值观是推动实现民族复兴的清醒剂，民族复兴的伟大梦想是中华民族凝聚力建设的强大精神动力。

核心价值观不仅在国家文化软实力建设中发挥着灵魂性的作用，同时也在国家硬实力建设中发挥着灵魂性的作用。"软实力"概念的提出者约瑟夫·奈，曾将软实力概括为一种"源于文化和价值观念的……吸引力"④。显然，文化和价值观被约瑟夫·奈视为最重要的软实力资源。尽管，我们所讲的软实力与西方国家提出的软实力战略有着本质区别，但是，"仅就文化国力的建设而言，……没有先进强大的价值体系，我们无法抵挡外来的价值渗透，也无力参与国际文化竞争。没有先进强大的价值体系，我们不可能有强大的精神支柱实现国家强大和民族复兴。"⑤正如马克思指出的："理论一经掌握群众，

---

① 张国祚. 实施文化强国战略的思考[J]. 红旗文稿，2011，(21).
② 习近平. 习近平谈治国理政[M]. 北京：人民出版社，2014. 163.
③ 习近平. 习近平谈治国理政[M]. 北京：人民出版社，2014. 168.
④ [美]约瑟夫·S. 奈，硬权力与软权力[M]. 门洪华，译. 北京：北京大学出版社，2005(6).
⑤ 沈壮海. 软实力的价值之轴[J]. 高校理论战线，2010，(8).

也会变成物质力量。"①社会主义核心价值观正是以价值的"最大公约数"凝聚社会共识，汇聚起勇往直前、不可战胜的磅礴力量。因此，只有从强国建设和民族复兴的高度，才能让大众在历史的记忆、现实的挑战、国家和民族的未来展望中明晰社会主义核心价值观建设的重要性，从而将培育践行社会主义核心价值观与国家前途命运紧紧联系在一起。

3. 核心价值观是国家治理现代化的"润滑剂"

中华民族凝聚力的增强不能简单地靠说教，而要靠实实在在的行动，国家社会治理现代化是增强民族凝聚力的关键。矛盾无处不在、无时不有，而社会矛盾的存在，也是影响民族凝聚力的主要因素。因此，要增强中华民族凝聚力，必须培育和弘扬社会主义核心价值观，发挥社会主义核心价值观的国家社会治理功能，妥善地解决社会矛盾。

坚持依法治国和以德治国相结合，是中国特色的国家治理方式。习近平总书记指出："法治和德治不可分离、不可偏废，国家治理需要法律和道德协同发力。"②法治属于硬约束，体现他律；德治属于软约束，体现自律。法治需要道德做支撑，德治需要以法治为保障。但相对于法治，德治在国家治理中发挥着更为基础、更为根本的作用。在实践中，德治通过道德约束、道德教化、道德批判、道德自律发挥着法治难以企及的效果。全社会道德水准和社会文明程度的普遍提升，是国家实现善治的前提。

核心价值观作为德治的核心理念，为社会提供了判断是非曲直、丑恶良善的价值标准。社会主义核心价值观 24 字的话语表述，精练地概括了"德"的本质内容，为以德治国提供了最基本的道德规范和最基本的道德信仰。同时，也为依法治国提供了道德支撑。在全社会培育践行社会主义核心价值观，就为实现国家治理体系和治理能力现代化夯实了道德基础。这种基础性作用主要表现在，一是社会主义核心价值观为以德治国明确了道德要求。核心价值观分别从国家、社会、公民三个层面为大众提供了共同的价值追求，国家层面要明大德、社会层面要守公德、公民层面要严私德。这为公民正确处理个

① 马克思恩格斯选集.（第 1 卷）[M]. 北京：人民出版社，2012：9.

② 习近平. 国家治理需要法律和道德协同发力[N]. 人民日报海外版，2016-12-12(01).

人与国家、个人与社会、个人与自己（他人）的关系明确了要求；同时也为凝聚中国精神和中国力量、营造风清气正的社会风气、规范公民操守和行为提供了基本遵循。自然也为完善以德治国奠定了道德基础和社会基础。二是核心价值观为依法治国提供了道德支撑。法制的有效实施有赖于道德支持，法治的有效运行离不开道德支撑，用道德滋养法制和法治，法制才能成为良法，法治才有温度，才能做到善治。如果没有道德做支撑，即便再完善的法制和再严格的法治，也会有人知法（执法）犯法，也会有人以身试法。将社会主义核心价值观融入法治（法制）建设，就能极大地促进公民自觉守法，执法者文明执法、司法。这样，法治才有公信力，才有权威，才能被信仰。因此，明晰社会主义核心价值观是"治国之基"，才能将培育践行社会主义核心价值观与国家安全、社会和谐紧密联系起来。

二、铸牢中华民族共同体意识，明确民族凝聚力建设的主题主线

党的十九大报告提出，全面贯彻党的民族政策，深化民族团结进步教育，铸牢中华民族共同体意识，加强各民族交往交流交融，促进各民族像石榴籽一样紧紧抱在一起，共同团结奋斗、共同繁荣发展。提出铸牢中华民族共同体意识，构建起各民族共有的精神家园，实际上也就明确了中华民族凝聚力建设的主题主线。

（一）深刻认识中华民族共同体意识的内涵

中华民族共同体意识，是由"中华民族""共同体""意识"构成的复合型概念。从词源意义上讲，"中华民族"最早由梁启超在其1902年《论中国学术思想之变迁之大势》的著作中正式提出，并一直沿用至今。梁启超在论述战国时期齐国的学术思想地位时，正式使用了"中华民族"一词。其云："齐，海国也。上古时代，我中华民族之有海权思想者，厥惟齐。故于其间产出两种观念焉，一曰国家观；二曰世界观。"1905年，梁启超又写了《历史上中国民族之观察》一文，从历史演变的角度重点分析了中国民族的多元性和混合性，并断然下结论说："中华民族自始本非一族，实由多民族混合而成。"由此，梁启超真正完成了"中华民族"一词从形式到内容的革命性创造。这就是说，中华民族指

中国境内的所有民族，汉满蒙回藏等为一家是多元混合的。1912 年元旦，孙中山在《中华民国临时大总统宣言书》中也郑重宣告："国家之本，在于人民。合汉、满、蒙、回、藏诸地为一国，即合汉、满、蒙、回、藏诸族为一人。是曰民族之统一。"实际上最终把现代"中华民族"观念牢固地确立在最为广大的中国民众和海外华侨的脑中与心中的，是在那场持久而壮烈的抗日战争。在中华民族面临亡国灭种的危险时刻，中国共产党开始使用"中华民族"这个具有内聚性和政治性的概念。1939 年，毛泽东在《中国革命与中国共产党》一文，以"中华民族"作为第一章第一节的名称，详细论述了"中华民族"这一概念。指出"我们中国现在拥有四亿五千万人口，差不多占了全世界人口的四分之一。在这四亿五千万人口中，十分之九以上为汉人。此外，还有蒙人、回人、藏人、维吾尔人、苗人、彝人、壮人、仲家人、朝鲜人等，共有数十种少数民族，虽然文化发展的程度不同，但是都已有长久的历史。中国是一个由多数民族结合而成的拥有广大人口的国家。"①至此，现代意义上的中华民族的概念得以正式确立。

"共同体"，从定义上讲，有三层注解，一是人们在共同条件下结成的集体；二是由若干国家在某一方面组成的集体组织。三是在感情方面，指最具同心力的一个集体。双方具有非常深厚的感情基础。可以做到同荣誉，同命运，同生活。共同体概念的最早提出者为法国 18 世纪启蒙代表人物卢梭，卢梭在其《社会契约论》中提出"community"指代共同体，其拉丁文前缀"com"意为"共同、公共"，其后缀"unity"意为联合。卢梭在《社会契约论》中指出："要寻找出一种结合的形式，使它能以全部共同的力量来卫护和保障每个结合者的人身和财富，并且由于这一结合而使每一个与全体相联合的个人又只不过是在服从自己本人，并且仍然像以往一样地自由。"②在这里，卢梭认为共同体是个体生命的最大化，"公意"超越于众意总和之上。卢梭之后，康德也认为，假若人类不结成某种形式的"伦理共同体状态"，那么，个体的善心就会受到各种不良因素的诱惑而趋向堕落。马克思、恩格斯在批判汲取了无数哲

---

① 毛泽东选集(第 2 卷)[M]. 北京：人民出版社，2009：622.
② [法]让·雅克·卢梭. 社会契约论[M]. 何兆武，译. 北京：商务印书馆，1980：23.

学家、政治家关于共同体思想之后，从促进人类全面、自由发展的层面，提出"真正共同体"思想。这种"真正共同体"是通过对资本主义物质生产方式的改造以获得高度发达的生产力，从而实现人的自由全面发展。

认知科学、神经科学、心理学、计算机科学、社会学、哲学等不同学科曾对"意识"这一概念进行过相关的研究。在马克思主义哲学著作中"意识"一词有两种用法：一是当动词用，即指"意识到"的活动，亦即认识活动；一是当名词用，即指与物质相对立的活动的结果，如知识、思想、观念等。哲学研究的是作为名词使用"意识"，即与"物质"相对立的意识。其基本问题是意识对存在的关系问题，既指个人意识，也指社会意识。心理学研究的是作为动词使用的"意识"，即指"意识到"的活动、认识活动，是较为具体地研究人的个体意识，研究它的实质、发生和发展、结构和功能等。在心理学中，意识是"人所特有的一种对客观现实的高级心理反映形式"。作为人所特有的心理现象的意识，它是包括感觉、知觉、思维在内的一种具有复合结构的最高级的认识活动，思维在其中起着决定性的作用。我们在这里讲的意识，既当动词用，又当名词用，用作动词即"意识到"，用作名词即指思想、观念。也就是说，要让人民群众不仅要意识到自身作为中华民族血脉相连的一员，还要时刻树立作为中华民族一员的思想观念。

综合上述，中华民族共同体意识，是指中国各民族在不断交往交流交融的历史进程中，在历史、心理、社会、制度、政治、文化等层面取得一致性或共识性的集体身份认同。只有在各族群众内心牢固树立中华民族共同体意识，才能形成民族团结进步的共同思想基础，中华民族凝聚力才有坚实基础。

(二)共同体意识之于中华民族凝聚力建设之作用

中华民族共同体意识，落脚点是意识，意识隶属于意识形态的范畴，尽管中华民族共同体意识的构建是多重因素综合作用的结果，但意识无疑发挥着灵魂和根本性的作用。中华民族共同体意识就是以共同的理想信念、思想观念和价值理念将不同阶层、不同文化、不同思想观念的人以最大公约数的方式凝聚起来，其根本使命就是增强中华民族凝聚力。

1. 共同体意识为中华民族凝聚力铸魂

中华民族共同体意识，体现中华优秀传统文化的思想观念和价值理念，中华优秀传统文化是中华民族共同体意识的重要文化根脉，而中华优秀传统文化饱含着中华民族的共同的文化印记，是中国人的独特文化标识，自然也是铸牢中华民族共同体意识不可或缺的文化养料。文化认同是最深层次的认同，是民族团结之根、民族和睦之魂。中华优秀传统文化始终是中华民族的情感依托、心灵归宿和精神家园，也是各民族文化发展的动力源泉，是实现社会稳定和国家长治久安的根基，更是凝聚民心、实现民族团结的精神纽带。博大精深的中华优秀传统文化，蕴含着丰富的民族团结进步的文化基因。汉代司马迁的"常思奋不顾身，而殉国家之急"，北宋陆游的"位卑未敢忘忧国"，范仲淹的"先天下之忧而忧，后天下之乐而乐"都表达出忧国忧民的忧患意识；明末清初顾炎武的"天下兴亡、匹夫有责"，表达出国家危亡，系于每个人的责任和担当。唐代诗人杜甫的"国破山河在，城春草木深。感时花溅泪，恨别鸟惊心"抒发出诗人忧国、念家、悲己的情感。近代以来，面对外敌入侵，年轻的秋瑾喊出"拼将十万头颅血，须把乾坤力挽回"的壮志豪言。孙中山先生以"振兴中华、天下为公"为己任。同样，在维护边疆安全和捍卫国家主权的过程中，无数的少数民族英雄前赴后继，在新疆流传着近代新疆反分裂的伟大英雄徐学功和他的八兄弟的英雄事迹。清朝光绪、同治年间，在左宗棠平叛大军未到新疆前的十几年间，徐学功率领反分裂的地方武装，誓死捍卫家园，并数次进攻被分裂分子占据的迪化（今乌鲁木齐），独立支撑新疆局势使之不至于崩溃。兄弟八人中，有七人在与侵略者和分裂分子作战中牺牲。

在广西，民族团结进步的文化基因和团结御辱的故事也广为流传。根据史料记载，秦朝时期，中原汉族开始进入广西，拉开了广西原居民与中原汉族交往的历史；秦朝末年，值社会动荡之时，时任南海郡龙川县令赵佗建立南越国政权，南越国建立后，赵佗制定并实施"和辑百越"政策，通过汉越平等消除文化隔膜、鼓励汉越通婚加强融合、与中原王朝修复关系等，缓和了汉越民族关系。汉朝直至隋朝时期，通过平定南越政权，统一岭南，采取"怀服百越之君""以其故俗治，毋赋税""羁縻"等怀柔民族政策，民族关系逐步改善，汉文化得到更为广泛的传播。唐宋时期，继续沿用前代诸王朝对广西"羁縻"之治，并通过大力兴办学校、提倡教育，提升少数民族的汉文化水平等，促进了民族融合。尤其在南宋时期，与今广西毗邻的交趾（今越南）频繁侵犯广西边境地区，壮、汉等各民族纷纷团结起来，在共同抵抗入侵者的过程中，民族之间结成了共生共荣的亲密关系，推动了民族融合。元明清时期，先后在广西推行"土司制度"和"改土归流"政策，在统一的政治制度下，加速了各民族间的经济文化交流，增强了壮族等边疆少数民族的国家意识和国家认同。近代以来，面对帝国主义对我国西南边疆的侵犯，壮、瑶、汉、京等族的青年子弟携手杀敌，团结一致，抵御外侮，显示出广西各民族的凝聚力和向心力。纵观广西各民族交往历史，能够清晰洞察出各民族在长期的交往和共同御侮的过程中，思想文化差异和分歧慢慢减少，中华民族共同体意识逐渐觉醒，这是广西民族团结进步最深厚的文化根源。①

在内蒙古，民族团结、中华民族一家亲的文化基因也是古而有之，近代伟大的爱国主义者裕谦就是蒙古族，他的英雄事迹在蒙古族中广为流传。近代随着鸦片战争的爆发，当时的封建统治者们畏敌如虎，一味退让，屈膝投降，丧权辱国，给中华民族带来了深重的灾难。然而，在朝野一片投降乞和声中，却有一位蒙古族高级官员、封疆大吏力排众议，坚持抵抗，并亲率士卒与敌激战，最后以身殉国，虽未能最终抵御住敌人进攻，保卫祖国疆土不受侵犯，但却显示了中华民族不甘屈辱、宁死不屈的崇高气节和顽强精神，使侵略者闻之胆寒，为其他官员士卒树立了榜样。这位官员，就是钦差大臣、时任两江总督的裕谦。裕谦血战英军，民族气节光昭日月。当时有人颂赞说："裕谦以消灭入侵敌寇为己任，竭尽全力，对于他的死，天下为之悲痛！"在蒙古族的历史上，像裕谦这样的民族英雄还有许多，他们都是中华民族的脊梁。他们的英雄事迹和爱国情怀激励着一代又一代中华儿女自强不息、团结御侮，这些都是铸牢中华民族共同体意识的重要文化资源。在新民主主义革命时期，蒙古族人民在中国共产党的领导下奋起抗战，为维护国家统一与主权完整提供了有力支援。据不完全统计，在抗日战争中，内蒙古人民共进行重要战斗六七百次，击毙、击伤、俘虏日伪军两万多人，击毁、缴获汽车一百多辆，缴获的枪支、弹药、马匹等物资无数，多次切断日军交通线，使其交通运输迟滞。这不仅起到了牵制日军西进南下、保卫陕甘宁边区的作用，减轻了华

---

① 张学亮. 广西民族团结进步的文化逻辑[J]. 广西民族研究，2019(2).

北敌后抗日根据地的压力，有力地支援了全国抗战，也粉碎了日本帝国主义企图建立伪蒙古国，分裂我国的战略图谋。内蒙古人民也做出了巨大牺牲，仅在大青山抗日游击战争中，就有一千多名战士献出了宝贵的生命。

可见，各少数民族优秀传统文化中都饱含着民族团结进步的文化基因，这些文化基因是铸牢中华民族共同体意识的瑰宝。

铸牢中华民族共同体意识，不仅要弘扬中华优秀传统文化，还要留住中华民族的"根"和"魂"。中华民族共同体意识，核心是要认同马克思主义、坚定马克思主义信仰。马克思主义是中华民族共同体意识的旗帜和灵魂。马克思主义是被实践所证明了的科学的世界观和方法论，是迄今为止世界上最科学、最富有革命性的思想理论体系，是人们认识世界和改造世界的强大思想武器。马克思主义自传入中国以来，以毛泽东等为主要代表的中国共产党人，将马克思主义与中国具体实际相结合，先后产生了毛泽东思想和邓小平理论、"三个代表"重要思想、科学发展观、习近平新时代中国特色社会主义思想，使得中国发生了翻天覆地的巨大变化。可以说，没有马克思主义，就没有新中国，就没有中华民族的未来。因此，马克思主义是我们立党立国的根本指导思想，这一理论不仅为我们指明了前进的方向，也为人类指明了未来走向。因此，坚持马克思主义的指导地位不动摇，建设中华民族共同体意识才能行稳致远，培育中华民族共同体意识才更有说服力。当然，中华民族共同体意识不能仅靠理论说教，还要体现在具体的实际行动之中，具体包括经济、政治、文化、社会等活动，只有在实践中展现社会主义制度的优越性，中华民族共同体意识才更有力量、更加坚实。而要使实践取得成功，又离不开马克思主义的指导。进言之，有了马克思主义的指导，中华民族共同体意识的优越性和说服力才能彻底，中华民族共同体意识的培育才更有保障。因此，中华民族共同体意识能为中华民族凝聚力建设"铸魂"。

2. 共同体意识为中华民族凝聚力建设定向

中华民族共同体意识说到底就是国家意识、民族意识，核心就是"中华民族一家亲"的意识。中国是个拥有五十六个民族的多民族国家，每个民族都是中华民族大家庭中的平等一员。但是，由于不同民族之间，在人口数量、区域分布、经济发展、民族历史记忆等方面的差异，加上历史上曾经发生的民族压迫、民族歧视等问题，以及某些国内外反动势力相互勾结，妄图分裂国家、破坏民族团结的行径，给民族团结进步事业带来负面影响，由此就客观制约着中华民族共同体意识的构建。

新中国成立以后，在中国共产党的领导下，通过实施民族区域自治制度，坚持民族平等、民族团结、各民族共同繁荣的民族政策，使得各民族都得到了极大发展。但是，民族地区经济发展、人民群众生活的改善并不意味着中华民族共同体意识就会自然而言地建立起来。对此，习近平总书记曾深刻地指出："巩固党的群众基础和执政基础，不能说只要群众物质生活好就可以了，这个认识是不全面的。"①的确，在多元社会思潮和人民美好生活需要日益提升面前，如果不加以正确的价值引导，对物质享受的过分追求和向往常会导致人的精神生活陷入物化甚至异化的境遇中。

在这方面，历史和现实已经给予我们深刻的教训和警示。从历史上看，苏联的解体就是血淋淋的教训。十月革命的胜利，开创了人类历史的新纪元，在列宁的领导下，建立起世界上第一个社会主义国家，从 1928 年苏联计划经济体制建立及其后数十年的时间里，苏联经济发展速度超过了绝大多数的资本主义国家。从 1950 年到 1975 年，苏联国民生产总值年增长率为 4.8%，而美国同期的增长率仅为 3.3%，生产力的快速发展，使苏联很快发展为与美国匹敌的超级大国。但是，20 世纪 80 年代中期以后，苏联共产党开始放松意识形态的引领，尤其是戈尔巴乔夫积极推行所谓的"改革"，大肆鼓吹"民主化、公开性和多元论"，否认阶级和阶级斗争，并故意弱化苏共的意识形态建设，加之苏共从赫鲁晓夫时期开始累积的各种沉疴痼疾，最终把苏联引向绝路。1991 年 12 月 25 日，随着克里姆林宫上空的苏联国旗被降下，标志着苏联正式解体。不可否认，苏联解体是多方面因素综合作用的结果，但是，苏联党和政府放松了共同体意识的建设，则是最为深刻的原因。苏联也是个多民族的国家，共有 130 多个民族和部族。因此，民族问题是影响苏联生存发展的重大问题。就苏联解体，有研究者认为，在民族问题上，苏联后期除了意识

---

①　中共中央文献研究室. 习近平关于全面建成小康社会论述摘编[M]. 北京：中央文献出版社. 2016：103.

形态领域的混乱外，"苏共党员的民族意识是苏共思想分裂、组织分裂的一个重要因素。民族主义的意识形态已经代替了马克思主义的意识形态，各共和国共产党都从本民族本地区的角度和立场来看待全党和全国性的问题，阶级的观念、全党一致的观念、国家的观念荡然无存。"①

从现实看，2019 年发生在香港的"修例风波"，充分暴露出中华民族共同体意识培育已刻不容缓。香港，这个被称为东方明珠的地方，这个"购物者天堂"和"美食之都"，一小撮政治小丑在西方势力或明或暗的支持下，数典忘祖，认贼作父，置国家与民族利益于不顾，煽动青年学生给政治头目的街头政治卖命，使得香港社会遭到撕裂、家庭和睦受到瓦解、学校教学秩序遭到冲击、整个社会运转秩序也受到威胁。显然，政治小丑们充当西方势力遏制中国的吹鼓手，目的就是要彻底搞乱香港乃至摧毁香港，来达到搞乱全国、阻止中国发展的最终目的。对此，人们不禁要问，香港乱局的发生，难道是因为香港回归祖国后发展得不好吗？显然不是，香港回归 20 多年来，平均经济增长率为 3.6%，高于欧美发达国家，GDP 总值从回归前的 1.37 万亿港币增至 2.49 万亿港币，特区政府的财政储备由 4 575 亿港币增至 9 083 亿港币，年均增长 3.6%，在主要发达经济体中位居前列。香港继续保持在金融、贸易、航运的中心地位，连续 23 年被评为全球最自由经济体。同时，中央政府严格按照《中华人民共和国宪法》和香港《基本法》对香港实施管治，保证了"一国两制、港人治港、高度自治"的贯彻落实。那么，既然香港回归祖国后保持了稳定繁荣发展，为什么部分香港人，尤其一些香港青年学生置若罔闻，做出一些"亲者痛、仇者快"的暴恐事件呢？其深层次的原因，在于香港教育长期缺乏对香港青年"中华民族共同体意识"的理念灌输，忽视了用中华民族共同体意识引领香港各类社会思潮，导致在许多香港人的思维中"香港意识"占据上风，"国家意识"较少被提及，致使国家认同感较弱。在西方势力的鼓捣和推波助澜下，利用部分港独媒体做舆论宣传工具、部分港独教师利用教师身份作掩护，对青年学生进行政治洗脑、黑白颠倒、愚弄大众，把香港搞得乌烟瘴气。

① 韩克敌，民族问题 苏联之殇[J]. 俄罗斯东欧中亚研究，2013(6).

因此，历史和现实已经充分证明，一个国家、一个民族，如果忽视共同体意识建设，忽视意识形态凝魂聚力的功能，在意识形态问题上犯错误，任由其疯长，必然会引发严重的社会问题，甚至出现亡国灭种的危险。所以，只有强化中华民族共同体意识，抵制西方社会思潮的渗透攻击，才能使人民群众不为各种错误思潮所干扰，时刻明白我们来自哪里，去往何处。也就是，只有铸牢中华民族共同体意识，各民族才能过上幸福美好的生活，中华民族伟大复兴才有保障，中华民族才能以更加昂扬的姿态屹立于世界民族之林。

三、实现中华民族伟大复兴，用中国梦激励民族凝聚

实现中华民族伟大复兴，是近代以来中华民族最伟大的梦想，也是激励中华民族团结进步、勇往直前的精神动力。党的十八大以来，以习近平同志为核心的党中央，深刻阐述了中华民族伟大复兴中国梦的内涵，明确勾勒出中华民族伟大复兴的时间表和路线图，这必然会激励中华民族更加凝心聚力，民族和谐进步。

(一)勾勒出民族复兴的清晰线路图

"从二〇三五年到本世纪中叶，在基本实现现代化的基础上，再奋斗十五年，把我国建成富强民主文明和谐美丽的社会主义现代化强国。"①这是习近平新时代中国特色社会主义思想蕴含的强国线路图，建设社会主义现代化强国，就是中华民族复兴。线路图的划定，既是建设社会主义现代化强国、实现中华民族伟大复兴的宣言书和动员令，也吹响了推进中华民族伟大复兴的冲锋号。提出明确的"时间表"，具有深刻的历史逻辑。

从历史性发展计划上看，新中国成立后，在探索社会主义建设时期，毛泽东就提出建设"一个强大而又使人可亲"的中国；在实现强国目标的时间表述上，分别提过需要"五十年"和"一百年"的时间规划，并依此制定了"两步走"的发展战略。"毛泽东关于实现强国梦的时间表述在很大程度上反映了绝大多数中国人建设社会主义强国的肺腑心声，起到了凝聚共识、积聚力量的

---

① 习近平. 决胜全面建成小康社会 夺取新时代中国特色社会主义伟大胜利——在中国共产党第十九次全国代表大会上的报告[N]. 人民日报，2017-10-18.

强大作用。"①改革开放后，邓小平继续推进社会主义现代化强国建设，并依此提出"三步走"的发展战略，"每一步"都有明确的时间表述。提出到21世纪中叶基本实现现代化的目标。随着中国特色社会主义进入新时代，以习近平同志为核心的党中央在深刻洞悉新中国成立以来，尤其是改革开放40多年来所取得的历史性成就的基础上，将基本实现社会主义现代化的时间提前了15年，并提出在此基础上再奋斗15年，将我国建设成为富强民主文明和谐美丽的社会主义现代化强国。

从历史性成就来看，富强民主文明和谐美丽的社会主义现代化强国的建成，是建立在扎实的历史成就基础之上的。经济方面，2010年，中国就已经跃升为世界第二大经济体。2021年世界500强公司中，中国公司上榜135家；科技创新研发经费跃居世界第二，科技创新取得众多标志性成果，载人航天、海洋科考、大飞机、高铁、超级计算机、国产航母等，若干领域实现从跟跑到并跑、领跑的跃升。2021年中国城乡居民的恩格尔系数为29.8%，单就恩格尔系数而言，我国已经进入发达国家的行列。政治方面，党的十八大以来，党总揽全局、协调各方的领导核心作用更加彰显，通过重塑政治生态、健全民主政治制度体系、大力推进政治体制改革，国家治理体系和治理能力现代化得以不断推进，民主政治建设迈出重大步伐。文化建设，党管意识形态更加坚强有力，社会主义核心价值观更加深入人心，公共文化服务体系建设进入快车道，文化市场进一步健全，文化事业和文化产业蓬勃发展，中国文化走出去步伐加快，中国故事吸引世界眼光、中国声音更加响亮。社会建设，脱贫攻坚取得重大进展，人民群众就业质量明显提升、社会保障体系基本建立、教育事业全面发展，人民获得感显著增强。生态建设，贯彻绿色发展理念更加自觉，生态环境治理明显增强。另外，强军兴军、内政外交国防、全面从严治党等都取得突破性进展，这些都为提出明确的民族复兴线路图提供了历史依据。这为中华民族凝聚力建设提供了强大现实说服力和强大精神激励。

---

① 沈传亮. 毛泽东关于实现强国梦的时间表述[J]. 党的文献，2014(02).

（二）发展目的坚持彻底的"人民性"

彻底的人民性，是习近平新时代中国特色社会主义思想的鲜明特质，也是推进中华民族伟大复兴的根本目的。只有明确民族复兴"为了谁"，才能保证民族复兴的正确方向，才能激励人民团结奋进，中华民族凝聚力才有最深厚的力量源泉。

习近平新时代中国特色社会主义思想，蕴含着彻底的人民性。一是以人民富裕作为中华民族伟大复兴的重要任务。实现全体人民共同富裕是社会主义制度的最大优越性。新时代也是逐步实现全体人民共同富裕的时代，党的十九大报告提出，在本世纪中叶，把我国建设成为社会主义现代化强国，到那时，"全体人民共同富裕基本实现"[1]。这不仅规划了实现全体人民共同富裕的时间表，也为中华民族伟大复兴提出了明确的任务。将全体人民共同富裕作为中华民族伟大复兴的重要任务，既符合马克思主义的理论品格，也体现出习近平新时代中国特色社会主义思想以人民为中心的发展思想。马克思认为："人们奋斗所争取的一切，都同他们的利益有关。"[2]习近平也指出，"必须始终把人民利益摆在至高无上的地位，让改革发展成果更多更公平惠及全体人民。"[3]始终将实现人民利益摆在至高无上的地位，这是马克思主义和中国共产党人赢得群众、赢得胜利的根本所在。全体人民共同富裕则是以人民为中心发展思想的最好诠释。

二是以人民健康作为民族复兴的重要标志。"人民健康是民族昌盛和国家富强的重要标志。"[4]人民健康是建设社会主义现代化强国的基础和保证，也是人的自由全面发展的基本要求。"一人健康是立身之本，人民健康是立国之基。"[5]没有雄厚的经济实力、发达的科技、高质量的教育、优美的生活环境、健全的社会保障体系等作支撑，人民健康是不可能实现的。可以说，人民健

---

① 习近平. 决胜全面建成小康社会 夺取新时代中国特色社会主义伟大胜利——在中国共产党第十九次全国代表大会上的报告[N]. 人民日报，2017-10-18.

② 马克思恩格斯全集（1）[M]. 北京：人民出版社，1994：82.

③ 习近平. 决胜全面建成小康社会 夺取新时代中国特色社会主义伟大胜利——在中国共产党第十九次全国代表大会上的报告[N]. 人民日报，2017-10-18.

④ 习近平. 决胜全面建成小康社会 夺取新时代中国特色社会主义伟大胜利——在中国共产党第十九次全国代表大会上的报告[N]. 人民日报，2017-10-18.

⑤ 共建共享健康中国[N]. 人民日报. 2016-8-21.

康是一个国家硬实力和软实力的最集中体现，人民健康状况映射出一个国家的综合国力。清末民初积贫积弱的旧中国，当时的国人被蔑称为"东亚病夫"，新中国成立前，我国人均寿命也只有 35 岁，人民健康状况可见一斑；新中国成立后，我党历届领导人始终高度重视人民健康，尤其是党的十八大以来，健康中国战略的实施，人民健康状况得到极大改观。可以说，人民健康事关国家兴衰。强国必须要强体（人民健康），强体是强国的基础和保证。将人民健康与建设社会主义现代化强国、民族复兴联系起来，既有历史经验的深刻总结，也是鲜明的人民性的体现。

三是以人民幸福作为民族复兴的重要标准。21 世纪中叶，我国将建成社会主义现代化强国，到那时，"我国人民将享有更加幸福安康的生活"①。可见，幸福生活也是社会主义现代化强国的标配。人民幸福是人民美好生活满足的表现。党的一切工作的成效，人民是最终的裁判员，人民幸福也就成为衡量党的一切工作成效的重要标准。习近平新时代中国特色社会主义思想，将人民幸福作为建设社会主义现代化强国、实现中华民族伟大复兴的出发点和落脚点。从将人民幸福作为中国梦的基本内涵之一，到始终将为人民谋幸福作为党的初心和使命，再到将党的基本路线称之为人民的幸福线，可见，人民幸福既是中国共产党领导中国人民为之奋斗的目标，也是党的路线方针政策制定和执行的目的和指向。换言之，只有全体人民都过上幸福的生活，有不断增强的幸福感，才意味着中国共产党人的初心得到实现，中华民族伟大复兴的梦想得以达成，中华民族凝聚力才更加坚实可靠。

（三）绘就民族复兴伟大的"新蓝图"

"新蓝图"，历史性地回答了"中华民族伟大复兴是什么样"的问题，社会主义制度的性质决定，民族复兴必须坚持社会主义方向，要走出一条与西方国家迥然不同的民族复兴之路。中华民族伟大复兴宏伟蓝图的勾勒，向人们展现了光明立体真实的前景，这对于中华民族凝聚力具有信心激励的功能。

一是要建设和平、可爱、文明的强国。习近平总书记在出席中法建交 50

---

① 习近平. 决胜全面建成小康社会 夺取新时代中国特色社会主义伟大胜利——在中国共产党第十九次全国代表大会上的报告[N]. 人民日报，2017-10-18.

周年纪念大会上曾形象地指出："中国这头狮子已经醒了，但这是一只和平的、可亲的、文明的狮子。"[①]显然，和平的、可爱的、文明的"醒来的狮子"，不会走"国强必霸"之路，不会陷入所谓的"修昔底德陷阱"。为此，积极向世界展现更加开放和谐文明形象，让世界认识更加真实的、立体的、全面的中国，进而为建设社会主义现代化强国减缓阻力和压力，这是社会主义制度的本质要求。

二是要建设各方面都要强的强国。习近平总书记指出："中国要变成一个强国，各方面都要强。"[②]各方面都要强，意味着社会主义现代化强国不能有短板，中国要的是实实在在的强，不是"虚胖"。建设富强民主文明和谐美丽的社会主义现代化强国，分别对应着经济建设、政治建设、文化建设、社会建设、生态文明建设，体现了"五位一体"的强国目标。另外，他还具体谈到了要建设经济强国、贸易强国、文化强国、教育强国、网络强国、交通强国、体育强国、科技强国、质量强国、航天强国等，使得强国目标变得更加具体丰富。建设各方面都要强的强国，显示出建设社会主义现代化强国目标的全面性。同时，也为社会主义现代化强国规划出了可及、可感、可检的具体目标指向，既是社会主义性质的体现和要求，也增强了建设社会主义现代化强国的信心。

三是要建设合作共赢的强国。中国要建设的强国，不仅仅是自强，不是独善其身，而是兼济天下的"强"，在自强的基础上实现共强。换言之，中国要走一条独具中国特色的强国之路，这条强国之路不是零和博弈，而是以天下为己任，将中国的发展融入世界的发展之中。倡导人类命运共同体理念，坚持合作共赢的发展道路，积极为世界贡献中国智慧和中国方案。习近平总书记在国际场合多次强调，欢迎其他国家搭乘中国发展的"顺风车"，中国无意挑战现行国际秩序和规则等。中国要建设的社会主义现代化强国，不仅不是对世界和平的阻碍和威胁，而是对世界和平的贡献，这是社会主义制度的本质要求。

---

①　习近平. 在中法建交 50 周年纪念大会上的讲话[N]. 人民日报，2014-03-29.
②　习近平. 中国要变成一个强国，各方面都要强[N]. 人民日报，2017-02-25

习近平新时代中国特色社会主义思想蕴含的强国目标，勾勒出了社会主义现代化强国、实现中华民族伟大复兴的宏伟蓝图，富强民主文明和谐美丽的新概括，具有历史的厚重感和时代感，既扎根于中国优秀传统文化土壤之中，又具有鲜明的时代特色。以社会主义为发展方向，以人类命运共同体为价值理念表达中国主张，体现了中国作为负责任大国的担当。因此，强国梦复兴梦，中华民族伟大复兴展现的光明前景，对于增强中华民族凝聚力无疑具有极强的目标引领作用。

第二章　新时代增强中华民族
凝聚力的战略意义

　　中华民族凝聚力，是中华民族赖以生存发展、独立自主、团结统一的根本要求，没有民族凝聚力，就没有国家安全、社会稳定和民族复兴。中华民族历经千年、久经磨难而生生不息，绵延不绝，靠的就是中华民族凝聚力。但是，民族凝聚力建设不是一劳永逸的工程，随时随地都会面对各种考验和挑战。当前，世界百年未有之大变局和中华民族伟大复兴的战略全局交互叠加，西方对华西化、分化不断升级，中国面临的国际国内环境日趋复杂；同时，中国特色社会主义进入新时代，发展不平衡不充分的问题愈来愈突出，矛盾和挑战无处不在。但是，内因是根据，外因是条件，面对中华民族伟大复兴征程中的艰难险阻，唯有铸牢中华民族共同体意识，增强中华民族凝聚力，中华民族伟大复兴中国梦才能照进现实。因此，在中华民族伟大复兴的进程中，增强中华民族凝聚力具有重大的现实意义和深远的历史意义。

第一节　实现中华民族伟大复兴的根本保证

　　增强中华民族凝聚力，是实现中华民族伟大复兴的基本要求和根本保证，也是提升国家文化软实力的客观要求。只有建设强大的民族凝聚力，中华民族伟大复兴中国梦才能照进现实。

一、民族团结是民族复兴的基础

兄弟同心，其利断金，民族团结是民族复兴的基础。我国作为一个多民族的国家，民族团结源远流长，但影响民族团结的因素也是复杂多样、层出不穷的。由于我国民族分布特点鲜明，汉族人口遍布全国各地，少数民族人口主要分布在西南、西北和东北地区，各民族分布呈现大散居、小聚居、交错杂居的分布特点。因此，我国民族分布的特点，意味着要搞好民族团结，关键是要做好民族地区的民族大团结。

强国先强边，国稳须边稳，自古边疆稳，则内地安；边疆乱，则国难安，这是历史经验和启示。实现中华民族伟大复兴的前奏是要确保边疆稳定。边疆是相对于"中心"而言的边缘地带，但边缘地带往往也是各种势力制造冲突矛盾和受域外国家影响较大的地区。而对我国而言，边疆稳定对于国家安全更为重要和明显，除了我国边疆地区多是少数民族聚居区以外，由于历史的、地理的、政治的、文化等原因其经济发展远远落后于东中部地区。另外，我国边疆地区与十四个国家接壤，历来是政治敏感地带，而且许多边境地区与周边国家还存在领土等历史遗留问题，如中印边界问题由来已久，由此成为中印之间矛盾和冲突的焦点。新中国成立以来，我国与域外国家和地区共发生过 9 次局部战争和冲突，其中 4 次战争是因为领土争端，一些国家出尔反尔，挑衅中国领土主权，成为冲突和矛盾的根源，冲突不可避免会对我国国家总体安全带来严重威胁。

在中国五千多年的历史长河中，什么时候民族团结，国家就昌盛、人民就安康；什么时候民族分裂，国家就衰弱，人民就遭殃。唐朝是我国历史上最为繁荣与开放的朝代。唐朝时期，留下了许多民族团结的典故，典型的如文成公主进吐蕃(今西藏)，文成公主和松赞干布对汉藏两族的友谊做出了重要贡献。唐朝诗人陈陶在《陇西行》中有"自从贵主和亲后，一半胡风似汉家"的诗句。可以说，汉藏两族的团结，有益于祖国的统一，有益于两族的交流，特别是有益于藏族政治、经济、文化的繁荣和发展。应该说，得益于良好的民族关系，唐朝也成为中国历史上最繁荣鼎盛的时期。实际上，唐朝由盛转衰的标志也与边疆暴乱有关，"安史之乱"发生于天宝十四年(公元 755 年)，暴乱发生前，安禄山兼三大兵镇独掌大军，其中精锐唐朝正规军已达到 15 万，拥兵边陲。开元之治晚期，承平日久，国家无事，唐玄宗丧失了向上求治的精神。唐玄宗整天过着纵情声色的生活。加上奸臣当道，加深了统治阶级内部的矛盾，尤其是杨国忠与安禄山之间争权夺利，成了安史之乱的导火线。安禄山趁唐朝廷内部空虚腐败，联合同罗、奚、契丹、室韦、突厥等民族组成号称 20 万的军队，在蓟城南郊（今北京西南）誓师，以"忧国之危，奉密诏讨伐杨国忠以清君侧"为借口于范阳（今北京）起兵。安史之乱尽管最终以失败告终，但经过安史之乱，唐王朝也失去了对周边地区少数民族的控制。安禄山乱兵一起，唐王朝将陇右、河西、朔方一带重兵皆调遣内地，造成边防空虚，西边吐蕃人乘虚而入，尽得陇右、河西走廊，唐朝仍然控制西域安西北庭，数十年后，约公元 790 年，唐朝失去西域安西北庭。唐王朝从此内忧外患，朝不保夕，更加岌岌可危。

近代以来，面对中国军阀割据混战、一盘散沙的局面，帝国主义加紧了对中国的侵略，在此背景下，一小撮民族分裂分子企图借助外部力量达到民族分裂的目的，西藏、新疆、内蒙古等地都曾出现所谓"民族独立"的倾向。伴随日本侵华步伐的加快，日本安排溥仪在东北建立伪满洲国，1937 年，在占领的内蒙古成立伪蒙古联盟自治政府，1939 年又扶持德王在察哈尔和绥远等地建立伪蒙疆联合自治政府。与此同时，日本还利用历史上的民族压迫，挑拨汉回民族关系，试图在甘肃、青海和宁夏建立伪回回国。历史是最好的教科书，历史也是最好的清醒剂，透过深邃的历史，不难发现，边疆稳定则国家安定，边疆乱则国乱，边疆安全稳定，国家才可以集中精力进行经济社会建设，民族复兴才有可能。

新中国成立以来，促进各民族共同团结奋斗、共同繁荣发展，在党的领导下，国家制定了一系列行之有效的民族工作方针和政策。新中国成立初期，就明确把实行民族区域自治作为解决民族问题的基本政策，从根本上保证了各少数民族当家做主和自主管理本民族内部事务的权利。为了尽快消除历史上形成的民族隔阂，中央人民政府先后派出四个访问团：西南访问团，刘格平任团长，访问了云南、四川、贵州等民族地区；西北访问团，沈钧儒任团长，访问了新疆、甘肃、宁夏、青海等民族地区；中南访问团，李德全任团长，访问了广西、广东、湖南等民族地区；东北内蒙古访问团，彭泽民任团长，访问了内蒙古和东北等民族地区。宣传党的民族政策，为少数民族做好事，解决他们生活上的困难，受到了各族人民的欢迎。中央人民政府还组织了由边疆少数民族各方面人士组成的参观团、国庆观礼团，参加国庆庆典活动，到内地参观，进一步增强了他们的爱国意识，激发了他们的爱国热情。1952 年和 1956 年，党和国家两次大规模检查民族政策执行情况，2009 年又进行了一次规模很大、规格很高的民族政策执行情况大检查，在全国范围内深入进行民族政策教育，及时纠正工作上的偏差，使各族干部群众普遍受到了马克思主义民族观教育。在少数民族聚居区，国家全面推行民族区域自治。1947 年 5 月，在党领导下，蒙古族人民与其他各族人民一起，在内蒙古地区建立了中国第一个省级少数民族自治地方——内蒙古自治区，标志着党的民族区域自治政策开始正式实施。1955 年 10 月，新疆维吾尔自治区成立；1958 年 3 月，广西壮族自治区成立；1958 年 10 月，宁夏回族自治区成立；1965 年 9 月，西藏自治区成立。在 55 个少数民族中，有 44 个建立了自治地方，实行区域自治的少数民族人口占少数民族总人口的 71%，民族自治地方的面积占全国国土总面积的 64%左右。

正确的民族政策也为边疆民族地区经济社会发展奠定了基础，坚持各民族共同繁荣发展，是我国民族政策的根本立场。我国《宪法》规定："国家尽一切努力，促进全国各民族的共同繁荣。"通过设立少数民族专项发展资金，组织发达省市对民族地区开展对口支援和经济技术协作，实行税收优惠政策。比如，在西藏，国家长期实行"税制一致、适当变通"的税收政策。在新疆，率先进行资源税改革。制定并实施专项规划。如制定并实施西部大开发战略、"一带一路"倡议等，有力促进了边疆民族地区的发展。在文化建设方面，国家通过各种政策措施，尊重和保护少数民族文化，支持少数民族文化的传承、发展和创新，鼓励各民族加强文化交流，繁荣发展少数民族文化事业。尊重少数民族的语言文字，这是党和国家的一贯政策。在我国，少数民族语言文字无论在司法、行政、教育、新闻出版、广播影视、网络电信等领域，还是在国家政治生活和社会生活中，都得到了广泛使用。每次党的全国代表大会、每年的"两会"等，都提供蒙古、藏、维吾尔、哈萨克、朝鲜、彝、壮等 7 种民族语言文字的文件和同声传译；对尊重少数民族的风俗习惯、宗教信仰自由等都有明确的法律保障。可以说，得益于党的民族政策，有力促进了我国边疆民族地区的经济社会发展。新中国成立70多年来，我国边疆民族地区保持长期稳定，各族人民携手构筑起边防安定的安全防线，有力保障了全党全国人民集中精力投入到社会主义现代化建设，从而为中华民族伟大复兴做出了重大贡献。

二、民族团结是国家安全的保证

民族团结关系到中华民族的生死存亡，关系到国家的安危和各族人民的根本利益。没有民族团结，就没有社会的稳定；没有民族团结，就没有经济的发展；没有民族团结，构建社会主义和谐社会就无从谈起。古今中外的历史反复证明：团结稳定是福，分裂动乱是祸。民族团结是各族人民的生命线，也是社会和谐稳定、边疆巩固安宁的生命线。各族人民同心同德、心手相连、亲如一家，就能构筑起国家安全牢不可破的铜墙铁壁。因为只有人们想到一起，才能干到一起，才能聚精会神地追求美好生活，各种挑拨和离间民族分裂的行径才没有生存空间，边疆稳定也就有了保证。

然而，在文化多元化、利益多样化，以及各种矛盾和挑战层出不穷的当下，如何才能让各族群众凝聚在一起呢？靠利益吗？不可否认，利益很重要，正如马克思指出的："人们奋斗所争取的一切，都同他们的利益有关。"[1]"'思想'一旦离开'利益'，就一定会使自己出丑。"[2]但是，单纯依靠利益来凝魂聚力往往又是靠不住的。依靠利益实现的凝聚和团结是肤浅的、经不起考验的。如果一些人为了小团体的利益或者被利益冲昏了头脑，或者一旦当利益得到暂时的满足，先前基于利益生成的凝聚就会随之出现裂痕。因此，要凝聚人心、汇聚力量，唯有实现思想上的凝聚，即通过意识形态凝聚力建设，使各族群众从"共同体"的高度认识人与人之间、民族与民族之间的关系，才能保证凝聚力牢固且持久。因此，民族团结是一种精神、一种思想整合力量、一

---

①　马克思恩格斯全集(第1卷)[M].北京：人民出版社，1994：82.

②　马克思恩格斯全集(第2卷)[M].北京：人民出版社，1994：103.

种追求，它对凝聚人心、整合社会起着重要作用。新时代，民族团结的目标就是发挥社会主义意识形态凝聚力，铸牢中华民族共同体意识。

搞好民族团结，还要坚决与民族分裂势力和民族分裂主义做坚决斗争。坚定抵制民族分裂主义也是中华民族凝聚力建设的内在要求。民族分裂主义是在废除民族压迫制度的条件下，聚集部分民族势力或反动势力，接受国际势力的直接或间接的支持与资助，以脱离平等、团结、互助的社会主义民族关系的整体为目的，破坏国家统一和团结，违反本民族根本利益，制造并加剧各民族之间的隔阂与纷争的民族分离活动和行为。民族分裂主义是民族主义极端化的产物，与暴力恐怖主义具有天然的联系。当代民族分裂主义是对民族国家的误读和民族自决权滥用的结果。恐怖组织利用某些民族、宗教矛盾和民众情绪进行暴力恐怖活动的目的，是为了维护其以极端性和残暴性建立的"权威地位"和左右民众。民族分裂主义的理论依据主要是民族自决原则，并以人权为由加以渲染，由此谋求合法的政治地位和国际社会（包括某些国际势力的支持），以实现其独立建国或高度自治的政治目标。当今世界，民族分裂主义呈现一定的普遍性，存在于现代主权国家内部的民族分裂主义势力，基本上属于非主体民族或少数民族中的极端民族主义势力。民族分裂主义的存在是主权国家的大敌，也是人民群众追求美好生活的大敌。

民族分裂主义是破坏我国民族团结、社会稳定和国家统一的最大威胁；也是影响民族地区发展进步的最大障碍。一直以来，反对和打击民族分裂势力就成为边疆民族地区面临的重要任务。其中，长期以来，"疆独"和"藏独"明里暗里地传播极端思想和从事民族分离活动就是祸害我国边疆稳定之敌。而分裂势力从事分裂国家的活动，首先就是搞乱人民的思想，对人民进行极端意识形态的渗透。

新疆作为我国五个少数民族自治区之一，位于西北边陲，周边与俄罗斯、哈萨克斯坦、吉尔吉斯斯坦、塔吉克斯坦、巴基斯坦、蒙古、印度、阿富汗八国接壤，在历史上是古丝绸之路的重要通道，现在是第二座"亚欧大陆桥"的必经之地，战略位置十分重要，自古就是中国不可分割的一部分。新中国成立后，党和国家从新疆多民族的实际出发，制定并实施了一系列符合国情的民族、宗教政策。在少数民族聚居地区实行了民族区域自治制度，保障各族人民真正当家作主的权利。但是，新疆意识形态领域从来就不是平静的港湾，民族分裂主义在意识形态领域气焰嚣张，长期以来，境内外民族分裂势力在意识形态领域大肆炒作民族、人权、宗教等议题，歪曲、编造、篡改新疆历史，以建立"东突厥斯坦伊斯兰共和国"为政治目的，鼓吹推翻中国现存社会制度，以"新疆独立""宗教至上论"为主要内容，夸大文化差异，煽动民族隔阂和仇恨。利用一切可以利用的事件、社会热点问题，攻击党和国家的各项方针政策、党的领导和我国社会主义制度，极力否认历代中央政权对新疆的管辖，否认新疆各族群众是中华民族大家庭血脉相连不可分割的成员，否定新疆文化是中华文化的组成部分，企图搞乱人们的思想观念，达到其分裂国家的目的。显然，如果任由这些错误、反动的思想在新疆渗透蔓延，必然会麻痹一些人对新疆历史、文化、民族、宗教等的认知。"直到今天，民族分裂思想、'双泛'思想、宗教极端思想流毒远未肃清，这些都严重虚化、消解了人民的国家认同感。新疆的反分裂斗争实践深刻表明，我们与民族分裂势力的斗争，根子在意识形态领域，焦点就是新疆历史。"[①]因此，要彻底肃清新疆的民族分裂主义的流毒，必须要与一切分裂势力进行你死我活的意识形态斗争。而中华民族凝聚力建设，就是构筑各民族团结奋斗的共同思想基础，与各种分裂主义作斗争的强大理论武器。同时，社会主义意识形态以共同的价值理念凝聚人心，使人们有共同的心灵归宿，这是中华民族共同体意识生成的根本保证。进言之，中华民族共同体意识生成的过程，也是中华民族伟大复兴实现的过程。况且，作为一个总面积占中国六分之一的中国最大的行政区域，一个拥有超过 47 个少数民族的行政区域，一个地理及战略位置极其重要的行政区域，其中华民族共同体意识的培育，使各民族像石榴籽一样紧紧团结凝聚起来，对于中华民族伟大复兴的重要性不言而喻。

　　西藏是我国西南边陲的重要门户，自古藏族人民就是中华民族大家庭中的重要一员。西藏在唐宋时期称为"吐蕃"，元明时期称为"乌斯藏"，清代称为"唐古特""图伯特"等。清朝康熙年间起称"西藏"至今。西藏民主改革 60 多

---

① 木太力普•吾不力. 彻底肃清民族分裂势力在意识形态领域的流毒[N]. 新疆日报，2018-12-25.

年来，西藏经济社会取得历史性成就，西藏社会制度发生历史性变迁，西藏人民的民主权利得到了充分保障、生活水平发生翻天覆地的变化。然而，在国际反华势力的支持下，以达赖集团为代表的西藏分裂势力一直在搞"藏独"，西方反华势力不断在国际上炒作"西藏问题"和打"西藏牌"，图谋把所谓"西藏问题"与"人权问题""宗教问题"等捆绑在一起，形成反华反共、围堵中国的合力，达到遏制中国发展乃至分裂中国的目的。自古边疆稳，则国安；边疆乱，则国难安。西藏作为中国西南、西北的天然屏障，边境线全长约 4000 千米，是通往南亚的门户，全区土地面积为 122 万多平方千米，约占全国总面积的 12.8%。在 2011 年庆祝西藏和平解 60 周年大会上，时任国家副主席的习近平就曾指出，西藏是重要的国家安全屏障，也是重要的生态安全屏障、重要的战略资源储备基地、重要的高原特色农产品基地、重要的中华民族特色文化保护地、重要的世界旅游目的地。这一高度评价，充分体现出西藏对于国家发展的重要性，维护西藏民族团结对于中华民族伟大复兴的重要性。实际上，新疆、西藏等边疆民族地区对于中华民族伟大复兴的重要性，不仅仅在于其重要的战略地位，更关键的是边疆民族地区，以及边疆各族人民自古以来就是中华民族大家庭的一员，生死与共、命运相连的"共同体"意识早已流淌在每一个中华儿女的血液中，这种感情是不容割裂的。因此，与新疆一样，要维护西藏民族团结、边疆安全，必须牢牢守护好意识形态安全防线，用社会主义意识形态引领西藏经济社会发展，铸就牢不可破的中华民族共同体，这是民族复兴的根本要求。

民族分裂主义和民族分裂势力是破坏民族团结的大敌。打击民族分裂势力需要多管齐下，但关键还是要牢牢掌握意识形态工作主动权，用社会主义意识形态引领群众，才能彻底铲除民族分裂的土壤，才能构筑起坚不可摧的心理长城。

三、民族复兴需要民族精神提振

民族复兴内蕴着民族精神的振兴，没有民族精神的振兴，就没有中华民族的伟大复兴；没有民族精神的振兴，也不会有民族团结和边疆稳定，因为没有民族振兴，就没有民族发展；没有民族发展，民族团结和边疆稳定就会流于空谈。进言之，民族振兴不仅仅是物质上的，更重要的是精神上的振兴，而且，物质可以变精神，精神也可以变物质，这是毛泽东曾经提出过的哲学命题，这一思想也是马克思主义物质与意识辩证关系原理的体现。马克思在《〈黑格尔法哲学批判〉导言》中就曾指出："批判的武器当然不能代替武器的批判，物质力量只能用物质力量来摧毁，但是理论一经掌握群众，也会变成物质力量。"①对此，习近平总书记从"物质决定意识，但意识对物质具有反作用"的辩证唯物主义原理出发，强调"广大党员、干部理想信念坚定、干事创业精气神足，人民群众精神振奋、发愤图强，就可以创造出许多人间奇迹。如果党员、干部理想动摇、宗旨淡化，人民群众精神萎靡、贪图安逸，那往往可以干成的事情也干不成。所以，我们必须毫不放松理想信念教育、思想道德建设、意识形态工作，大力培育和弘扬社会主义核心价值观，用富有时代气息的中国精神凝聚中国力量。"②"实现中华民族伟大复兴的中国梦，物质财富要极大丰富、精神财富也要极大丰富。我们要锲而不舍、一以贯之抓好精神文明建设，为全国各族人民不断前进提供坚强的思想保证、强大的精神力量、丰润的道德滋养。"③

　　历史上，中华民族曾经有过因为民族精神萎靡而导致民族衰落和任人欺凌的经历，中国近代，由于封建统治者不能睁眼看世界，沉迷于天朝上国的迷梦，导致中国近代衰落，成为帝国主义宰割的对象。在西方列强不断侵略下，许多中国人将"他者"之优长过度夸大，以致于认为中国的发展方向就是"全盘西化"。鸦片战争后，作为近代睁眼看世界的第一人的魏源就曾指出，近代中国社会风气两大弊端，即"人心之寐患""人材之虚患"，也就是蒙昧无知和空虚不实，他认为"两患"是造成清政府封建政治衰败和鸦片战争失败的重要原因。生活在这一时期的鲁迅先生对当时中国人的萎靡精神进行了揭露，从祥林嫂、阿Q、人血馒头到赵四老爷、赵庄，以犀利的文笔，对当时中国社会和国民，在深受压迫剥削之后形成的愚昧、无知、麻木、冷血、自私自

---

①　马克思恩格斯选集(第1卷)[M].北京：人民出版社，2012：9.
②　习近平.论党的宣传思想工作[M].北京：中央文献出版社，2020：127.
③　习近平在会见第四届全国文明城市、文明村镇、文明单位和未成年人思想道德建设工作先进代表时的讲话[N].人民日报，2015-3-1.

利的精神及性格特征进行了揭露和批判。"哀其不幸，怒其不争"，是鲁迅先生对笔下旧中国底层劳动群众的态度。在《药》一文中，面对刑场周围麻木的看客，鲁迅曾说出了"病死多少，是不必以为不幸的"的偏激言辞。这些病态特征与人格表现，并非鲁迅的文学强加或恶意夸张，而是长久处于帝国主义、封建主义、资本主义榨取和压迫之下的，半殖民地半封建社会中国环境之下的中国人。弃医从文，大声"呐喊"唤起国人的精神，是鲁迅先生这一时期最为真实的心态。20世纪初，有人在一篇《民族精神论》的文章中指出，"自治力之薄弱也，公德心之缺乏也，共同心之短少也，宗教心之冷淡也，此数者皆吾国近来腐败之横观历史也。"近代思想先进之国人对国民思想弱点的批判，并不单单是揭露，而在于唤醒全民族的每个成员，使其意识到自己的责任，正所谓重塑"民族灵魂"，挺起民族脊梁，振奋民族精神。实际上，正是由于民族精神的缺失，"在鸦片战争后的近100年间，我们反对帝国主义侵略的战争一败再败，原因不全在于'国贫'，还在于'失魂'。"①可见，精神决定了一个国家的民族性格和发展走向。

所以，近代中国，唤醒作为中国人的民族精神，是近代中国先驱者们的首要任务，五四运动吹响了振兴民族精神的号角，五四运动先驱李大钊热切期盼"新青年打起精神，于政治、社会、文学、思想种种方面开辟一条新径路，创造一种新生活。五四运动之后，传统文化在马克思主义的扬弃之下，呈现出创造性转化的新曙光。这样一种扬弃，舍弃了中国文化的糟粕成分，留下了中国文化之精华。正是由于马克思主义的内在支撑，先进中国人告别了对西方文化、西方现代化顶礼膜拜的片面态度，以一种全新的、辩证的态度去吸纳西方文化之优长，在这一过程中，中国人的精神丰富性得以提升。正是由于中华民族精神的唤醒，在中国共产党的领导下，中国革命和中国人民才不断从胜利走向胜利。中国共产党成立百年，带领中国人民在长期奋斗中形成一系列伟大精神，构建起中国共产党人的精神谱系，书写了一个伟大马克思主义政党的精神史诗，成为中国共产党和中国人民的精神支柱和精神财富。改革开放初期，邓小平曾意味深长地强调，"向我们这样第三世界的发

---

① 刘亚洲. 抗日战争与中华民族精神的崛起[N]. 光明日报，2015-8-31(01).

展中国家，没有民族自尊心，不珍惜自己民族的独立，国家是立不起来的。"①党的十八大以来，习近平总书记将民族精神的提振提高到前所未有的高度，指出，"文化是一个国家、一个民族的灵魂。文化兴国运兴、文化强民族强。没有高度的文化自信，没有文化的繁荣兴盛，就没有中华民族伟大复兴。要坚持中国特色社会主义文化发展道路，激发全民族文化创新创造活力，建设社会主义文化强国。"②实际上，党的十八大以来，习近平总书记就是从中华民族伟大复兴的高度谋篇布局中华民族精神提振，从社会主义核心价值观的提出，到意识形态工作"极端重要"的定位，再到建设强大凝聚力和引领力的社会主义意识形态的新要求，其目的就是要提升中华民族的文化自信，铸牢中华民族共同体意识，勠力同心，推进中华民族伟大复兴。

第二节　防范和抵御西方对华遏制的关键举措

增强中华民族凝聚力，铸牢中华民族共同体意识，使各民族像石榴籽一样紧紧抱在一起，共同团结奋斗，是有力抵御西方意识形态渗透，打破西方对华遏制企图的不二选择。

一、意识形态渗透是西方对华遏制的主要手段

出于意识形态偏见，自新中国成立以来，西方对华意识形态渗透就从未停止，而且伴随着中国日益发展壮大，其意识形态渗透力度呈现愈演愈烈之势，其目的就是要搞乱中国，颠覆中国。新中国的成立，极大地改变了国际格局，壮大了世界社会主义的力量，粉碎了美国控制中国的阴谋，沉重地打击了美帝国主义称霸世界的野心。但与此同时，出于意识形态的对立，以美国为首的帝国主义国家对新中国进行全方位的围堵，企图把新中国扼杀在摇篮中。其中，意识形态渗透就成为西方对华遏制的主要手段，1947 年 7 月，

---

① 邓小平文选(第 3 卷)[M]. 北京：人民出版社，1993：331.
② 习近平. 论党的宣传思想工作[M]. 北京：中央文献出版社，2020：10.

时任美国驻苏大使乔治·凯南提出"遏制理论"，其核心内容就是通过实施"马歇尔计划"复兴西欧，进而达到控制西欧，防止欧洲因穷困潦倒倒向马克思主义，倒向苏联为首的社会主义阵营。对广大的亚非拉地区实施援助，使"越来越多的国家意识到民主制度的好处"①。美国联合日本、澳大利亚、韩国等国对新生的中国实施战略包围。20世界50年代末60年代初，美国变"遏制战略"为"和平演变"，采取战争以外的一切手段，对社会主义国家进行意识形态渗透，目的是促使社会主义国家"和平演变"。这一政策主要对准的是苏联，但也包括了针对中国的内容。1958年，美国前国务卿杜勒斯在一次商会演讲中就提到，"我们远东政策所追求的一个要点是不让中国共产党人得到同中国文化联系在一起的威望"，要"使中苏集团内部的政府政策加速演变"。约翰逊继任美国总统后，于1966年7月公开宣告美国要坚持同中国大陆进行人员交流的政策，以达和平演变之目的。尼克松在上台以后，在1980年出版的《真正的战争》、1984年《真正的和平》，以及1988年《不战而胜》等著作中将"和平演变"理论化。据此，趁苏联解体、东欧巨变之势向包括中国在内的社会主义国家发动大规模的"和平演变"攻势。卡特当选美国第39任总统后，提出"世界秩序战略"，在"人权外交"的幌子下，将人权与经济援助、经济制裁挂钩，大力支持社会主义国家内部"持不同政见者"，以实现其"和平演变"的目的。这一时期，在西方"和平演变"的攻势下，国内资产阶级自由化力量不断膨胀。也正是在西方势力的鼓捣下，加速了苏联解体和东欧剧变，苏联解体、东欧剧变也标志着冷战结束，冷战结束以后，将"和平演变"的矛头对准中国，攻击中国是"日渐缩小的共产党国家的代言人"，大肆鼓吹"马克思主义过时了""马克思主义无用了""社会主义失败了""社会主义的历史终结了"等，企图搞乱人们的思想。到了20世纪90年代，在意识形态斗争领域，最具影响的是美国学者亨廷顿发表的《文明的冲突》和《文明的冲突与世界秩序的重建》，亨廷顿的著作是在美国新的反华浪潮中出笼的，它在提醒美国政府增加经济和军事力量以外，强调文明冲突，力求西方文明独霸世界，也为其推行对外文化和意识形态扩张提供了理论依据。在分析中国与美国的关系时，亨廷顿认

---

① 齐世荣. 世界当代史资料选辑(第1分册)[M]. 北京：北京师范大学出版社，1990：173.

为，美国与中国的关系变得"越来越具对抗性"，两国冲突的潜在原因，除了"两国在东亚未来均势问题上的根本分歧"外，"冲突的根源是社会和文化方面的根本差异"。

进入 21 世纪以来，西方对华意识形态渗透力度更大、渗透手段和方式更多，意识形态渗透也成为当前西方对华遏制的主要手段，渗透的主要途径如下。

一是价值渗透，以美国为首的西方将其定义的民主、人权标榜为"普世价值"，利用经济、军事、科技、文化等方面的优势，加强对我国进行意识形态渗透，美国政府一直鼓励美国民众通过商业合作、文化活动、教育交流等方式加紧对我国进行渗透。美国经济学家、地缘政治学家威廉·恩道尔坦率地指出："美国采取的是鲜为人知的武器，利用'人权''民主'作为 21 世纪版的鸦片战争的武器，迫使中国敞开自己，接受美国的超级大国统治。"

二是文化渗透。当前，西方意识形态渗透出现以文化为依托的趋势，美国通过文化渗透，先控制知识分子，进而颠覆对方的社会心理、意识，然后操纵对方的经济与政治决策，达到不战而屈人之兵的目的。以美国为首的西方敌对势力主要通过以下途径进行文化渗透。利用政治性非法出版物攻击中国的主流意识形态，诽谤党和国家领导人，力图消解中国人的红色情结；利用学术途径渗透西方意识形态话语，抢占我国的意识形态话语权。利用现代文化传媒进行广泛传播，抢占舆论高地。西方敌对势力不仅借助书刊、电视、大学讲坛等传统渗透手段，互联网也成为敌对势力对我国进行思想渗透的重要工具。敌对势力利用电子邮件、电子公告板、电子论坛、网络聊天室、留言板等一切网络传播途径，宣传西方生活，美化西方社会，传播西方制度，抨击我国经济社会政策，歪曲和攻击我国人权状况，诋毁我国形象。近几年，随着中国的崛起，一些西方国家出于自身利益考虑、冷战思维惯性、遏制中国等原因，加紧针对我国的意识形态活动，不断推出"中国崩溃论""中国威胁论""中国责任论"。

三是宗教渗透。西方敌对势力还开展"信仰外交"，利用宗教势力进行渗透。对于宗教的渗透作用，尼克松认为："教皇没有装甲师，但是他拥有的力量不是苏联的坦克能粉碎得了的。他触发的情绪深入人的精神的核心，不理解宗教信仰的人往往低估这种力量。"美国通过国内立法，定期审查世界各国的宗教现状。美国根据其 1998 年"国际宗教自由法案"将中国列为所谓"特别关注国"，就是美国干预中国宗教事务的例证。近些年，随着中国国内信仰宗教的人越来越多，西方国家注重以新式的宗教渗透作为进行意识形态渗透的有效手段。美国为了达到推动中国宗教政治化的目的，极力扶持和栽培华人传教知识分子。为了达到对华宗教渗透的目的，成立了"对华援助协会"，建立对华进行宗教渗透的严密组织体系。

四是利用非政府组织渗透。非政府组织在世界各国越来越活跃，从表面看，非政府组织与"政府"无涉，但实际上，他们的举动都与其背后的利益集团有关。近年来，非政府组织在西方日益膨胀，但透过这些组织的资金来源，其实质就是"特定政府的傀儡"。俄罗斯《观点报》称，目前美国有 1.5 万多非政府组织在世界其他国家从事活动。许多间谍都是以这类机构作为掩护，干涉他国内政。在利用非政府组织对中国进行意识形态渗透时，西方敌对势力以基金会为平台，寻找热点问题，以此为突破口，制造社会动荡事件。可见，花样繁多的意识形态渗透方式，已经对我国的意识形态安全造成严重威胁。

二、民族地区是西方意识形态渗透的重点

西方对华意识形态渗透历来很有针对性，其中边疆民族地区就是其渗透的重中之重，这与边疆民族地区特殊的地理位置、复杂的文化环境，以及历史遗留的民族问题是分不开的。从地理位置来看，我国 2 万多千米的漫长边境线，沿途分布着众多的少数民族，而且在为数众多的少数民族中，有些还是跨境民族。由此带来边疆地区各民族之间（包括跨境民族）交往非常频繁。但是在频繁交流的背后，也为敌对势力进行意识形态渗透提供了机会。另外，边疆民族地区，在经济发展水平、受教育程度、社会心理、文化信仰、风俗习惯等方面都有较大差异，这些差异使得社会主义意识形态价值传播和受众对社会主义意识形态理论内容的理解受到不同程度的限制和制约，正是利用这样的"机会"，在西方势力的鼓捣下，国内外分裂势力利用各种媒体和渠道对中国进行反动意识形态渗透。比如，在云南 4060 千米的边境线上，有 16 个民族是跨境而居的，边境居民在经济交往的同时，不可避免地进行宗教文

化传播。近代以来，西方国家将东南亚部分国家和地区变为其殖民地，并试图以此为跳板向中国扩张，云南就首当其冲成为其武力攻击和宗教渗透的主要地区。随着中国特色社会主义进入新时代，边疆民族地区已经转变为对外开放的前沿阵地，于是乎，西方势力也趁此加剧对我国边疆的意识形态渗透，其渗透的方式就是通过建立多样化的平台，攻击中国的宗教和人权政策，比如，在新疆周边国家和地区就有美国之音、BBC 等 8 个主要电台和 128 个频点。针对新疆事务进行大肆歪曲报道，肆意攻击中国的民族政策，煽动民族矛盾。还有一些境外宗教极端势力，煽动宗教狂热，扶持宗教极端势力。仅以云南为例，仅涉嫌利用基督教进行意识形态渗透的境外组织就达 80 个之多。① 据不完全统计，目前境外有 66 个网站、51 个平台反宣频道，用多种语言如英语、土耳其语、波斯语等，专门针对中国边疆地区进行意识形态渗透，这些传播平台涵盖网站、微博、论坛、社交网站等各种新型社交工具，以美国为首的西方势力利用一切手段搜集我国边疆情报信息，进而对中国的民族政策、中国的反恐法、网络管理、少数民族地区经济发展等政策进行污蔑和攻击。

2020 年《环球时报》梳理了反华势力针对新疆炮制的十大谣言。反华势力炮制出包括"中国在新疆地区的'再教育营'拘留了近百万维吾尔人""新疆存在针对少数民族的强迫劳动""境外一些媒体和社交平台有'寻人贴'，海外维吾尔人称自己在新疆的'亲人''朋友''失联''失踪'。""新疆控制少数民族的语言、文化、习俗、服饰等传承，维吾尔族永远不会被信任，也将永远不会被平等接受。""新疆限制宗教自由，监视信教群众的宗教活动，并大规模拆除清真寺。"等等，这些谣言完全是造谣污蔑、制造噱头。一些西方新闻炮制者们完全丧失了新闻工作者最基本的职业道德操守，用"阴间滤镜"双标透视中国。

纵观西方对中国边疆民族地区意识形态渗透的历程，其规律就是，利用宗教、民族问题以及人权等热点问题信口雌黄，制造舆论，攻击中国政府的民族宗教政策，不遗余力地实施西化、分化遏制中国。甚至企图配置代理人

---

① 孙浩然. 境外宗教渗透与云南边疆民族地区意识形态安全研究[J]. 中共云南省委党校学报，2012(1).

在中国边疆挑起事端，策动"颜色革命"。随着"一带一路"倡议的深入推进，帝国主义亡我之心不死，在全球化、信息化的今天，国内外敌对势力必然会继续内外勾结，利用网络新媒体等手段进行线上线下的意识形态渗透，这些经过精心包装的内容极具迷惑性和煽动性，极易扰乱人们的思想认知，破坏正常的民族宗教活动，从而引发他们的认同危机，影响民族团结。

三、增强民族凝聚力是打破西方遏制的关键

20世纪90年代初，哈佛大学教授约瑟夫·奈(Joseph Nye)提出"软实力"概念，意指在国际关系中，一个国家除经济和军事实力以外的第三种实力，主要是指文化、价值观、意识形态及民意等方面的影响力。在中国古代，就有"远人不服，则修文德以来之"的说法，这里的"文德"实际就是指软实力。约瑟夫·奈认为，硬实力是一国靠经济和军事强迫收买他国的能力，软实力则是"一国透过文化或说服别国服从你的目标从而使你得到自己想要的东西的能力。"在分析一个国家的综合国力时，奈将综合国力分为硬实力和软实力两种形态，硬实力主要包括基本资源、经济力量、军事力量和科技力量等；软实力则包括国家的凝聚力、文化被普遍认同的程度以及参与国际机构的程度等。并进而指出，硬实力虽然是相当重要的，但只发挥阶段性的作用。软实力则是长久的，更具弥散扩散性，更决定长远的未来。硬实力建设可以一蹴而就，但软实力则要依靠独立建设，不可以模仿和依靠外援。

软实力在很大程度上表现为国民的精神状态、意志品格和内在凝聚力。那么，要提升国民的精神状态、意志品格和内在凝聚力靠什么呢？历史经验表明，任何一个国家要把全社会的意志和力量凝聚起来，只能靠全社会共同认可的核心价值观。当代中国，就是用社会主义核心价值观凝魂聚力，社会主义核心价值观作为社会主义意识形态的内核，全社会对社会主义核心价值观高度认同，也就意味着社会主义意识形态凝聚力的增强。社会主义意识形态凝聚力增强，其现实表征是各民族在共同的理想信念、价值理念和道德观念下，像石榴子一样紧紧抱在一起，共同团结奋斗，共同繁荣发展，形成强大的民族凝聚力。强大的民族凝聚力，是中华民族战胜艰难困苦，压不垮，打不散的内在力量，是国家文化软实力的重要体现。

强大的民族凝聚力，即国家文化软实力的增强，是抵御西方对华遏制的有力武器。自新中国成立以来，出于社会制度和价值观念的不同，西方对华意识形态遏制从未停止，其目的就是要将中国"西方化"或"美国化"，使中国沦为西方的附庸。尤其是在当前，随着中国综合国力和国际影响力的不断提升，以美国为首的西方对华遏制，已经鲜明渗透在经济、文化、社会生活等各个领域。譬如，美国等西方国家不以本国企业和民众的发展利益为重，却以所谓的"国家安全"为由，限制华为、中兴等中资企业进入他们的国内市场。还如，作为中外文化交流载体的孔子学院，部分西方势力也将其视为中国用来扩展海外政治影响的工具，要求中止与孔子学院的合作。在外交及科技文化交流方面，典型的如2019年10月16日，美国政府出台政策，"要求中国驻美外交人员在会见美国地方官员、访问教育和研究机构须提前通知美国务院。"①近些年，西亚北非接连发生的"颜色革命"，再次给我们敲响了警钟。随着中国日益壮大，西方对华意识形态遏制也呈现出"极端化"的态势，一是极限施压。以中美贸易战最为典型，中美贸易战"与其说这是一场经贸摩擦、贸易战，不如说是一场政治斗争、意识形态斗争"②。二是极其恶劣。坚持双重标准，粗暴干涉别国内政，是美国等西方国家扰乱世界的惯用伎俩。典型的如美国政客们颠倒黑白，置若罔闻，接连通过了所谓的"2019年香港人权与民主法案""2019年维吾尔人权政策法案"等。这些"法案"以立法的形式极其恶劣地干涉中国内政，美国政客们打着所谓"民主与人权"的幌子，以"仲裁者"自居。将香港暴徒制造的暴力事件称为"一道美丽的风景线"，对于中国去极端化和打击恐怖主义卓有成效的成绩置若罔闻、大肆抹黑。这种粗暴干涉中国内政的行径丧失了人类最基本的善恶良知，折射出西方国家对华意识形态斗争已经无所不用其极。三是极度污蔑。近期，美西方反华势力肆意抹黑新疆人权状况，编造所谓"中国通过强制性的劳动力转移和扶贫计划，迫使新疆数十万少数民族劳工手工摘棉花"等弥天大谎，欧盟、美国、英国、加拿大就涉疆问题实施对华制裁。所谓"强迫劳动"完全是谎言，目的就是明目张胆地支

---

① 2019年10月18日外交部发言人耿爽主持例行记者会[EB/OL]，https：//www. fmprc. gov. cn/web/wjdt_674879/fyrbt_674889/t1708958. shtml，2019-10-18।

② 石云霞. 中美贸易战的意识形态考量[J]. 思想教育研究，2018，（7）.

持"疆独"势力，他们不是真的关心维吾尔族人民，目的是抹黑中国形象，破坏新疆安全稳定，阻遏中国发展。

在西方对华遏制步步升级的境况下，全国各族人民只有构建起更强大的民族凝聚力，才能有力回击西方势力企图分裂中国、破坏民族团结的谎言。而要增强民族凝聚力，必然要发挥社会主义意识形态凝魂聚力的功能，在增强国家文化软实力中击碎西方企图遏制中华民族伟大复兴的阴谋。

第三节　跨越"中等收入陷阱"，
展现人类文明新形态

新时代，增强中华民族凝聚力，铸牢中华民族共同体意识，使各民族像石榴籽一样紧紧抱在一起，共同团结奋斗，共同繁荣发展，意味着中国道路和发展成就得到人民认可和拥护，走出一条全新的现代化道路，创造了人类文明新形态。

一、增强跨越"中等收入陷阱"的信心

2007 年世界银行主题报告《东亚复兴：关于经济增长的观点》提出，很少有中等收入的经济体成功地跻身为高收入国家，这些国家往往陷入经济增长的停滞期，既无法与低收入国家竞争，又无法在尖端技术研制方面与富裕国家竞争。这是一种带有普遍性的现象，也是一个世界性发展难题。根据世界银行专家的分析，落入"中等收入陷阱"的国家会遇到以下困难。一是由于国内工资收入水平上升，这些国家无法同低收入国家的廉价劳动力竞争，某些低收入国家在劳动密集型工业品的出口竞争中，比中等收入国家生产的同类商品具有优势，在吸引外资方面也更有吸引力。二是由于这些国家缺乏能与发达国家竞争的优势产业、先进技术和自主创新的产品，它们的困难加大了，它们迈入高收入国家行列的机会几乎没有了。三是这些国家已经丧失当初由低收入国家向中等收入国家挺进时的那种艰苦拼搏的精神和斗志。一般民众开始更多地追求福利社会的成果，总希望政府把更多的资源用来实现福利社会的各种目标，否则就对政府不满，于是胃口越来越大，难以自拔。一般民

众不了解福利社会主要在高收入阶段才能逐步实现。四是这些国家政府官员的贪污腐败盛行。人们亲眼看到政府官员的贪污、受贿、敲诈勒索、滥用职权牟取私利等情况，他们的信心大大下降，官民矛盾激化，引发社会动乱。他们或者移民国外，或者消沉、失望甚至绝望，他们不再像当初创业阶段那样致力于经济振兴了。一般民众的消极、颓废、失望、绝望情绪成为落入"中等收入陷阱"的国家的又一致命伤。因此，从"中等收入陷阱"的样态，不难发现，陷入"中等收入陷阱"的国家经济发展停滞、贫富悬殊、民怨沸腾、社会动荡、信仰缺失，在这种状态下，人们离心离德，国家民族凝聚力也就无从谈起。

从世界范围来看，拉美地区和东南亚一些国家是陷入"中等收入陷阱"的典型代表。如菲律宾1980年人均国内生产总值为671美元，2006年仅仅为1 123美元，考虑到通货膨胀因素，人均收入基本没有太大变化；马来西亚1980年人均国内生产总值为1 812美元，到2008年仅达到8 209美元；阿根廷在1964年时人均国内生产总值就超过1000美元，在20世纪90年代末上升到了8 000多美元，但2002年又下降到2 000多美元，考虑到通货膨胀因素，人均收入基本没有太大变化。拉美地区还有许多类似的国家，虽然经过了二三十年的努力，几经反复，但一直没能跨过1万美元的门槛。与这些国家人均收入水平长期陷入停滞，同时伴随的是社会的动荡，比如拉美地区部分国家的社会动荡早已成为常态，常年不断的社会抗议，甚至暴力冲突，以及政局动荡和社会危机，是拉美国家各种矛盾、相互作用的产物。2019年，厄瓜多尔、智利、玻利维亚、哥伦比亚等多国相继爆发游行示威活动，引发大规模社会骚乱和暴力事件。拉美这一轮社会抗议具有很强的破坏性，严重危及社会治安和公共秩序。近年来，巴西、阿根廷、秘鲁、哥伦比亚等国腐败案曝光后，频繁引发反腐社会抗议浪潮。在东南亚，也同样不安生，不是今天这个政变，就是明天那个叛乱，东南亚大部分国家贫富差距大，经济基础薄弱，人民群众连饭都吃不饱，政治参与度不高。政治选举也只是有钱人的游戏，选举结果并不能反映人民群众的意愿。所以政局变动对人民群众来说并没有什么太大的变化，人民群众也不会在意由谁执政。加上东南亚各国民族复杂、宗教势力强大、外部势力介入也成为各国政局动乱的主要原因。

　　与"世界的乱"对比，"中国的稳"更加显著，新中国成立以来，我们党领导人民创造了世所罕见的经济快速发展奇迹和社会长期稳定奇迹。根据国家统计局的数据显示，1996年，我国人均GDP为5 898元，属于低收入国家，1999年攀升到人均GDP为7 229元，稳固地进入下中等收入国家行列，2010年我国人均GDP达到3.08万元，进入上中等收入国家行列，到了2021年，我国GDP首次突破110万亿元，人均GDP超8万元人民币，换算成美元约1.255 1万，由此意味着我国正处于从中高收入国家迈向高收入国家的关键期，处在跨越"中等收入陷阱"的关键时期。我们实现了第一个百年奋斗目标，即如期全面建成小康社会，这就奠定了跨越"中等收入陷阱"的决定性基础，打开了全面建设社会主义现代化强国的通道。在经济高速发展，人均收入和人民生活水平显著提高的同时，我国社会长期稳定，民族团结进步、人民安居乐业，这既是中华民族凝聚力增强的结果，也是中华民族凝聚力增强的体现。由此就更加坚定了中国跨越"中等收入陷阱"的信心。

二、民族团结进步展现人类文明新形态

　　中华民族凝聚力的增强是国家治理现代化的体现，充分说明中国共产党坚持以人民为中心的发展思想，顺应了民意，赢得了民心，汇聚了人心。新中国用短短几十年的时间，走完了西方发达国家几百年的工业化历程，走出了一条完全不同于西方发达国家的中国式现代化之路，在经济社会高速发展的同时，没有陷入所谓的"中等收入陷阱"，而是政治昌明、社会稳定、民族团结、人民幸福，创造了人类文明新形态。

　　人类文明新形态，是习近平总书记在庆祝中国共产党成立100周年大会上的重要讲话中指出的："我们坚持和发展中国特色社会主义，推动物质文明、政治文明、精神文明、社会文明、生态文明协调发展，创造了中国式现代化新道路，创造了人类文明新形态。"[①]人类文明新形态，是中国共产党领导中国人民取得社会主义现代化建设伟大成就的凝练表达，既内蕴着中国式的现代化是独特的，是符合人类发展方向和要求的，是完全不同于西方国家建

---

　　① 习近平，在庆祝中国共产党成立100周年大会上的讲话[J]. 求是，2021(14).

立在以狭隘的利益观和极端个人主义基础上的现代化，也没有像拉美等国家一样陷入"中等收入陷阱"，而是依靠独立自主、坚持以人民为中心、致力于"为人民谋幸福"和"为人类求解放"的现代化。

现代化的过程是民族凝聚力不断铸牢的过程，也是人类文明新形态的显著特征，没有强大的民族凝聚力，中国现代化之路是不可能顺利推进的，中国现代化之路不能顺利推进，中华民族凝聚力也是难以维系的，二者是一种相辅相成、相互促进的关系。透视人类文明新形态的秘籍，最核心的主要有两条，其一，党的领导核心作用是最深刻最本质的特征，雁飞千里靠头雁，在推进社会主义现代化建设过程中，需要攻克众多的"娄山关"和"腊子口"，这都离不开党的领导核心作用的发挥。关于党的领导核心的重要性，邓小平曾经指出，"任何一个领导集体都要有一个核心，没有核心的领导是靠不住的。"①同样，对于一个国家而言，一定要有领航把舵的"主心骨"，否则这个国家就会行无所归，在中国，中国共产党就是中国人民和中华民族的"主心骨"，对此，习近平总书记曾指出："一九二一年中国共产党的应运而生。从此，中国人民谋求民族独立、人民解放和国家富强、人民幸福的斗争就有了主心骨，中国人民就从精神上由被动转为主动。"②推动社会主义现代化建设，需要进行许多新的伟大斗争，必须确保党始终成为全国人民的主心骨。另外，中国共产党的性质也决定了她是有能力担负起主心骨的作用的。中国共产党代表中国先进生产力的发展要求，代表中国先进文化的前进方向，代表中国最广大人民的根本利益。其初心和使命，就是为中国人民谋幸福，为中华民族谋复兴，这是我党能够始终成为全国人民主心骨的性质保障。其二，坚持人民至上。坚持人民至上，是以人民为中心的发展思想的本质要求，始终把人民的利益置于最高位置，这也是中国共产党执政兴国的秘籍，也是人类文明新形态的典型特征。人民性是马克思主义最鲜明的品格，马克思主义植根于人民，指明了依靠人民推动历史前进的人间正道。中国共产党坚持以马克思主义为指导，在为中国人民谋幸福、为中华民族谋复兴的历史进程中，坚持以人为

---

① 邓小平文选(第3卷)[M]. 北京：人民出版社，1993：310.

② 习近平. 决胜全面建成小康社会 夺取新时代中国特色社会主义伟大胜利——在中国共产党第十九次全国代表大会上的报告[N]. 人民日报，2017-10-18.

本、执政为民的理念，贯彻群众路线，坚持党同人民群众的血肉联系，团结带领人民共同创造历史伟业，凝聚起众志成城的磅礴力量。习近平总书记指出，实现中国梦必须凝聚中国力量。这就是中国各族人民大团结的力量。只要我们紧密团结，万众一心，为实现共同梦想而奋斗，实现梦想的力量就无比强大。这深刻揭示了坚持以人民为中心与实现中华民族伟大复兴中国梦之间的紧密关系。在脱贫攻坚、疫情防控过程中，中国共产党将人民至上的理念体现得淋漓尽致，以疫情防控为例，在新冠肺炎疫情防控过程中，全国3 900多万名党员、干部战斗在抗疫一线，1 300多万名党员参加志愿服务。2020年全国两会期间，习近平总书记在参加内蒙古代表团审议时指出："人民至上、生命至上，保护人民生命安全和身体健康可以不惜一切代价。"①从出生婴儿到百岁老人，无差别、不计代价地抢救每一位患者的生命，费用全部由国家兜底，据统计，仅湖北就有3 600多名80岁以上的新冠肺炎患者被治愈，其中包括7名百岁以上老人，全国累计治愈超8万人，这些无不体现了我们党对人民和生命的深情与担当。可见，正是由于党的坚强领导，正是由于始终坚持人民至上的执政理念，中华民族才汇聚起不可战胜的磅礴伟力，中华民族凝聚力不断增强，中国这艘巨轮披荆斩棘，行稳致远。

---

① 习近平参加内蒙古代表团审议，新华网，2020-5-22.

第三章　中华民族凝聚力建设的
战略重心与任务要求

新时代，中国特色社会主义现代化建设的伟大成就，夯实了中华民族凝聚力建设的话语力量；同时，党和政府对中华民族凝聚力建设的高度重视，以及积累的丰富的经验，开创了中华民族凝聚力建设的新局面。但是，必须要正视的现实是，我国是一个多民族的国家，除了汉族，还有 55 个少数民族，这些少数民族大多居住在东北、西北、西南边疆地区，由于历史的、地理的、自然条件等多重因素的影响，地区之间发展不平衡不充分的问题客观存在，民族地区由于地处边疆，经济发展相对落后，文化习俗差异明显，历来是各种势力渗透争夺的重点地区。可以说，搞好边疆地区的民族凝聚力建设，中华民族凝聚力建设就抓住了主要矛盾。那么，边疆民族地区是何种境况，民族凝聚力建设有何经验，新时代，中华民族凝聚力建设又有哪些新要求，理清这些问题，中华民族凝聚力建设就明确了工作重心和努力方向。

第一节　边疆民族地区是中华民族
凝聚力建设的战略重心

矛盾的普遍性和特殊性关系原理，要求想问题、办事情要坚持"两点论"和"重点论"，同理，中华民族凝聚力建设也要抓住重点。在我国，边疆民族地区是中华民族凝聚力建设战略重心，抓好这一地区的民族凝聚力，中华民族凝聚力就抓住了主要矛盾。

一、边疆民族地区作为中华民族凝聚力建设的战略重心的因由

边疆民族地区之所以是中华民族凝聚力建设的战略重心，主要是由经济发展相对落后、少数民族众多、民族文化多元、地理位置特殊等特征决定的。

(一)经济发展相对落后

经济基础决定上层建筑，经济发展水平直接决定人民群众的物质文化生活质量的提升，人民群众的物质文化生活满足与否，又直接决定人民群众对社会主义意识形态的认同。马克思指出："人们奋斗所争取的一切，都同他们的利益有关。"①换言之，推动中华民族凝聚力建设，首先就要关注人民群众物质上的获得感，从与人民群众切身利益密切相关的经济发展说起。

不可否认，新中国成立 70 多年，改革开放 40 多年，特别是党的十八大以来，在国家的大力支持和边疆各族群众的共同努力下，边疆民族地区经济社会发展取得历史性成就，科教文卫体、人民生活水平等领域发生历史性变革。但对标对表东部沿海地区，边疆民族地区经济发展仍然相对落后。

根据中国社会科学院中国历史研究院中国边疆研究所和社会科学文献出版社共同在京发布了《边疆蓝皮书：中国边疆发展报告(2019)》显示，"2018年，中国边疆地区经济发展呈现稳中有增的整体态势，但区域内省(区)的经济总量存在明显差距。"②蓝皮书显示，2018 年，中国边疆 11 省(区)中，经济实力最强的辽宁省比经济实力最弱的西藏自治区，经济总量差距达 17 倍。其中，2018 年辽宁省经济总量为25 315.4亿元，西藏自治区的经济总量仅为1 477.63亿元。经济总量超过 1 万亿元的省(区)有 7 个，其他 4 个省(区)经济实力较弱，这客观上造成了中国边疆区域经济发展的不均衡。蓝皮书还显示，虽然中国边疆地区的经济发展稳中有进，但整个边疆地区的经济发展速度普遍不高。

---

① 马克思恩格斯全集(第 1 卷)[M].北京：人民出版社，1994.82.

② 张赛.首部边疆蓝皮书发布 中国边疆地区经济发展稳中有进[EB/OL]，中国社会科学网，2020-1-14.

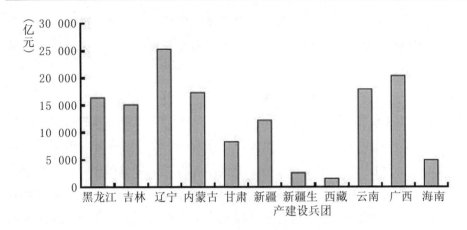

图 3—1 2018 年边疆省份地区生产总值

资料来源：2018 年各地区国民经济和社会发展统计公报。

数据显示，2018 年中国国内生产总值的增长率为 6.6%，与这一数据相比，边疆地区只有西藏、云南、广西三个省（区）的经济增速高于国家经济发展速度。经济发展最快的省（区）是西藏自治区，增速达到 9.1%，发展最慢的省（区）是吉林省，增速仅为 4.7%，低于国家经济发展增速近 2 个百分点。

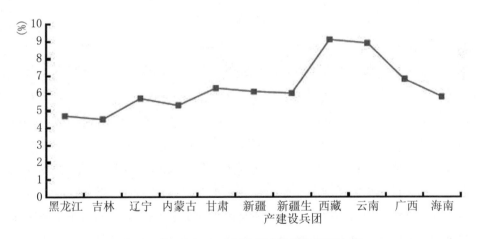

图 3—2 2017—2018 年边疆省份经济发展速度

资料来源：2018 年各地区国民经济和社会发展统计公报。

以广西壮族自治区为例。2019 年，广西壮族自治区党委书记在全区省级领导和厅级主要负责同志专题研讨班上作《解放思想 改革创新 扩大开放 担当

实干 奋力开启建设壮美广西共圆复兴梦想新征程》的报告，报告实事求是地指出了广西仍然属于欠发达地区，发展不平衡不充分仍然属于广西面临的最突出问题。报告指出：

从对标对表全面小康看，"按全国标准测算，我区全面建成小康社会实现程度低于全国实现程度，经济发展、人民生活、三大攻坚、民主法治、文化建设、资源环境 6 大类监测指标全面落后于全国水平，其中最大的差距仍在经济发展上，全区还有 151 万建档立卡贫困人口，相当一部分生活在极度贫困地区，实现脱贫奔小康难度很大。"①改革开放以来，尽管广西经济发展步入快车道，产业结构的调整总体上不断优化，产业发展规模逐年增长且速度加快，但是从横向与全国其他省份比较来看，广西的经济总量一直较小，人均水平不高。

从对标对表高质量发展看，"一是增长不够稳。进入新常态以来，我区GDP 增速持续下滑，2014 年结束连续 12 年的两位数增长，2016、2018 年又先后跌破 8% 和 7%。尽管增速换挡是大势使然，但与全国和许多兄弟省份相比，我们下降的幅度更大，持续下滑的时间更长，稳增长的任务更为迫切。二是结构不够优。去年我区三次产业结构为 14.8：39.7：45.5，第一产业比重高出全国 7.6 个百分点，第三产业则低 6.7 个百分点。农业大而不强，产业化程度低，缺少龙头企业带动，农产品深加工"短腿"明显；资源型、高能耗、低附加值工业比重大，六大高耗能行业产值占比近 40%，高技术产业增加值占比不到 10%，产业链条短、知名品牌少、核心竞争力不强，长期处于价值链低端，实现新旧动能转换尚需时日；传统服务业仍占大头，现代物流、商务会展、信息服务、金融、文化旅游、大健康等新产业新业态新模式亟待发展。三是质量效益不够好。2014 年以来财政收入占 GDP 比重维持在12%～14%区间，低于全国平均水平 8 个百分点左右，2012—2018 年非税收入占一般公共预算收入比重超过 30%，高于全国平均水平 10 个百分点以上。全区高耗能行业消耗八成以上的煤碳能源和七成以上的用电量，对工业总资产贡献

---

① 鹿心社：解放思想 改革创新 扩大开放 担当实干 奋力开启建设壮美广西共圆复兴梦想新征程[N]. 广西日报，2019-4-1.

率仅两成左右。"①

从对标对表全国和兄弟省份看，"2018 年，我区 GDP 总量排全国第 18 位，增速排第 15 位，人均 GDP 长期排在第 28 位左右。多年来，我们与陕西、江西、重庆、天津、云南、内蒙古、山西等省份大体处于同一梯队。但 2010 年到 2018 年，GDP 总量与陕西差距由 519 亿元增至 4 086 亿元，从 2016 年开始，陕西生产总值增速高于我区，标兵渐行渐远。十年前落后于我们的江西、重庆，分别已于 2016 年、2018 年超过我们，天津、云南、内蒙古与我区差距都很小，追兵越来越近。"②

从对标对表人民美好生活需要看。"一是居民收入水平不高。2018 年全区城镇居民人均可支配收入 32 436 元，农村居民人均可支配收入 12 435 元，分别比全国平均水平低 6 815 元、2 182 元，排全国第 23、21 位。过去十年间，我区城镇居民人均可支配收入排位从全国第 13 位降至第 23 位，占比由 91％降至 83％。提高收入水平，已成为广大干部、职工、群众的强烈愿望。二是基本公共服务供给不足。教育、文化、医疗卫生、住房等方面还有许多"急难愁盼"的事，2018 年广西高等教育毛入学率 39％，比全国平均水平低 9.1 个百分点，医院床位数大大低于周边省份，距离"幼有所育、学有所教、劳有所得、病有所医、老有所养、住有所居、弱有所扶"目标还有很长的路要走。"③

应该说，与其他边疆民族地区相比较，广西经济发展速度和经济规模还是居于前列的，即便如此，无论在经济总量，还是离人民美好生活需要的各个方面，广西与全国平均水平之间的差距仍然很大，由此，边疆民族地区的经济发展程度可见一斑。

(二)少数民族众多

边疆地区也是少数民族聚居区，边疆少数民族是中华民族大家庭的重要成员。长期以来，各民族在这片广袤的土地上繁衍生息。中国边疆民族地区

---

① 鹿心社：解放思想 改革创新 扩大开放 担当实干 奋力开启建设壮美广西共圆复兴梦想新征程 [N]. 广西日报，2019-4-1.

② 鹿心社：解放思想 改革创新 扩大开放 担当实干 奋力开启建设壮美广西共圆复兴梦想新征程 [N]. 广西日报，2019-4-1.

③ 鹿心社：解放思想 改革创新 扩大开放 担当实干 奋力开启建设壮美广西共圆复兴梦想新征程 [N]. 广西日报，2019-4-1.

与十几个国家接壤，居住着 50 多个民族，其中 70％是少数民族。在我国东北三省和内蒙古，有满族、蒙古族、朝鲜族等少数民族。根据《中国统计年鉴2021》，中国境内满族人口约 1 042.330 3 万人。朝鲜族是历史上从朝鲜半岛迁入我国东北和内蒙古东北部的民族，总人口 170.247 9 万人；鄂温克族的人口数为 34 617 人，主要分布大兴安岭东西两侧的呼伦贝尔草原和河谷地区。鄂伦春族是世居我国东北部地区的人口最少的民族之一，人口约为 9 168 人。赫哲族，目前主要分布在黑龙江、松花江、乌苏里江交汇构成的三江平原和完达山山脉，根据 2020 年第七次全国人口普查统计，人口约为 0.5373 万人。在内蒙古自治区常住人口中，蒙古族人口 424.7815 万人。

中国西北边疆地区，也分布着众多的少数民族。新疆，地处中国西北，自古以来就是多民族聚居地区，目前共生活着 56 个民族，主要居住有维吾尔、汉、哈萨克、蒙古、回、柯尔克孜、满、锡伯、塔吉克、达斡尔、乌孜别克、塔塔尔、俄罗斯等民族。根据第七次全国人口普查，居住在新疆的少数民族总人口 1 493.22 万人，约占全区人口总数的 57.78％。宁夏，也是一个多民族聚居的地方。主要世居少数民族有回族、维吾尔族、东乡族、哈萨克族、撒拉族和保安族等，少数民族比例占全区总人口的 35.95％。甘肃，全省常住人口中，各少数民族人口为 2 656 393 人，占 10.62％。

另外，在西北边疆，保安族、土族、裕固族、乌孜别克族、哈萨克族、锡伯族、塔塔尔族、俄罗斯族等都有分布。

西南边疆各省是我国少数民族最多的地区，主要少数民族有 20 多个。有藏族、壮族、傣族、京族、阿昌族、德昂族、纳西族、独龙族、苗族、怒族、普米族、门巴族等少数民族。其中，西藏自治区，藏族先民公元前就生活在青藏高原及其周边地区，根据 2 020 年第七次全国人口普查数据显示，西藏自治区人口中，全区常住人口为 3 648 100 人，其中，汉族人口为 443 370 人，藏族人口为 3 137 901 人。其他少数民族人口为 66 829 人。藏族和其他少数民族人口占比达 87.84％。云南省居住着彝族、哈尼族、白族、傣族、苗族、壮族等 25 个少数民族，云南少数民族人口 1 563.6 万人，占总人口的 33.12％。就是说三个云南人中就有一个是少数民族。

广西也是一个多民族聚居的边疆省份，世居的民族有壮、汉、瑶、苗、侗、仫佬、毛南、回、彝、水、京、仡佬等 12 个。少数民族人口占总人口的 38.4%。壮族是我国人口最多的少数民族，在祖国大家庭中其人口总量仅次于汉族，其人口占广西总人口的 33%，占全国壮族人口的 90% 以上。除了上述 12 个世居民族，满、蒙、白、藏、黎等其他 44 个民族在广西都有分布。

边疆民族地区民族众多，民族问题复杂。众多的少数民族由于在历史文化、风俗习惯等方面的存在差异，在山林权属、人文环境等各种利益上存在分歧。因此，处理好民族矛盾，使得各民族和谐相处，就成为促进边疆民族地区推进民族团结进步的头等大事。

比如，历史上，广西就曾发生过"土客冲突"。由于迁入广西的客家人，直接挤占了原住民的生存空间和生存资源，引起当地原住民不满，长期发展而引起群起纷争。原住民把客家人当成了仇人，于是勾结地方官府和乡绅，对迁入的客家人极力排挤，甚至迫害，致使客家人无处容身。这就是近代广西等地区的"土客冲突"。

从现实来看，一些经济问题或民族间的纠纷也会演化成民族问题。比如，2010 年发生在靖西县的"7·11"事件，因山东信发铝业集团在开发铝土矿过程中的无序开采，造成周边壮族群众的耕地、植被、水源等遭到严重破坏，导致与周边壮族群众关系紧张。由此，一些人为了自身利益，进而将正常的利益纠纷上升为民族矛盾，借此妖言惑众，鼓动不知情的群众寻衅滋事，将问题扩大化。

另外，在众多的民族中，跨境民族尤其值得关注，云南作为边疆省份，与缅甸、老挝、越南接壤，与三国的边界线总长 4 061 千米。在云南的 25 个少数民族中，彝族、哈尼族、壮族、傣族、苗族、傈僳族、拉祜族、佤族、瑶族、景颇族、布朗族、布依族、阿昌族、怒族、德昂族、独龙族 16 个少数民族分别于三国跨境而居。在广西漫长的边境线上，居住着壮、汉、苗、彝、京等多个民族。据中国史籍《古今图书集成》和越南史籍《大南实录》印证，19 世纪上半叶，为了逃避天灾人祸，中国一些壮族移居越南。抗日战争时期，有的壮族人避难越南。也有由越南迁往中国的民族，京族就是其中之一，中国的京族主要分布在防城港一带，越南的京族是主体民族，有 5 500 多万人；因语言和交往便利，双方京族有通婚和亲友关系。中国的两国跨境民族存在民族多、人口多、关系复杂、跨境历史悠久，由于各国民族划分标准和方法不同，致使民族问题更加错综复杂。当前，随着两国开放交流的频繁，除了国家级和省级的口岸可以凭借证件出入外，在漫长的边境线上，估计有上千条小径可以通过两国。① 从而带来跨国婚姻，以及跨国犯罪、贩卖人口等跨国犯罪活动，导致民族问题更加错综复杂。一旦处理不好，民族问题也会上升为国际问题。

(三)民族文化多元

边疆地区少数民族众多，意味着民族文化多元。这样，伴随民族交往，不同民族之间就会出现文化交流交融交锋的局面。如何处理多元文化并存与指导思想一元化，也成为推动边疆民族地区民族团结进步不可忽视的问题。

1. 多样的民族语言

语言作为文化的重要载体和流传媒介，是文化的外在表现形式，每一个民族因文化的不同而持有不同的语言系统。一个民族的语言蕴含着一个民族特有的传统文化、思维方式、社会心理、民族风情、价值取向、社会观念等。人类在不断的社会实践中形成不同的文化，继而文化又催生出与它相对应的语言。因此，研究一个民族的文化，重点要研究这个民族的语言。

在语言的种类上，边疆民族地区以云南和广西最为典型。云南是一个多民族、多语种、多文字的边疆省份，全省25个少数民族中，除回、水、满三个民族使用汉语外，其他22个少数民族使用26种语言，14个民族使用22种文字。云南的多民族、多语种构成了与其相适应的多文种。云南少数民族原有文字种类很多。据20世纪50年代调查，原有民族文字的11个少数民族中，共有23种文字。其中，傣文5种，纳西文4种，彝文2种，景颇文3种。可以说，在历史长河中，各少数民族用自己的勤劳、智慧和以自己语言文字为标志的表达方式，创造出了灿烂的民族文化，使祖国的文化宝库更加丰富。

对于世居广西的11个少数民族而言，除回族使用居住地的汉语方言外，均有自己的语言，分别是壮语、瑶语、苗语、侗语、仫佬语、毛南语、京语、彝语、水语、仡佬语。使用水语、仡佬语的人口呈下降趋势，这两种民族语

---

① 范宏贵. 中越两国的跨境民族概述[J]. 民族研究，1999(6).

言已属濒危语言。而汉语方言也有粤语、西南官话(桂柳官话)、客家语、平话、湘语、闽语等六种。粤语(当地人称广西白话),分布范围主要为桂东南,即贺州至凭祥连线的东南部,占广西三分之一的地域,使用人口 1 500 多万,占广西汉族人口比例超过 55%。壮语是壮族的民族语言,在广西西部广泛分布,使用者也不仅仅是壮族人,与壮族混居的某些农村的汉族人和其他少数民族也能说这种语言。桂柳官话是西南官话的一种,使用人口占广西壮族自治区总人口 50% 以上,主要流布于桂北地区及其他一些地区的县城,通行于桂北汉语区。桂林、柳州是主要使用地区。客家语在广西又被称为涯话(桂南地区)、新民话(玉林博白等地)、麽个话(柳州等地)、长乐声(贺州)等,是继粤语、壮语、桂柳官话之后第四大广西本土语言(或方言),使用人数约 600万。平话分桂南平话和桂北平话。主要分布在广西的邕宁、宾阳、横县、贵县、马山、宁明、南宁市郊和左右江沿岸的百色、田林、乐业的一些村庄,以及桂北的桂林市郊区、临桂、灵川、融水、融安、罗城、永福、柳城、柳江、龙胜、钟山、贺州、恭城、三江、鹿寨等县(自治县)、市,使用人数在300~400 万之间。"广西的湘语主要分布在广西北部的全州、兴安、灌阳、资源四县"[1],广西使用闽语的群体主要分布在平南、桂平、平乐、恭城、北流等地,尤以平南、桂平、平乐三地居多,比如,桂平地区就有 24% 的人说闽语。因此,多样的民族语言,孕育出多元的民族文化。

2. 多样的民族习俗

因民族众多,自然孕育了多元的民族文化。比如,内蒙古自治区,这里有中国历史上最主要、最具代表性的长城区域;有内容丰富、数量众多的岩画;有高亢优美的蒙古族长短调民歌、刚健轻快的蒙古舞和悠扬的马头琴。众多文化基因共同构成了内蒙古民族特色和地域风格。据史料记载,战国时期,内蒙古高原就成为北方民族从事畜牧业生产和游牧生活的主要场所,逐步形成了历史上有别于农耕文化的游牧文化。蒙古族的游牧文化,是由蒙古民族创造的一种独特文化。蒙古族人继承了祖先东胡、鲜卑、室韦的文化和习俗传统,也融入了突厥、羌族、契丹等其他民族的草原文化,蒙古族游牧

---

① 曾达之,罗昕如. 广西湘语与西南官话接触的类型[J]. 云梦学刊,2015(5).

文化在历史上程度不同地容纳了狩猎文化和农耕文化，近现代之后又受到了工业文化和城市文化的影响，从而逐渐演变为具有民族和地域特色的综合型文化形态。多元文化的相互影响和渗透，奠定了独具特色的内蒙古区域文化的基础。

还如，作为边疆民族地区的新疆，历史上就是中华文明向西开放的门户和中介，中原文化和西域文化长期交流交融，既推动了新疆各民族文化的发展，也促进了多元一体的中华文化发展。"新疆地区历史上是欧亚大陆交通和文明交往的通道，连接古代东西方文明的'丝绸之路'从这里经过。这种特殊的地理位置，使新疆成为人类文明交流互鉴的耀眼舞台，也成为我国各民族文化的艺术宝库。"①少数民族群众又多信教，比如，新疆现有信教群众1 000多万人，宗教活动场所 2.44 万座。基督教、天主教、佛教、道教等多种宗教在新疆并存。

云南有"民族王国"之称，省内共计 26 个民族，其中 15 个民族是云南地区独有的民族，在漫长的历史长河中繁衍生息，地处中华文化圈、印度文化圈与东南亚文化圈交会点的云南，通过不断吸纳外来文化和异域文化，创造了格局独特的民族文化。但是，由于地理环境、社会经济和历史文化等原因，云南从社会政治意义上处于边缘地区。边缘性的原因是多样的，如少数民族有语言交流的问题，很多人不会普通话，而且他们的文化信仰、管理方法、技术，与汉族不同，和现代技术完全不一样。因此对于内地的主流文化来说，云南民族文化就成了一种边缘文化。云南信仰宗教者约有 403 万人，其中90％以上是少数民族。信教的种类也是多种多样，佛教、伊斯兰教、基督教、道教、天主教、东巴教等，都有大量的信徒。

在文化多样性方面，应该说广西尤为典型。广西文化由世居少数民族的八桂文化、山歌文化、铜鼓文化、绣球文化与中原文化、海洋文化不断融合而成，总体上呈现出源远流长、开放兼容、积淀深厚、蕴藏丰富、形式多样、特色鲜明的特征。在漫长的历史长河中，广西各民族在这块土地上繁衍生息，创造了辉煌灿烂的民族文化。如今，各少数民族都保持着他们纯朴的民族习

---

① 阿布来提·麦麦提. 新疆各民族文化是中华文化的组成部分[N]. 光明日报，2018-10-15(4)

俗，在饮食、服饰、居住、节日、礼俗方面都有鲜明的民族特色，其中壮族的歌、瑶族的舞、苗族的节、侗族的楼和桥是广西民族风情旅游不可不看的四绝。比如，广西的山歌文化，广西被称为"民歌的海洋"，壮族群众习惯以山歌的形式，实现以歌传情、以情达意。歌仙"刘三姐"享誉古今。壮族青年男女恋爱唱情歌，婚嫁唱哭嫁歌，还有互相盘考比赛智力的歌，宴请宾客唱劝酒歌和节令歌，祈神求雨唱祈祷歌，教养儿童唱儿歌和童谣。每到春秋两季，男女青年盛装打扮会集到特定的场所对歌，这种歌会形式称为"歌圩"，亦称"歌节"。如，瑶族人民的信仰属于多神崇拜。在瑶族社会发展过程中形成了图腾崇拜。瑶族认为万物有灵，对自然虔诚膜拜，祭礼寨神、家神、水神、风神、雨神、雷神、树神、山神等，每逢年节都要上香。宋、元以来，道教、佛教相继传入瑶族地区。清代道教在瑶族地区广泛传播。鸦片战争后，大批西方传教士陆续来到中国，进入瑶族聚居区，在一些山区建立教堂，进行传教活动。因此，在广西十万大山、永福和金秀等地也有部分瑶族群众信仰天主教 。

　　除了少数民族各具特色的民俗文化，广西各少数民族文化又吸纳了中原文化，中原文化对广西的影响最早可以追溯到秦朝时期，根据史料记载，秦朝时期，中原汉族开始进入广西，拉开了广西原住民与中原汉族交往的历史；秦朝末年，值社会动荡之时，时任南海郡龙川县令赵佗建立南越国政权，南越国建立后，赵佗制定并实施"和辑百越"政策，通过汉越平等消除文化隔膜、鼓励汉越通婚加强融合，与中原王朝修复关系等，缓和了汉越民族关系。"开启了我国因地制宜的民族政策和汉越民族和解的先河。"①

　　从汉朝直至隋朝时期，通过平定南越政权，统一岭南，采取"怀服百越之君""以其故俗治，毋赋税""羁縻"等怀柔民族政策，民族关系逐步改善，汉文化得到更为广泛的传播。

　　唐宋时期，继续沿用前代诸王朝对广西"羁縻"之治，并通过大力兴办学校、提倡教育，提高少数民族的汉文化水平等。元明清时期，中央封建王朝

①　覃彩銮. 从文化认同走向民族团结的发展历程——广西民族"四个模范"研究之三[J]. 广西民族研究，2011(3).

先后在广西推行"土司制度"和"改土归流"政策，在统一的政治制度下，加速了各民族间的经济文化交流。这样，"广西本土文化在对中原主流文化的接受与衍传过程中，更多的是承继中原文化的影响，既呈现对主流文化趋同性，又因为与权力中心的疏离与边缘化，广西文化就体现出多元取向的价值标准与思维方式而呈现出的差异性。"①

广西属于沿海地区，使得广西文化不可避免地打上海洋文化的烙印。自古以来，广西就是中国南部的海防要地，历经千年，广西沿海留下了许多战争遗迹和记载。广西北部湾是最早进行远洋贸易的地区，广西合浦自秦汉时期起，便成为中国南方连接东南亚海上交通枢纽的重要节点。不难想象，在古代远洋工具极其简陋的条件下，广西沿海居民要远涉重洋进行贸易，沿海居民需要与大自然进行顽强的斗争，由此，也就形成了不畏艰险、勇于开拓，以及笃信鬼神、幻想超自然的力量保护的双重文化性格。广西各族沿海聚居，各族人民在长期的靠海营生中形成了独特的民族风情。"广西海洋文化以骆越文化为基础，在与内陆文化的交流中，它接受并融合了中原文化、楚文化、巴蜀文化的影响，而在与海外文化的交流过程中，又融合了基督教文化、佛教文化、近代西方文化等因素。"②因此，多元的民族文化造成的多重的民族文化性格都是在推进广西社会主义意识形态凝聚力建设中需要重点把握的问题。

(四)地理位置特殊

"我国陆地边境线横跨 9 个省(区)，即从辽宁省丹东市的鸭绿江口起，到广西壮族自治区防城港市的北仑河止，总长达22 800千米的陆地边境线，与周边 16 个国家和地区相接壤。在 55 个少数民族当中，除了黎族、番族和高山族之外，有 50 多个少数民族散杂居在这 2 万多千米长的边境线上，属于少数民族自治地方的占比达 85%，形成了世界上极为少有的陆地边疆少数民族特色。"③可以说。边疆民族地区关乎着我国的国防安全，关乎我国的能源安

---

① 吕余生，覃振锋. 中原文化影响下的广西文化——《中原文化对广西文化的影响》总论[J]. 学术论坛，2013(7).

② 吴小玲. 广西海洋文化资源的类型、特点及开发利用[J]. 广西师范大学学报(哲学社会科学版)，2013(1).

③ 宋才发. 边疆民族地区安全治理的法治思维探讨[J]. 云南民族大学学报(哲学社会科学版)2020(2).

全，关乎我国的生态安全。国防的重点在边疆民族地区，边疆民族地区的和谐稳定既关系到国家稳步发展的优良环境，同时还关系到国家的领土完整主权完整。维护国家的领土主权完整，不仅要靠强大的军事力量，还要有经济发达，社会公正有序，民族地区生活居住的各民族人民强烈的中华民族的认同感。只有人民热爱国家，只有边疆民族地区繁荣稳定才是国防安全的可靠保证，可以说国防的重点在边疆民族地区。同时，边疆民族地区还是国家重要的能源储备地区，无论中俄天然气通管道的起点黑龙江，还是中巴石油通道的喀什，中缅天然气通道的昆明，还有黑龙江的大庆油田，内蒙古鄂尔多斯蕴藏的煤炭资源，新疆伊犁、喀什、塔里木富集的油田等等，这些边疆民族地区为国家发展提供所需的能源。另外，边疆民族地区还是国家重要的生态环境保护地区，作为中华民族发源地的大江大河，其源头大都发端于边疆民族地区。

以云南为例，云南地处中国西南边陲，国境线长 4 060 千米，与三个国家接壤：西面是缅甸，南面是老挝，东南方是越南。其中中缅段为 1 997 千米，中老段为 710 千米，中越段为 1 353 千米。从整个位置看，云南北依广袤的亚洲大陆，南临辽阔的印度洋及太平洋。是多民族文化交融的地区。早在两千多年前，云南就是中国从陆上通向印度和东南亚、南亚的门户，是古代人民友好往来的重要链环。著名的"南方丝绸之路""蜀身毒道""茶马古道"等都经由云南通往各地。云南边疆民族地区特殊的地理位置、复杂的文化环境和特殊的国防意义，也就成为敌对势力宗教渗透的重点目标。在云南漫长的边境线上，有 16 个民族跨境而居，边民在日常交往的过程中，不可避免地为敌对势力利用民族分歧激化民族矛盾，利用特殊的地理位置在边境线从事各种犯罪活动，借助宗教进行西方价值观念、极端思想的渗透提供了机会。

在边疆民族地区中，广西地理位置也极具代表性。广西沿海、沿江、沿边。沿海，是指广西毗邻南海，与东盟陆海相连。历史上，古代合浦就是"古代海上丝绸之路"的始发港之一，近代钦州、北海与中国沿海其他港口、越南就有密切的经贸往来。地理上，广西东连粤港澳大湾区，南临北部湾，背靠大西南，面向东南亚，分别与广东、湖南、贵州、云南四省接壤，是我国唯一与东盟国家陆海相邻的省区，是西南地区最便捷的出海通道，是"一带一路"有机衔接的重要门户,是西部陆海新通道陆海交汇门户。广西海岸线曲折,拥有大小港口 21 个,形成"天然港群海岸",其中适合建设泊靠能力万吨以上的有防城、钦州、北海、珍珠、铁山等 5 个港口,最终开发潜力达年吞吐能力 2 亿吨以上。广西沿海港口同时具有水深、避风、浪小等自然特点,距港澳地区和东南亚的港口都较近,北海港距香港 425 海里,钦州港距新加坡 1 338 海里,防城港距越南海防 151 海里,距泰国曼谷 1 439 海里。

邕江,是指广西地处珠江流域中的西江(邕江是西江一部分),这条均径流量仅次于长江的黄金水道,将广西与滇黔湘以及粤港澳紧紧联系在一起。西江水系是珠江三大支流中流程最长、最有经济价值的一条河流,其在广西境内的航道遍布绝大多数市县。在广西境内有年吞吐能力万吨以上的内河港口 77 个。西江下游的梧州市,是广西内陆口岸一个历史悠久的商埠,下航至香港、澳门为 400 千米左右,梧州港为中国第六大内河港口。2014 年,国家发改委正式印发《珠江—西江经济带发展规划》(以下简称《规划》),《规划》明确,珠江—西江经济带横贯广东、广西,上联云南、贵州,下通香港、澳门。规划范围包括广东省的广州、佛山、肇庆、云浮 4 市和广西壮族自治区的南宁、柳州、梧州、贵港、百色、来宾、崇左 7 市,根据流域特点,将广西桂林、玉林、贺州、河池等市以及西江上游贵州黔东南、黔南、黔西南、安顺,云南文山、曲靖的沿江部分地区作为规划延伸区。规划提出,把珠江—西江经济带打造成为"西南中南开放发展战略支撑带""东西部合作发展示范区""流域生态文明建设试验区""海上丝绸之路桥头堡"。而且《规划》明确提出建设粤桂合作特别试验区,并作为单独章节写入其中,这是我国目前唯一跨省合作、流域合作和东西部合作的试验区。试验区要打造广东广西一体化发展、东西部合作发展、流域可持续发展的先行示范平台。这对实现在东西部的互补、互动和协调发展具有重要意义。

沿边,是指广西有着近 1 000 千米与越南国界线交会区域,有 8 个县(市、区)与越南接壤,拥有边境口岸 12 个。其中东兴、凭祥、友谊关、水口、龙邦等 5 个口岸为国家一类口岸,另外还有 25 个边民互市贸易点,各边境口岸和边贸点都有公路相通。从凭祥市友谊关至越南谅山市仅 18 千米,到越南首都河内市 180 千米。湘桂铁路与越南铁路连接,火车可直达河内市。我国通过陆路进入越南，通往东南亚各国主要公路通道有 3 条，其中广西占有 2 条，距离最近。一条是南宁经东兴、芒街至河内，全长 538 千米；另一条是南宁经凭祥友谊关、谅山至河内，全长 419 千米。随着交通、口岸等通道设施的进一步完善和提升，广西将成为沟通中国内地与东盟各国的最便捷、综合效益最佳的国际大通道，成为中国与东盟各国实施双向开放的桥梁和基地，以及中外客商兼顾中国内地与东盟两大市场理想的投资场所。

边疆地区是国防要冲，事关国家安全。"中国边疆地区有两个显著的重要特点：①边疆地区与少数民族地区高度契合与重叠；②边疆地区与欠发达地区高度契合与重叠。"①"我国各少数民族人口主要分布在边疆地区，延边境一线更是以少数民族为主。在 135 个边境县中，属于民族自治地方的有 107 个；在长期生活在边境地区的 2 100 万人口中，少数民族人口占了近一半；在边境地区 30 余个世居少数民族中，很多都是跨境而居的民族；从宗教信仰上看，世界主要教派如佛教、道教、伊斯兰教和天主教在边疆民族地区基本都有信众。"②另外，边疆地区多是相对贫困地区，"据 2016 年 8 月的数据，百色市、崇左市和防城港市三个边境市的贫困人口占广西贫困人口的 23.4%，除了凭祥市和东兴市外，广西边境其他县市都是贫困县市。"③应该说，边疆地区的相对落后是历史的、自然的等多方面的因素综合作用的结果，但是基于对落后问题的线性思维，一些不明真相的人往往又简单地将落后归因于党的领导和国家制度，这无疑就为各类错误观点和声音的出现，为国内外敌对势力进行分裂渗透和破坏提供了机会。2015 年全国两会期间，习近平在参加广西代表团审议时作出要"加大对边境地区投入力度，依法加强社会治理、深入推进平安建设，依法管控边境秩序、维护边境地区安全稳定"的重要指示。为新时代边疆地区治理提出了要求，指明了方向。可以说，边疆地区的问题，不仅仅是经济发展问题，还是重大的政治问题，事关边疆安稳、国家安全的大问题。

---

① 宋才发. 西南民族地区稳疆固边治理探讨[J]. 学术论坛，2018(5).

② 宋才发. 边疆民族地区安全治理的法治思维探讨[J]. 云南民族大学学报（哲学社会科学版），2020(2).

③ 刘建文. 广西边境地区少数民族全面建成小康社会之思考[J]. 西部发展研究，2019(1).

第二节　新时代边疆民族地区中华民族凝聚力建设境况

党和政府对边疆民族地区民族凝聚力建设历来高度关注，结合边疆民族地区实际，出台了一系列卓有成效的民族凝聚力建设举措，保证了边疆和谐稳定、繁荣发展。但在民族团结进步的同时，仍然有许多不容忽视的挑战。

一、边疆民族地区中华民族凝聚力建设特色鲜明

新中国成立以来，我国边疆民族地区经济发展、民族团结、社会稳定，这与边疆民族地区的凝聚力建设常抓不懈是分不开的。进入新时代，我国边疆民族地区中华民族凝聚力建设成绩斐然，主要表现如下。

一是在扶贫工作中聚民心。赢民心是凝聚力生成的根本，赢民心除了要靠宣传教育，也要靠物质利益上的满足。边疆民族地区"老、少、边、穷"的现实条件是制约民心，容易滋生意识形态安全问题的主要原因。发展是解决民族地区各种问题的总钥匙。要加快少数民族和民族地区的经济社会发展，让少数民族人民群众看到社会主义制度的优越性，实现中国特色社会主义共同理想与共产主义的信心才能得到增强，民心才会凝聚在党的周围。曾经一段时间，境内外敌对势力常将贫富差距和一些细微普通的社会问题引申到民族问题上，侵蚀边疆民族地区民众的思想。

基于此，在党中央的决策部署下，边疆地方党委和政府创新意识形态工作思路，在扶贫工作中抓意识形态建设。比如，新疆军区在协助地方党委政府攻克脱贫"坚中之坚"中担当尽责，积极作为。师、团各级把参与脱贫攻坚作为党委工程、民生工程，进村入户扶贫帮困，从 2016 年开始，新疆军区在团以上干部中倡导开展"民族团结一家亲"活动，军区机关处长以上人员率先与南疆四地州 64 户群众结对认亲，官兵陆续与 4 700 余户各族群众结对认亲，帮助解决子女入学、看病就医、培训就业等实际困难，边疆民族地区基本生产生活条件明显改善。近年来，军区部队把发展扶贫产业作为关键支撑，为新疆 40 多家企业争取 9.8 亿元军队被装采购订单，带动 1.4 万名少数民族群

众于家门口就业增收。在辖区的边境线上，军区部队启动"万里边防扶贫固边行动"。边防部队与128个边境村（边民聚居点）结对扶贫，遴选2 600多名贫困边民担任职业护边员，群众生产生活条件大幅改善，党政军警兵民强边固防合力不断增强，增强了广大边民"四个自信"与"五个认同"。

二是创新宣传工作话语表达赢民心。话语是民族凝聚力工作的表达载体，是开展民族工作的主要依托，只有创新话语表达，才能让科学的理论掌握群众。边疆民族地区民族众多，民族语言多样，思维方式差异明显，能否用民族群众听得懂的话语，是做好意识形态工作的关键。习近平总书记也曾对民族地区的宣传思想工作进行过提问，"人民网、新华网都有少数民族语言版本吗？"可见，民族工作话语只有做到本土化、民族化，才能直抵民心、深入人心。在云南，被公安部评为"全国公安一级派出所"的富宁县新华派出所，该所在民族团结进步示范创建工作中硕果累累，其中典型的就是在运用民族语言搞好民族团结方面卓有成效，该所经常从单位内部组建由多名优秀少数民族民辅警组成的双语宣讲团，深入少数民族聚居村寨用少数民族语言宣传民族理论政策和法律法规知识。在开展民族地区矛盾纠纷排查化解工作时，派出所也会组织双语民辅警协助调解处理，切实把矛盾纠纷解决在基层，消灭在萌芽状态，受到群众普遍欢迎，为社会长治久安凝心聚力。

三是在弘扬民族传统文化中汇同心。文化是历史的积淀，是民族的灵魂和血脉。优秀传统文化是一个民族最稳定的精神基因，中华优秀传统文化中蕴含了丰富的哲学思想、人文精神、道德理念等，可以为人们认识和改造世界提供有益启迪。边疆民族地区，民族文化资源丰富，各民族传承下来的优秀传统文化是中华文化的重要组成部分，是促进民族团结进步的重要资源。比如，热爱祖国、维护和平是西藏优秀传统文化的核心思想，《格萨尔王传》以幻想式的夸张手法把格萨尔神化，描述了部落间的征战，表现了藏族人民厌恶分裂动荡、渴望和平统一的美好理想，体现了对家国富强的向往和对幸福生活的期盼。"望果节"是藏族人民祈愿丰收的节日，表达了西藏人民对国家昌盛和幸福生活的美好祈盼。在广西，民族节日是民族文化传承的重要载体，壮族的"三月三"、侗族的"花炮节"、瑶族的"盘王节"、苗族的"芦笙节"等，各个民族以节日作为载体，或纪念先贤，或庆祝丰收，或表达喜悦，加上广西各民族大杂居的分布特点，当一个民族节日来临时，其他民族的群众也会一起来过节道贺，促使不同民族的风俗相互交融，这就为民族团结进步提供了重要条件。近些年来，广西"壮族三声部民歌"走进校园，让越来越多的年轻人对这一国家非物质文化遗产产生了浓厚兴趣，推动了"三声部"民歌的大众化。还如，"民族文化体验节"的兴起也是广西民族文化大众化的重要形式，民族节庆期间，广西多地通过让游客体验划龙舟、跳竹竿舞、唱山歌、抛绣球等民俗活动，让群众参与其中，欢聚一堂，创设民族交往交流交融的机会。这些优秀民族文化饱含各族人们渴望过上美好生活，渴望和谐相处的思想和家国情怀的文化传统。为边疆民族地区中华民族凝聚力建设夯实了基础。

二、边疆民族地区中华民族凝聚力建设面临的问题

在看到边疆民族地区中华民族凝聚力建设特色的同时，也要看到边疆地区民族凝聚力建设存在的难以回避的问题。

一是分裂势力挑战民族凝聚力。边疆民族地区由于特定的地理、文化、历史条件，一元主导与多元文化长期存在，这为宗教极端势力和外部势力插手民族、宗教问题，破坏民族团结进步提供了机会。虽然当前边疆民族地区经济社会发展已经取得重大成就，但是民族宗教、文化习俗带来的政治心理、民族性格、生活习俗不是简单地靠 GDP 就能解决的。尤其在宗教化程度比较高的藏族、维吾尔族，宗教上层拥有极大的"话语权"，他们的言行举止会对民族团结带来不容小觑的影响。

二是极端势力挑战民族凝聚力。宗教极端势力不是宗教，但它披着宗教的外衣，打着宗教的旗号，宣传极端宗教思想，极易蒙蔽信教群众的双眼。新疆极端势力就是典型。长期以来，境内外民族分裂势力在意识形态领域大肆歪曲、编造、篡改新疆历史，以唯心主义的国家观、历史观为基础，以建立"东突厥斯坦伊斯兰共和国"为政治目的，以"新疆独立论""宗教至上论"等为主要内容，夸大文化差异，煽动民族隔阂和仇恨，企图搞乱新疆的意识形态，搞乱人们的思想观念，与我们争夺群众、争夺人心。他们利用学术、小说诗歌、文艺演出、音像制品、网络媒体等，大肆散布、传播错误、反动言

论，极力否定我国历代中央政权对新疆地区的管辖，否定新疆各民族都是中华民族大家庭血脉相连的成员，否定新疆各民族文化是中华文化的组成部分，否定新疆历来是多种宗教并存的地区，反对中国共产党的领导、反对社会主义制度。这些错误、反动思想，在新疆渗透蔓延的时间长、范围广、程度深、危害大，致使一些人对新疆的历史、民族、文化、宗教等问题产生错误认知。这些都严重虚化、消解了人们的国家认同感。新疆反分裂斗争实践深刻表明，我们与民族分裂势力的斗争，根子就在意识形态领域，焦点就是历史问题。不澄清被民族分裂势力歪曲篡改的历史事实、不彻底铲除民族分裂思想的流毒，实现新疆社会稳定和长治久安总目标就无从谈起。这也从侧面说明了中华民族凝聚力建设的艰巨性。

三是西方势力扰乱民族凝聚力。利用民族和宗教问题实施"西化""分化"中国的政治图谋，是西方敌对势力的一贯手段。西方国家干涉我国边疆民族问题是伴随着西方入侵中国开始的。100多年前，英国侵入我国西藏，西藏贵族阶层开始出现分裂，形成了一股亲英势力，而同时英国也开始在国际上宣扬清政府和西藏之间是所谓的宗主国之间的关系，想以此否定几个世纪以来的中国中央政府对西藏的领土主权。一些西藏贵族看到了枪炮的威力，开始投靠英国人，以寻求对自己特权和财产的保护。这些贵族后来就逐渐形成了西藏的分裂势力。早在19世纪阿古柏入侵新疆时期，英国就给予大量经费和枪械支持，并与阿古柏签定瓜分新疆领土的条约，英国同时获得在喀什设立领事、通商、驻使等特权。1933年在英国驻喀什领事参与下，分裂势力第一次在新疆打出"东土耳其斯坦伊斯兰共和国"的旗号并建立政权，鼓吹"一切操突厥语的民族和信仰伊斯兰教的民族联合起来组成一个国家"，英国又给予大量经费、枪械和兵力支持。原本产生于中亚的"泛伊斯兰主义""泛突厥主义"及其结合体"东突厥斯坦伊斯兰国"思潮，由此在新疆扩散并祸害各族人民。新中国成立后，"西藏问题""新疆问题"又成为西方牵制乃至分裂中国的重要抓手。美国先是怂恿西藏上层拒绝谈判，并向西藏转输武器弹药，设置军事电台，企图武力阻挠中国人民解放军进藏；继而从1954年起由中央情报局在美国本土大批训练"藏独"武装特务并派遣回西藏地区策动叛乱，对中国发动"秘密战争"。"9·11事件"后，美国以反恐为名进入中亚地区，对新疆分裂势力的支持也由幕后转到前台。美国虽然也看到"东突"组织与"基地"组织、塔利班组织之间的紧密联系及对美国自身安全构成的威胁，但同时又把"东突"视为干涉中国内政并向中国政府持续施压的可利用力量，对"东突"反对中国政府、破坏新疆稳定的行为大开方便之门，将中国政府反恐维稳措施统统指为"压制维吾尔人的政治权利""压制宗教自由"等等。在西方支持下，2004 年多个"东突"组织在德国慕尼黑合并成立"世界维吾尔大会"，"世维会"各分支机构及传媒中心主要分布于西方国家。中国改革开放以来持续快速的发展使西方陷入一种矛盾状态：一方面谁都希望搭上中国这趟快车，尽可能从中国的发展中获取利益，特别是从经济、金融危机的泥潭中拔出腿来；另一方面，又由于害怕中国打破西方主导制定的国际游戏规则和利益格局而恐惧和焦虑，竭力利用一切机会遏制中国，并始终存有利用中国多民族的国情使中国像苏联、南斯拉夫那样走向分裂的"愿景"。伴随中国日益强大，以美国为代表的西方势力变本加厉、颠倒黑白，干涉中国内政，接连通过了所谓的"2019 年香港人权与民主法案""2019 年维吾尔人权政策法案"等。这些"法案"以立法的形式极其恶劣地干涉中国内政。美国政客们打着所谓"民主与人权"的幌子，以"仲裁者"自居。对于中国去极端化和打击恐怖主义卓有成效的成绩置若罔闻、大肆抹黑。这种粗暴干涉中国内政的行径丧失了人类最基本的善恶良知，此也折射出西方国家对华意识形态斗争已经无所不用其极。这自然也成为中华民族凝聚力建设的最大阻碍。

第三节　新时代中华民族凝聚力建设的任务要求

进入新时代，习近平总书记高度重视民族凝聚力建设，围绕民族团结进步发表了系列重要讲话，这些重要讲话也为新时代推进中华民族凝聚力建设提出了新要求。

一、增进"五个认同"

党的十九大报告强调，深化民族团结进步教育，铸牢中华民族共同体意识，加强各民族交往交流交融，促进各民族像石榴籽一样紧紧抱在一起，共同团结奋斗、共同繁荣发展。这为新时代中华民族凝聚力建设提出了明确的要求。关于如何筑牢中华民族共同体意识，习近平总书记也有深刻的论述。铸牢中华民族共同体意识，要不断增强各族群众对伟大祖国、中华民族、中华文化、中国共产党、中国特色社会主义的认同。

对伟大祖国的认同，就是让各族群众认识到我国是统一的多民族的国家，伟大祖国是各族人民共同缔造的，各民族都是祖国大家庭的平等一员。对伟大祖国的认同，需要弘扬爱国主义精神，爱国主义是中华民族思想与道德的精髓，爱国主义精神穿越时空，一直流淌在每一个中华儿女的血脉中。中国是一个统一的多民族国家，56 个民族共同缔造了伟大的祖国，56 个兄弟民族也始终并肩捍卫着祖国的稳固统一。祖国统一是国家的根本利益，民族的最高利益。全国各族人民、包括宗教人士和广大信教群众，都要强化国民意识，胸怀爱国主义。要把维护祖国统一和加强民族团结作为自己的神圣职责，旗帜鲜明地维护国家利益和祖国尊严，同一切分裂祖国行为做坚决斗争。

对中华民族的认同，就是要树立中华民族一家亲的意识，我国 56 个民族都是中华民族大家庭的一员，共同构成了你中有我、我中有你，谁也离不开谁的中华民族命运共同体。对中华民族的认同，就是要让各族群众认识到中华民族的前世今生，认识到中华民族在历史长河中繁衍生息的过程，在民族危亡的岁月里，中华民族前赴后继、命运与共、视死如归的斗争史。作为生于斯、长于斯的中华儿女，是须臾不可分割的命运共同体。

对中华文化的认同，就是对中华民族历史上形成的文化具有归属感和认同感。中华文化是各民族文化之集大成，文化是民族的血脉，是人民的精神家园，中华文化是凝聚中华民族的精神纽带，是中华民族共同体生命延续的精神基础。中华民族在历史长河中创造了辉煌灿烂的中华文化，各个民族尽管在文化上各具特色，但各民族的文化都是中华文化的重要组成部分。在长期的生产实践中，各民族共同创造了中华文化的源远流长。中华文化多样性的统一是中华文化的根本特性，也是中华文化生生不息的生命力所在。中华文化的大发展大繁荣必然是各民族文化的大发展大繁荣，没有各民族文化的发展就没有整个中华民族文化的繁荣。对中华文化的认同，要求我们要坚定文化自信，深入挖掘"民族团结一家亲"的中华文化基因，推动中华文化繁荣发展。

对中国共产党的认同，就是对中国共产党的领导地位、领导能力、领导方式等的认可和赞同，中国共产党是中国特色社会主义事业的领导核心，是中国人民和中华民族的主心骨。中国共产党是中国唯一执政党，因人民而生，为人民而存；立党为公，执政为民。中国共产党的领导地位是历史的选择、实践的选择、人民的选择。党的权力来自人民，党用权力为了人民。历史和事实都证明，只有在中国共产党的领导下，才能实现中华民族的伟大复兴。对中国共产党的认同是民族团结的必要条件。对中国共产党的认同，就要听党话、跟党走，坚决做到"两个维护"。

对中国特色社会主义的认同，就是对中国特色社会主义道路、理论、制度、文化的认同，就是要认识到中国特色社会主义是实现中华民族伟大复兴的根本保证，是符合中国现实的社会制度。各族群众要统一到中国特色社会主义旗帜下，同心同德、凝心聚力地推动社会主义现代化建设。

增进"五个认同"，需要深化民族团结进步教育，核心是要增强"文化认同"，习近平强调："加强中华民族大团结，长远和根本的是增强文化认同，建设各民族共有精神家园，积极培养中华民族共同体意识。文化认同是最深层次的认同，是民族团结之根、民族和睦之魂。文化认同问题解决了，对伟大祖国、对中华民族、对中国特色社会主义道路的认同才能巩固。"①要增强文化认同，就要物质文明和精神文明一起抓，"维护民族团结，反对民族分裂，要重视少数民族和民族地区经济发展，但并不是靠这一条就够了。应该说，问题的成因主要不在物质方面，而是在精神方面。"②增强文化认同，还要建设各民族共有的精神家园。要充分挖掘少数民族文化中的优秀文化作品，阐释好各民族文化对中华文化的独特贡献，各民族文化要相互欣赏、相互学习，坚决反对将汉文化等同于中华文化，忽略少数民族文化的现象。增强文化认同，要重视对青少年的教育，青少年正处于正确的人生观、价值观、祖国观、

---

① 习近平，论党的宣传思想工作[M]．北京：中央文献出版社，2020：85．
② 习近平，论党的宣传思想工作[M]．北京：中央文献出版社，2020：84-85．

民族观形成的关键期。要加强对青少年的爱国主义教育，"各民族都要培养孩子们树立中华民族一员的意识，不要让孩子们只知道自己是哪个民族的人，首先要知道自己是中华民族，这是月亮和星星的关系。"①增强文化认同，要重视对少数民族优秀传统文化的传承和保护。习近平总书记强调："认同中华文化和认同本民族文化并育而不相悖……少数民族文化块头小，抵抗市场经济冲击的能力弱，一些非物质文化遗产流失严重，不能等到失去才懂得珍惜。"②的确，少数民族文化中蕴含的民族团结、爱国统一、爱好和平、自强不息等的优秀传统文化基因，是增强文化认同的宝贵精神财富。新时代要在推动少数民族优秀传统文化创造性转化和创新性发展中，增强文化认同。

二、树立正确的"五观"

2020年8月28日至29日，习近平总书记在中央第七次西藏工作座谈会上发表重要讲话，强调指出："要深入开展党史、新中国史、改革开放史、社会主义发展史教育，深入开展西藏地方和祖国关系史教育，引导各族群众树立正确的国家观、历史观、民族观、文化观、宗教观。"③2021年4月25日至27日在广西考察时，再次强调："要搞好民族团结进步宣传教育，引导各族群众牢固树立正确的国家观、历史观、民族观、文化观、宗教观，增进各族群众对伟大祖国、中华民族、中华文化、中国共产党、中国特色社会主义的认同，促进各民族像石榴籽一样紧紧抱在一起。"④树立正确的"五观"，是习近平总书记对铸牢中华民族共同体意识的新要求，也为新时代党的民族工作政策指明了方向。

正确的国家观，需要我们高扬爱国主义旗帜，使爱国主义成为全体中国人民的坚定信念、精神力量和自觉行动。国家好，民族好，大家才会好。要深入开展国情教育和形势政策教育，引导人们充分认识伟大斗争的长期性、

　　①　习近平．论党的宣传思想工作[M]．北京：中央文献出版社，2020：86-87．
　　②　习近平．论党的宣传思想工作[M]．北京：中央文献出版社，2020：87．
　　③　习近平．全面贯彻新时代党的治藏方略　建设团结富裕文明和谐美丽的社会主义现代化新西藏[N]．人民日报，2020-8-30(01)
　　④　习近平在广西考察时强调 解放思想深化改革凝心聚力担当实干 建设新时代中国特色社会主义壮美广西[EB/OL]．http：//cpc．people．com．cn/n1/2021/0427/c64094-32089792．html，2021-4-21．

复杂性、艰巨性，直面风险挑战，战胜艰难险阻。树立正确的历史观，要求我们正确认识和评价历史，从历史中看到眼前和现状的发展方向与前景，自觉按照历史规律和历史发展的辩证法办事。树立正确的民族观，需要我们铸牢中华民族共同体意识。中华民族是由 56 个民族组成的大家庭，大家庭成员手足相亲、守望相助，大家庭是你中有我、我中有你、谁也离不开谁的中华民族命运共同体。树立正确的文化观，要求我们要有文化自信。坚持对中华优秀传统文化、革命文化和社会主义先进文化的敬重和肯定，在中国特色社会主义伟大实践中坚持中国文化发展的正确方向，培育和践行社会主义核心价值观。正确的宗教观，就是用马克思主义立场、观点、方法认识和对待宗教，遵循宗教和宗教工作规律，要求广大信教群众按照国家的宗教政策信教、传教，积极引导宗教与社会主义社会相适应，坚持我国宗教的中国化方向。

就如何树立正确的"五观"，习近平总书记也有其深刻的阐释，一是要深入开展"五史"教育。历史是一面镜子，学史明志，鉴古知今，党的十八大以来，习近平总书记多次强调学习历史的重要性，明确指出"一个民族的历史是一个民族安身立命的基础"，强调"历史是最好的教科书""历史是最好的营养剂。"中国历史源远流长，镌刻着中华民族生生不息的精神追求，孕育出独树一帜的中华文化。重视历史、学习历史，就是要弄清楚我们从哪儿来、往哪儿去，很多问题才能看得深、把得准，才能更好地开辟未来。中国是一个多民族、多宗教的国家，边疆民族地区有其特殊性，既要学习党史、新中国史、改革开放史、社会主义发展史，也要学习各民族自古就是祖国大家庭一员的历史。

深入学习党史，是树立正确历史观的要求。学习党史要有自身的特色，要充分利用地方历史文化资源，要深入学习中国共产党领导各族群众同甘共苦、浴血奋战、攻坚克难，帮助各族群众翻身解放做主人、过上幸福新生活的历史。可以说，我国各地都有着极为丰富的红色资源，用好这些党史学习载体，讲好红色故事，把党史学习教育与维护民族团结、增强民族共同体意识相结合，对于强化党的绝对领导，密切党同各民族之间的关系意义重大。比如，广西就有非常丰富的红色资源，土地革命时期，邓小平、张云逸、韦拔群等领导发动百色起义，李明瑞等领导龙州起义，并创建了右江、左江革命根据地，星星之火，燃遍广西。在中华民族生死存亡的紧要关头，广西各族人民与全国人民一道，投入到抗日救国的洪流中。1939 年，日军侵入广西，八桂儿女在党的领导下，不分你我，前赴后继，给日军以沉重的打击，使其发出"广西不能立足"的哀叹。解放战争时期，广西各族群众掀起了声势浩大的革命运动，各地开展的敌后武装起义，直接配合了解放军在正面战场的作战。时至今日，广西农民运动讲习所旧址、百色起义纪念馆、东兰烈士陵园、八路军驻桂林办事处旧址等红色革命基地，都在生动诠释着广西各族人民团结抗争的历史。这段诞生于血与火的革命实践，早已积淀成休戚与共、救亡图存、团结抗争的革命文化，并幻化成红色文化基因，流淌在广西各族人民的血液中，使得广西民族团结更加牢固。2021 年 4 月 25 日，习近平总书记考察广西的第一站来到位于桂林市全州县才湾镇的红军长征湘江战役纪念园，讲到湘江战役在中国革命生死存亡的关键时期，红军战士展现出的视死如归、革命理想高于天的英雄气概，永远是激励中国人民攻坚克难的不懈精神动力。

深入学习新中国史。增强各族群众的中华民族共同体意识，需要高扬爱国主义，但爱国主义是具体的、现实的，当代中国，弘扬爱国主义就是要热爱在中国共产党的领导下，各族人民抛头颅、洒热血共同缔造的新中国。学习新中国史，就要揭开历史的画卷，清楚"新中国"是怎么来的，要到哪里去。近代中国有段任人宰割、屈辱的历史，"东亚病夫""世界弱国"成为近代西方列强称谓中国的代名词。资本主义列强先后发动了第一次鸦片战争、第二次鸦片战争、中法战争、中日甲午战争、八国联军侵华战争等，逼迫清政府签订一系列不平等条约，逐步将中国从独立的主权国家变为丧失主权的半殖民地半封建国家。西方列强的侵略，统治者的腐败无能，丧权辱国条约的签订，一部中华民族的屈辱史，就是一部中国人民的苦难史。近代西方列强侵略中国，多是从我国边疆发起，甲午战争前，列强对中国进行侵略渗透主要集中在新疆、蒙古、外东北等中央朝廷控制相对薄弱的边疆少数民族地区。19 世纪末 20 世纪初，新疆、西藏早已成为英俄逐鹿之域；日俄争夺东北、蒙古；英法向云、贵、桂、粤渗透；面对列强的入侵，由于当时清王朝国力衰弱，根本无力应对"边疆危机"。因此，近代中国的历史，也是一部边疆各族人民的屈辱史。这个饱经忧患的民族，曾尝试过无数救国之策。最终，在中国共产党领导下，建立了人民民主专政的国家，构筑了中国特色社会主义制度。不可逆转地结束了中华民族内忧外患、积贫积弱的悲惨命运，不可逆转地开启了不断发展壮大、走向伟大复兴的历史进程。国家富强，民族复兴，人民幸福，不是抽象的，最终要体现在千千万万个家庭都幸福美满上，体现在亿万人民生活不断改善上。历史不断告诉我们，每个人的前途命运都与国家和民族的前途命运紧密相连。国家好，民族好，大家才会好。因此，深刻认识新中国史，是树立正确"国家观"，凝心聚力共圆伟大复兴中国梦的必然要求。

学习改革开放史，改革开放是强国之路，改革开放 40 多年，是中国发展最快的时期，中国用几十年的发展走完了西方国家几百年的发展历程。改革开放极大地解放了生产力，使各族人民从温饱到实现小康，人民群众的获得感、幸福感和安全感得到极大增强。边疆民族地区多为深度贫困地区，得益于国家的改革开放政策，少数民族地区获得了极大的发展，由贫穷到温饱，再到全面建成小康社会，实现跨越式发展，边疆民族地区取得了前所未有的发展成就。无论农村还是城市，无论经济水平还是民生工程，无论基础设施建设还是对外开放的步伐，民族地区都获得了翻天覆地的变化，边疆地区经济社会得到全面发展、全面进步。深化改革开放史的学习，就要结合边疆民族地区攻坚脱贫的实际，重点学习改革开放与边疆民族地区经济社会发展的关系，增进各族群众对改革开放的价值认知。当然，改革开放作为我国的基本国策，是一代又一代中国共产党人，科学把握国际大势和坚持以人民为中心发展思想的结果。学习改革开放史，也要运用纵向和横向比较，比较不同时期、不同国家、不同社会制度，国家经济发展和人民生活改善情况，通过比较，深化对党的领导和伟大祖国的认同。

学习社会主义发展史，是坚定走中国特色社会主义道路的需要。2013 年，习近平总书记以世界历史大视野，系统回顾了社会主义发展 500 年的历程，简明生动地阐述了世界社会主义发展经历 6 个阶段，相继实现了三次历史性飞跃。人类对于美好社会制度的探索源远流长，社会主义从空想到科学，从一国到多国，社会主义发展有高潮也有低谷，但中国共产党人深刻总结历史经验和教训，在毛泽东前期探索的基础上，开辟了中国特色社会主义道路。在改革开放以来社会主义建设取得重大成就的基础上，以习近平同志为核心的党中央，回答了中国特色社会主义的新课题，深化了中国特色社会主义的理论渊源，揭示了中国特色社会主义固有的品格特征，开拓了中国特色社会主义新境界。社会主义发展史是人类文明发展史中最重要的篇章，特别是科学社会主义和中国特色社会主义波澜壮阔、催人奋进。深化社会发展史教育，是新时期坚定中国特色道路自信、理论自信、制度自信、文化自信的重要要求。同时，通过社会主义发展史教育，也能更好地统一全党、全国各族人民思想，高举中国特色社会主义伟大旗帜，同心共筑中国梦。

开展民族地方与祖国关系史教育，深化民族群众对各民族历史与祖国历史须臾不可分割的历史认知，这是抵制分裂主义的有力武器。边疆民族地区是祖国不可分割的一部分，是历史形成的，有着抹不掉的历史印记，是容不得任何人抹杀的。边疆各民族与汉民族的祖先们自古以来，就在中华大地上繁衍生息，都在中国历史舞台上扮演了不可或缺的历史角色。五千多年来，特别是秦汉以来，以汉族为主体的政权与周边各民族的政权在长期融合中逐步发展起来，基本奠定了中国大一统的疆域，成为此后统一多民族国家发展的坚实基础。

以西藏为例，藏族的先民不仅开发了西藏高原，而且为在政治上缔造统一的多民族国家做出过重大贡献。人类学、民族学、考古学、历史学、语言学等科学研究的大量事实充分证明，藏族与中华各民族同宗同源，一脉相承。据考古资料证明，西藏高原自古就有人类在这里繁衍、生息，他们开拓了这片广阔的土地。新石器时代西藏的原始文化与中原文化的密切联系，是藏族与祖国其他兄弟民族结成不可分割的统一体的历史起点。唐朝时期，松赞干布迎娶文成公主、金城公主嫁于赤德祖赞，是汉藏友好和睦的佳话，也是西藏为缔造统一多民族国家做出贡献的见证。

同样，早在商周时代，新疆与内地就有着密切联系，公元前60年，西汉设立西域都护府，统管西域地区的军政事务，标志着新疆从那时起已正式成为我国领土的一部分，至今已经有两千多年了。1953年，在新疆新和县古城遗址出土的一枚"汉归义羌长"铜印，就是汉朝颁授西域首领的官印。这说明，汉朝对西域的管辖，吸收了当地少数民族首领参与政权的管理，它不仅密切了各民族之间的联系，而且造就了西域各民族上层人士对中央政权的忠诚。

新疆自古就是祖国不可分割的组成部分，这是任何人也改变不了的大趋势。因此，深化边疆民族地方与祖国关系史教育，对于树立正确国家观、民族观、文化观，增进国家认同、中华民族认同具有重要意义。自然，深化"五史"教育，树立正确的"五观"，也是新时代筑牢中华民族共同体意识，推动边疆民族地区社会主义意识形态凝聚力建设的时代要求。

三、构筑民族团结的"钢铁长城"

2017年，习近平在参加十二届全国人大五次会议新疆代表团审议时讲到："要维护民族团结，加强军政团结、军民团结、警民团结、兵地团结，筑牢各族人民共同维护祖国统一、维护民族团结、维护社会稳定的钢铁长城。"①实际上，这不仅是对新疆提出的要求，也是对边疆民族地区提出的总体要求。用"钢铁长城"形象地寓意民族团结要坚不可摧，这是对新时代民族团结提出的高标准严要求。

提出构筑民族团结"钢铁长城"的时代要求，从原因上来看，一方面堡垒最容易从内部攻破。内因是根据，外因是条件，维护民族团结，根本是做好自己，正确处理民族关系，贯彻和落实好党的民族政策，筑牢中华民族共同体意识，铸成无坚不摧的钢铁长城。2021年4月，中国国际电视台（CGTN）推出的《暗流涌动——中国新疆反恐挑战》纪录片，该片揭露了身居新疆政法系统高位的"两面人"，曾任新疆维吾尔自治区党委教育工委副书记、新疆维吾尔自治区教育厅党组副书记、厅长、自治区基础教育课程改革领导小组组长的沙塔尔·沙吾提，利用职务之便，行分裂国家之实。沙塔尔·沙吾提在传达教材编写、出版工作要求时，违背教材编写宗旨和指导思想，以突出"地方特色、本民族特色、体现本民族历史文化"为幌子，极力要求在教材中编入宣扬民族分裂、暴力恐怖、宗教极端等思想的内容，以达到"去中国化"的分裂国家目的。在新疆印发近2 500余万册，面向232万名维吾尔族在校学生及数万名教育工作者，使用时间长达13年之久，造成极其严重的危害。在民族

---

① 习近平在参加十二届全国人大五次会议新疆代表团审议时的重要讲话精神[N]. 人民日报，2017-3-10(01).

团结问题上的"两面人"，会给社会稳定和长治久安带来不可估量的危害。如果"两面人"出现在基层干部中，自然无法引导群众、发动群众，促进和谐、维护稳定，"强基层打基础"也有可能成为一句空话，更难凝聚起反恐维稳的强大力量。"两面人"的案例，体现出当前在维护民族团结方面暗含的巨大挑战。因此，筑牢内部堡垒，还要处理和维护好军政、军民、警民、兵地之间的团结。以内部团结防范影响民族团结的外部挑战。

另一方面，影响民族团结的因素增多。随着信息化、全球化、城市化、市场化等深入发展，中华民族共同体意识建设面临的挑战增多，正如 2014 年习近平总书记在中央民族工作会议上指出的，当前，"改革开放和社会主义市场经济带来的机遇和挑战并存，民族地区经济加快发展势头和发展低水平并存，国家对民族地区支持力度持续加大和民族地区基本公共服务能力建设仍然薄弱并存，各民族交往交流交融趋势增强和涉及民族因素的矛盾纠纷上升并存，反对民族分裂、宗教极端、暴力恐怖斗争成效显著和地区暴力恐怖活动活跃多发并存。"①"五个并存"充分体现出做好民族团结工作的艰巨性。另外，随着中国日益走进世界舞台中央，树大招风的效应凸显，外部势力遏制中国发展的力度增大，挑拨民族关系、支持民族分裂势力成为外部势力遏制中国的主要方式。近年来，以美国为首的西方势力蓄意制造涉疆、涉藏议题，反复编造谎言，炮制错误观点，用混淆视听的话语诋毁中国的治疆涉藏政策。妄图利用所谓"新疆问题、西藏问题"丑化中国的形象，破坏中国边疆稳定，遏制中国的发展，可谓包藏祸心、险恶至极。步美国后尘，2021 年 3 月 22 日，欧盟基于谎言和虚假信息，以所谓新疆人权问题为借口对中国有关个人和实体实施单边制裁。当天，加拿大外长加尔诺伙同英国、美国外长发表所谓联合声明，再次就涉疆问题对中方进行无端指责。加方还宣布对中方有关个人和实体实施所谓制裁。不仅如此，为达到搞乱中国的目的，西方政客和媒体毫无底线地杜撰出新疆"棉花事件"，用所谓的"强迫劳动""种族灭绝"和"宗教压迫"，玷污中国人权。基于此，受西方资本支持的 BCI（瑞士良好棉花发展协会）不再采购新疆棉花，其意图就是打压中国新疆的棉花产业。因为他

---

①　国家民族事务委员会. 中央民族工作会议精神学习辅导读本［M］. 北京：民族出版社，2015.

们知道新疆棉花是新疆的主要经济支柱，他们妄图通过玷污新疆棉花借以打击新疆支柱产业，以达到挑拨中国的民族关系，制造民族分裂的企图。这不是个例，在可预知的未来，随着中国的进一步发展壮大，西方国家借民族问题挑拨我国民族团结的力度必然加大，维护民族团结任务艰巨。

那么，如何构筑民族团结的"钢铁长城"呢，对此，习近平总书记也曾有过相关的论述。

一是要用法律来保障民族团结。在 2014 年中央民族工作会议上，习近平总书记强调，在支持民族地区加快经济社会发展、不断释放民族地区发展潜力、增强民族地区自我发展能力的同时，要用法律来保障民族团结。用法律保障民族团结是全面依法治国的体现和要求。当前，用法律保障民族团结，要求继续完善民族团结的法律制度，推动民族事务治理在法治轨道上运行，始终坚持用法治思维和法治方式处理民族事务，大力加强法治宣传教育，保证各族公民平等享有权利、平等履行义务，推动形成办事依法、遇事找法、化解矛盾靠法的法治环境。在法治轨道上统筹力量、平衡利益、调节关系、规范行为，确保民族团结在新时代社会的深刻变革中不断得以巩固和强化。同时，要在维护国家统一和民族团结的基础上，坚持立法先行，加强民族工作法律法规建设，充分发挥立法对民族团结的引领和保障作用。依法保障自治地方行使自治权，帮助支持自治地方解决好本地方的特殊问题。同时，还要大力加强法治宣传教育，保证各族公民平等享有权利、平等履行义务，推动形成办事依法、遇事找法、化解矛盾靠法的法治环境。

二是加强党对民族工作的领导。习近平总书记强调："中国共产党的领导是民族工作成功的根本保证，也是各民族大团结的根本保证。"①中国共产党是中国特色社会主义事业的领导核心，这是历史形成且已被实践充分证明的真理。近代以来，在党的领导下，中国人民翻身做主人，少数民族当家做主的权利得到切实保证。新中国成立以来，党和政府高度重视边疆民族地区发展，通过实行民族区域自治制度、根据民族地区的实际制定特殊的倾斜政策、大

---

① 中央民族工作会议暨国务院第六次全国民族团结进步表彰大会［N］. 人民日报，2014-9-30（01）.

力培养少数民族干部、尊重保护少数民族的文化风俗等，促进各民族共同发展共同繁荣。没有党的坚强有力的领导，民族地区的发展是不可想象的。但是，民族工作无小事，加强党对民族工作的领导，维护民族团结，打铁必须自身硬。也就是说，加强和改善党的领导，提高党领导民族工作的质量至关重要。这就要求从党和国家发展的全局高度，充分认识民族工作的极端重要性，增强做好民族工作的责任感和使命感，确保党的民族工作始终与党中央的要求和精神高度一致。首先，要政治地看待民族工作，坚决扛好和守护好民族团结的大旗，保证民族工作的领导权始终掌握在忠于马克思主义、忠于党、忠于人民的人手中。其次要发挥党总揽全局作用。协调各方的领导核心作用，把民族工作作为重中之重。要重视民族地区的党建工作，加强党员作风建设，选拔配备政治合格、德才兼备、忠诚干净、懂民族事务的党员干部从事民族工作。再次，抓好少数民族干部培养，着力培养一支理论功底扎实、政策把握到位、实践能力强的干部队伍。要把建设一支对党忠诚、德才兼备的高素质少数民族干部队伍作为重要任务常抓不懈，树立鲜明用人导向，对政治过硬、敢于担当的优秀少数民族干部，要充分信任、坚定团结、大胆选拔、放手使用。

三是加强社会主义核心价值观教育。习近平总书记在第二次新疆中央工作座谈会上，强调要在新疆各族群众中弘扬社会主义核心价值体系和核心价值观。民族工作是做人的工作，说到底是做人心的工作。要使各族人民想到一起、干到一起，必须形成各民族共同认同的核心价值观。社会主义核心价值观是各民族凝神聚气、团结和谐的根基，它以最大公约数凝聚社会共识，汇聚民族复兴的强大力量。加强民族地区的社会主义核心价值观教育，用社会主义核心价值观引领民族地区经济社会发展，核心是要深化民族团结进步教育，牢牢掌握社会主义意识形态领导权、管理权和话语权，铸牢中华民族共同体意识，增强中华民族凝聚力。

第四章　新时代中华民族凝聚力建设的现实挑战

随着中国特色社会主义进入新时代，我国经济社会发展取得重大历史性成就和发生重大历史性变革。但是，从全国来看，发展不平衡不充分的问题仍然存在。另外，随着中国的日益发展，西方势力对华意识形态攻击变本加厉，扰乱我国经济社会发展的大好局面，制造民族矛盾，颠覆中国的企图更加昭然若揭；西方势力插手中国内政，挑拨民族关系更是无所不用其极。从国内来看，意识形态建设和民族团结进步教育虽已取得重大成就，但各族群众的美好生活愿望更加强烈，催生社会矛盾的因素正在发生新的变化，民族分裂势力的分裂活动也暗涌流动，这些都为新时代中华民族凝聚力建设带来严峻挑战。

第一节　西方意识形态渗透新态势带来的挑战

推进中华民族凝聚力建设，需要具有国际视野，当前，世界处于百年未有之大变局，国际形势波谲云诡，国际力量"东升西降"的态势进一步发展，"中国之治"与"西方之乱"形成鲜明对比。为转移国内经济危机催生的各种社会矛盾，西方对华意识形态输出花样频出、变本加厉。中国作为世界上最大的社会主义国家和多民族国家，民族问题与意识形态问题交织，只有敏锐地把握西方对华意识形态输出新态势，才能冷静客观地判断国际形势，保持战略定力，做出科学的战略抉择。

一、西方对华意识形态渗透新态势的表现

当前西方对华意识形态渗透，概括起来，主要呈现为"泛政治化""民粹化"和"极限化"的态势，这些态势相互交织，日趋明显。

(一)西方对华意识形态渗透呈现"泛政治化"的态势

在国际交往中的"泛政治化"，是指一个国家在开展对外交往活动时，不是站在国家发展的层面上，而是一切以政治为中心，将一切问题都泛化为政治问题，夸大政治在国际交往中的普遍和终极意义。国际交往中的"泛政治化"现象，必然导致国际关系和国际秩序的"非正常化"。因为，"泛政治化"的实质是意识形态斗争扩大化。进言之，如果国际交往单纯地以意识形态划线，世界将重新回到"两种制度、两条道路"对立的"冷战时代"。毋庸讳言，在国际交往中，"意识形态与国家利益相互交织，相互作用，广泛渗透在政治、经济、文化以及社会生活的各个方面，"①但是，意识形态领域的差异，绝非是"泛政治化"的根据和理由。

在马克思主义看来，意识形态既是观念的上层建筑，也是统治阶级的维护意识，还是人类文化发展的载体。也就是说，意识形态不仅具有政治维护的功能，还隶属于文化建设的范畴。作为人类文化发展载体的意识形态，完全可以做到"各美其美，美人之美，美美与共"，然而，如果以"泛政治化"的心态处理问题、认识世界，将一切问题"政治化"，最终将让世界陷入窒息。换言之，在国际交往中，既要重视意识形态问题，也绝不能"泛政治化"。

自新中国成立以来，出于社会制度和价值观念的不同，西方对华意识形态攻击从未停止，其目的就是要将中国"西方化"或"美国化"，使中国沦为西方的附庸。尤其是当前，随着中国综合国力和国际影响力的日益提升，以美国为首的西方对华关系"泛政治化"的趋向，已经鲜明渗透在经济、文化、社会生活等各个领域。譬如，美国等西方国家不以本国企业和民众的发展利益为重，却以所谓的"国家安全"为由，限制华为、中兴等中资企业进入他们的国内市场。还如，美国当地时间 2020 年 7 月 20 日，美国主流媒体《纽约时

---

① 杨淞. 国际关系中的意识形态因素[J]. 当代世界，2008，(10)：53-54.

报》发表所谓"调查视频"，称发现中国企业出口到美国的口罩，不少是"充满争议"的新疆维吾尔少数民族劳工所生产。据此喊话欧美国家的企业应停止向中企购买口罩。在外交及科技文化交流方面，2019 年 10 月 16 日，美国政府出台政策，"要求中国驻美外交人员在会见美国地方官员、访问教育和研究机构须提前通知美国务院。"①不仅如此，美国政府还对中国学者到美国进行正常的科技文化交流活动予以限制；步美国后尘，据英国《泰晤士报》的消息，2021 年 2 月 15 日开始，英国政府也以"国家安全"为由开始限制中国留学生在英 44 个敏感领域的学习或工作。种种迹象充分表明，以美国为首的西方国家按照意识形态划线，在处理对华关系时"泛政治化"的态势已经非常明显。

（二）西方对华意识形态渗透呈现"民粹化"的态势

"民粹化"即指在平民大众或社会中下层传播民粹主义，以使民粹主义影响平民大众言行的一种状态。"民粹主义的一个突出特征，是激进的平民立场，是以平民或人民中的下层代表人民"②，基本指向是反对精英主义。民粹主义带有极端的道德理想化色彩，在行动和言论上缺乏理性思考，极易导致极端主义。但是，民粹主义也常会被精英阶层所利用，借以对平民大众实施诱导和操纵。近年来，民粹主义在西方沉渣泛起，英国公投脱欧，法国、意大利等国家的极右翼政党的崛起，特朗普赢得美国大选等事件，都是民粹主义的典型表现。在西方政客的煽动下，西方的民粹主义者们将本国经济危机、产业空心化、失业增加、贫富差距拉大、难民潮等归咎于全球化，有些民粹主义者打着"反全球化"的旗号，继续鼓吹一百多年前便流行的"黄祸论"，将矛头指向中国，集聚反华力量，致使西方社会内部，底层民众、中间阶层等群体对华态度持负面的比例在增加。

西方对华意识形态输出呈现"民粹化"态势已经非常明显，比如，在西方媒体和某些名流、政客的引导下，西方平民大众，不问事实真相，仅凭主观判断、不计后果地对中国做出激进式的价值判断。典型的事例，如瑞典电视

---

① 2019 年 10 月 18 日外交部发言人耿爽主持例行记者会[EB/OL]，https：//www. fmprc. gov. cn/web/wjdt_674879/fyrbt_674889/t1708958. shtml，2019-10-18.

② 丛日云. 从精英民主、大众民主到民粹民主——论西方民主的民粹化趋向[J]. 探索与争鸣，2017，（09）：4-17.

台的"辱华事件"，2019 年 9 月 21 日，瑞典电视台在一档新闻栏目中，以道听途说的所谓"真相"，用充满低级趣味的噱头，粗俗不堪的语言，把个别游客的行为上升为"文化冲突"，赤裸裸地宣扬种族主义、排外主义。还如，2019年 10 月 5 日，美职联休斯顿火箭队总经理莫雷发表涉港不当言论，这一严重违背事实真相的言论，激起中国亿万球迷的愤慨。然而，针对莫雷拒不道歉的行为，美国网民几乎是"一边倒"地支持。更令人不可思议的是，在西方国家新冠肺炎疫情肆虐，造成大量人员死亡的情况下，西方媒体、部分政客趁机煽动民粹主义，各种针对中国的诋毁和甩锅从未停止。2020 年 10 月份，美国皮尤研究中心公布的民调显示，美、澳、德、日等十四个西方国家的民众对华态度呈负面的比例在增加。诸如此类事件不胜枚举，其实质表明面对中国的日益崛起，包括西方普通民众都流露出极度的不适，西方对华"民粹化"态势非常明显。

(三)西方对华意识形态渗透呈现"极限化"的态势

"极限化"，意指西方对华意识形态输出已经到了歇斯底里、无所不用其极的地步。意识形态输出是西方对外战略的重要组成部分，出于意识形态偏见，以美国为首的西方国家和平演变和颠覆社会主义中国的企图从未停止。在苏联解体和东欧剧变后，中国成为西方意识形态攻击的主要对象。近些年来，西亚、北非接连发生的"颜色革命"，给我们敲响了警钟。随着中国日益壮大，西方对华意识形态输出也呈现出"极限化"的态势，这种"极限化"态势主要有如下表现。

一是极限施压。以中美贸易战最为典型，中美贸易战"与其说这是一场经贸摩擦、贸易战，不如说是一场政治斗争、意识形态斗争"[①]。以美国为首的西方国家为阻止中国发展步伐，蓄意发动这场损人不利己的贸易战。针对中国出口到美国的商品，特朗普政府挥舞关税大棒步步紧逼，甚至威胁要对中国对美出口所有商品全部加征关税。美国发动的这场对华贸易战基本遵循着"极限施压"的策略，不惜冒着全球经济崩溃的风险，企图达到以压促变，逼迫中国放弃核心利益，扰乱中国特色社会主义现代化建设步伐的目的。在这

---

① 石云霞. 中美贸易战的意识形态考量[J]. 思想教育研究，2019(1).

场空前的贸易战中，美国的霸权行径昭然若揭。

二是极其恶劣。坚持双重标准，粗暴干涉别国内政，是美国等西方国家扰乱中国的惯用伎俩。典型的如，美国政客们颠倒黑白，置若罔闻，接连通过了所谓的"2019 年香港人权与民主法案""2019 年维吾尔人权政策法案"等法案。这些"法案"以立法的形式极其恶劣地干涉中国内政。美国政客们打着所谓"民主与人权"的幌子，以"仲裁者"自居。将香港暴徒制造的暴力事件称为"一道美丽的风景线"，对于中国去极端化和打击恐怖主义卓有成效的成绩置若罔闻、大肆抹黑。这种粗暴干涉中国内政的行径丧失了人类最基本的善恶良知，折射出西方国家对华意识形态输出已经无所不用其极。

三是极度污蔑。丑化中国形象，对中国极度污蔑，挑拨中国与周边国家的关系，也是西方对华意识形态输出极端化的典型表现。譬如，2017 年，英国《卫报》刊登一篇题为"中国兴盛的中产阶级正在导致亚洲的有害电子垃圾堆积如山"的文章，文章指责中国是导致亚洲有害电子垃圾快速增长的主要因素。但当 2019 年垃圾分类制度在中国落地实施时，这家媒体又将中国的垃圾分类制度污蔑为"环保独裁"。还如，部分西方政客和媒体将中国对"一带一路"沿线国家的海外投资和援建项目，污蔑为"债务陷阱"和"新殖民主义"。更有甚者，2019 年 10 月，面对涉及 39 条人命的英国集装箱惨案，在遇害者国籍尚无定论前，西方媒体先入为主地将其确定为中国籍偷渡公民，还将惨案与中国国庆联系在一起，以此作为抹黑中国的政治工具，其用心之险恶，为人所不齿。

以上事例，体现出西方对华抱有浓厚的意识形态偏见，其根本目的是要破坏中国大好的发展形势，恶化中国国际环境，歇斯底里地阻碍中国的发展。事实证明，西方对华意识形态输出已经呈现出"极限化"的态势。

二、西方对华意识形态渗透新态势的原因

西方对华意识形态输出新态势，理论根源在于西方势力基于"文明冲突"的价值认知逻辑、基于"资本增值"的资本主导逻辑、基于"国强必霸"的帝国思维逻辑使然。

(一)基于"文明冲突"的价值认知逻辑

1993 年美国学者亨廷顿在美国《外交事务》杂志上发表名为《文明的冲突》的文章，首次提出轰动世界的"文明冲突"的理论。接着在 1996 年出版《文明的冲突与世界秩序的重建》，将这一理论系统化。其观点宣称，冷战后的全球冲突将在不同文明之间展开，并预测相同文明的国家或集团将在未来的全球冲突中凝聚在一起，而儒家文明和伊斯兰文明将联合起来共同反对西方文明，进而主张为避免不同文明冲突转化为世界大战，提出西方国家应该加强合作并制定相应的外交战略，通过保持强大的军事力量，采取措施分化和遏制儒家文明和伊斯兰文明国家。针对中国，他讲到"伊斯兰的推动力，是造成许多相对较小的断层线战争的原因，中国的崛起则是核心国家大规模文明间战争的潜在根源。"[①]不难发现，亨廷顿的"文明冲突论"，以"文明"划界解释当下和预测未来的国际冲突，依据文明的差异划分敌我友。按照上述逻辑，世界只有统一于西方文明之下，否则冲突就不可避免。显然，这是一种有害的冷战思维范式。尤其关于儒家文明将对世界构成挑战，中国将是未来最可能"惹麻烦"的国家的言说，无疑为西方政客制造"中国威胁论"攻击抹黑中国，制定对华遏制战略提供了理论支持。

人类社会交往发展的历史已经充分表明，亨廷顿的"文明冲突论"，无论在实践上还是理论上都站不住脚。但是，为服务于西方的对华遏制战略，为其霸权主义和霸凌行为寻找合理化借口，一些西方政客却屡屡祭出"文明冲突论"的大旗。2019 年 4 月 29 日，美国国务院政策规划办公室主任斯金纳在一次论坛的讲话中将中美关系定性为"文明较量"，声称当前美国对华关系是与一种完全不同的文明和不同的意识形态的斗争，是无法避免的。无独有偶，美国众议院前议长金里奇也将当前美中冲突视作"文明冲突"。可见，这种基于"文明冲突"的价值认知逻辑在西方国家仍有一定的市场，面对中国的发展壮大，西方势力借此以"文明冲突"为幌子挑起意识形态斗争，以此实现其丑化中国、搞乱中国、遏制中国的险恶用心。

---

① ［美］亨廷顿. 文明的冲突与世界秩序的重建[M]. 周琪，等，译，新华出版社，2002：230.

(二)基于"资本增值"的资本主导逻辑

资本增值是资本的本性，也是资产阶级生存和统治的根本条件。"自资本主义在西欧兴起以来，一部世界近代史，就是资本主导逻辑驱动下的资本主义全球扩张史。"①在《资本论》中，马克思、恩格斯深刻揭示了资本天生就有"吃人""扩张""掠夺"的本性，资本主导逻辑就是以攫取剩余价值、追逐最大利润为根本目的。马克思曾引用英国工会活动家和评论家托·约·登宁关于资本本性的论述："资本害怕没有利润或利润太少，就像自然界害怕真空一样。一旦有适当的利润，资本就胆大起来。如果有10%的利润，它就保证到处被使用；有20%的利润，它就活跃起来；有50%的利润，它就铤而走险；为了100%的利润，它就敢践踏一切人间法律；有300%的利润，它就敢犯任何罪行，甚至冒绞首的危险。如果动乱和纷争能带来利润，它就会鼓励动乱和纷争。"②

资本主义发展到当代，资本本性并没有随着人类文明的进步和国际关系民主化而有所收敛，为了攫取更多的利润，资本不惜一切代价，不惜利用一切肮脏的手段攫取超额利润。在这方面，当下的美国政府将其发挥得"淋漓尽致"，美国政客们秉持双重标准，在贸易、债务、规则、人权等领域肆意践踏国际法和国际关系基本准则，强调"美国优先"，在国际"游戏规则"中，美国理所当然地永远居于规则之上，国际"游戏规则"的尺子是丈量别人的，国际规则的制定要以美国人的意志为转移。近些年来，随着中国经济持续稳定增长，产业结构转型升级，中国制造展现出强大吸引力和竞争力。西方国家凭借国际贸易不等价交换获取超额利润已经受到了极大的削弱。但出于资本的本性，西方国家认为中国的发展动了他们的"奶酪"，"中国制造"抢走了他们的就业岗位。于是乎，出于意识形态的偏见，进行各种借题发挥、栽赃抹黑、恶意攻击，无所不用其极。其中，美国联合其盟友对华为公司不遗余力地打压最为典型。可以说，基于资本增值的资本主导逻辑，是西方对华意识形态民粹化最为深刻的根源。

---

① 韩庆祥. 从资本逻辑走向人的逻辑[N]. 光明日报，2017-9-18.

② 马克思恩格斯文集(第5卷)[M]. 北京：人民出版社，2009：871.

（三）基于"国强必霸"的帝国思维逻辑

"国强必霸"是帝国思维逻辑的典型表现，其含义就是一个国家发展强大以后，必然会通过殖民、战争、扩张等方式走上争夺霸权的道路。这一逻辑是西方国家普遍认同的所谓"历史规律"，理由是"16世纪以来，世界上先后出现近十个世界性大国，无一例外走上'国强必霸'的道路。"①也就是所谓的"修昔底德陷阱"。正是由于受"国强必霸"所谓的"历史规律"的影响，面对中国的迅速崛起，西方势力的帝国思维逻辑也趁此发酵。自然，这也为西方对华意识形态斗争"极限化"提供了借口和依据。

新中国成立70多年来，尤其是改革开放40多年和党的十八大以来，在党的坚强领导下，中国创造了世所罕见的发展奇迹，经济发展、政治稳定、人民安居乐业，综合国力得到极大提升，中国特色社会主义展现出勃勃生机与活力。然而，反观美国等西方国家，经济发展举步维艰、失业率居高不下、国家治理低效导致社会乱象丛生，"中国之治"与"西方之乱"形成了巨大反差。尽管中国始终坚持和平发展，始终以负责任的大国处理国际关系，但出于"国强必霸"的帝国思维逻辑，对于中国的发展壮大，西方国家表现出极度的恐慌和不信任。面对中国的崛起，美国直接将中国定位为战略竞争对手。在意识形态领域，极力抹黑中国，炮制出诸如中国计算机黑客威胁论、食品安全威胁论、环境威胁论、对华贸易吃亏论、美国恩赐论等论调。在经济领域，挑起贸易战，针对《中国制造2025》，美国发起301调查，联合其西方盟友对中国高新技术实施封锁和遏制。在政治领域，强化盟友体系，成立由美国、英国、澳大利亚、加拿大和新西兰情报机构组成的"五眼联盟"，以便交换有关中国对外活动的信息，如此等等。目的就是要在中国完全崛起之前攫取中国更多权益，千方百计遏制和封堵中国。因此，不难发现，面对中国的崛起、强大，西方国家呈现心态失落、恐惧，甚至惶恐、焦虑不安。这实质是"国强必霸"帝国思维的典型表现。

三、西方对华意识形态渗透新态势的影响

西方对华进行意识形态渗透，歇斯底里地遏制中国发展，必然会对当前

---

① 金朝辉. 中国打破"国强必霸"魔咒的历史逻辑[J]. 毛泽东邓小平理论研究，2014(10).

国际形势带来诸多不确定性因素，同时，也会对中华民族凝聚力建设带来诸多负面影响。

(一)丑化国家形象

当前，西方国家出于意识形态的偏见，对华进行毫无底线的诋毁、丑化和歪曲，尽管，谎言重复一千遍仍然是谎言，但是在"西强我弱"的国际话语格局下，西方媒体及其政客对中国的污名化，极易扰乱人们的价值判断和思想认知。长期以来，西方国家在国际话语的生产和传播方面，具有压倒性的优势，当今，全球50家媒体公司占据了95％的世界传媒市场，90％以上的新闻由西方媒体垄断，其中有70％是由时代华纳、迪士尼、贝塔斯曼、维亚康姆、新闻集团、索尼等巨型跨国传媒集团控制，仅美国就占据了全球75％的电视节目生产和制作。联合国教科文组织的市场调研表明：在全世界跨国流通的每100本书中，就有85本从发达国家流向发展中国家；在跨国流通的每100小时的音像制品中，就有74小时的制品从发达国家和新兴工业国家流向发展中国家。其中，尤以美国最为典型，在广播电视节目的生产方面，全世界60％以上的生产制造由美国控制，美国的电影产量虽仅占全球的6％到7％，但却占全世界电影放映总时间的50％以上。所以，西方国家强大的舆论生产力和传播力，足以想象其众口铄金、积毁销骨的破坏力。另外，从西方国家的民众获取信息的渠道来看，西方"唯我独尊"的心态也限制了西方人的视野，即便在资讯高度发展的今天，许多西方人也不愿主动去了解日新月异的世界，以至于对当今世界和当代中国缺乏最基本的认知。根据当代中国与世界研究院发布的《中国国家形象全球调查报告2018》数据显示，发达国家(西方)中未来三年计划来华意愿(学习、工作或者旅游)的比例仅为18％；当中国发生重大事件时，38％的发达国家的受访者选择"什么情况下都不会"选择中国媒体作为信息获取渠道，47％的受访者选择通过"本国传统媒体"了解中国。有学者曾对英国《每日电讯》涉华报道的标题及导语进行过语言学分析。结果表明："在众多的标题及导语的修辞与词句的构建方面存在明显的负面价值判断和事件评价的否定性倾向。"①新冠疫情暴发以来，西方媒体对中国进行充满种族主义色彩的意识形态攻击，秉持双重标准和极具侮辱性的词汇污名化中国。新冠疫情暴发初期，美国《华尔街日报》以《中国是亚洲真正病夫》的文章对中国进行极具污蔑性和挑衅性的攻击。在美媒和政客大肆抹黑中国的同时，美国的"小弟"们也不甘其后，法国《皮卡第邮报》在头版封面将文章标题套用电脑游戏的名称，写为"Alerte Jaune"，意为"黄色警戒"，丹麦《日德兰邮报》关于中国疫情的一篇报道中，直接刊登了用冠状病毒取代中国国旗里五颗星的漫画，《先驱太阳报》更针对在澳华人，称新冠病毒为"中国病毒"，西方媒体将"中国人＝病毒"的概念在世界恶意传播。当疫情全球蔓延后，西方政客和媒体不是将责任归罪于自身防控不力和制度缺陷，导致的人为疫情失控，反而再次将疫情政治化，在病毒溯源的问题上，搞有罪推定，罔顾科学和事实，沉迷于捏造和散布新冠病毒源自特定国家实验室泄漏的谎言，完全是出于不可告人的政治目的。尽管乌云遮不住太阳，但西方强大的舆论引导力和影响力，还是会蒙蔽许多不明真相的"群众"。西方媒体在政府的操纵下，对于涉及中国的事务已经不是简单的"报忧不报喜"了，而是进行恶意的夸张、扭曲，甚至张冠李戴、颠倒是非，从而达到其歪曲中国国际形象的目的。

另外，为围堵中国的国际话语表达权，近来，西方又掀起了"舆论保护主义"，企图形成信息投放的壁垒，阻遏中国国际话语影响力的"增量"，典型的就是美国带头挑事，无理打压、变相驱逐中国媒体驻美记者，英国、澳大利亚亦步亦趋，相继对中国国际电视台（CGTN）撤销落地许可或暂停转播。同时，加大对华网络管制，施压海外平台运营商给中国账号强贴"官方标签"，甚至污蔑中国网友，肆意删帖封号。明修"新闻自由"的栈道，暗度"政治打压"的陈仓。美国《纽约时报》《华盛顿邮报》，英国《每日电讯报》，澳大利亚《悉尼先驱晨报》等西方媒体以不接受"政治宣传"为由，拒绝刊登中方付费插页内容，其他主流媒体的态度也趋于"谨慎"。在德国，甚至有议员警告媒体不要充当"中国宣传的传播者"。在付费版面上刊登报道，这本是国际媒体之

---

① 申楠、汪琴. 外媒"眼"中的中国及中国国际形象的塑造[J]. 西安交通大学学报（社会科学版）2015，（3）.

间的正常合法合作。原来在西方一些人眼中，各国都可以搞媒体合作，唯独中国是例外，"不配"开展此类合作。不难发现，西方媒体及政客"双管齐下"，一方面凭借舆论影响力大肆污蔑中国，破坏中国国家形象，企图恶化中国发展的外部环境。另一方面，又千方百计地围堵中国话语的国际表达。这无疑增加了中国向世界展现"真实、全面、立体中国"的压力。

（二）影响社会主义意识形态大众认同

增强社会主义意识形态大众认同，是建设强大凝聚力和引领力的社会主义意识形态的前提和基本要求。但从当前"西强我弱"的国际话语格局来看，西方对华意识形态攻击的新态势，满嘴信口雌黄，起着混淆视听、扰乱人们思想认知的作用。这也是对社会主义意识形态凝聚力建设的最大挑战。在国内舆论领域潮起潮落的"普世价值""新自由主义思想""历史（文化）虚无主义""宪政思潮"等，还有西方国家针对中国的各种谣言、谬论等，无疑都会干扰人们对社会主义意识形态的大众认同。比如，西方鼓吹的所谓"普世价值"，实质上就是资产阶级的价值观。一些人为"普世价值"摇旗呐喊，宣扬西方的"自由、民主、人权"，进而宣扬西方的宪政体制是现代政治的基本制度架构，借此否定党的领导和社会主义制度，从而对人们的思想带来了极大的干扰。但拨开"普世价值"重重迷雾，不难发现，"普世价值"的理论依托是西方的民主制度，它宣扬人类现代化道路只有一条，现代化国家制度架构只有一种，核心价值观只有一个，那就是已经定型的资本主义制度及其核心价值观。鼓吹"普世价值"，其目的就是向世界输出西式民主和西方政治制度，而满足美国等一国之私的意识形态工具。实际上，"普世价值"不仅在理论上站不住脚，在实践上也是有害的。从理论上，马克思指出："人的本质不是单个人所固有的抽象物，在其现实性上，它是一切社会关系的总和。"[①]社会生活本质上是实践的，实践是认识的来源，不同的人从事的实践活动不一样，决定了人们的思想认识也千差万别。人类从来就没有也不可能有所谓的"普世价值"。从实践来看，西方国家强力向世界输出"普世价值"，中东和北非地区成为其主要的"试验场"，到处策动"颜色革命"。"普世价值"所到之处，给这些国家带来

---

① 马克思恩格斯选集（第2卷）[M].北京：人民出版社，2012：60.

的是社会混乱、政局动荡、经济滑坡、民不聊生。大量事实证明，西方的"普世价值"并非人间正道，绝非医治某些国家治理乱局的灵丹妙药，只不过是西方国家推行世界霸权的意识形态工具。但其披着"普世"的外衣，混淆视听的功能还是非常强大的。

关于"历史虚无主义"思潮，也是近些年来甚嚣尘上的一股逆流。这股思潮以所谓的"历史揭秘""揭示历史真相"为幌子，对历史资料、档案进行精心"裁剪""嫁接"，将完整的历史碎片化、扭曲化，歪曲党史和国史，质疑历史事件和历史人物，以达到歪曲党的领导和社会主义制度的企图。历史虚无主义还将矛头指向马克思主义，指向家喻户晓的英雄人物，妄图从根本上颠覆党的理论基石，搞乱人们的思想认识，瓦解共产党执政的群众基础。"欲灭一国，先去其史"，国外敌对势力时不时就拿出党史和国史说事，竭尽攻击、丑化、污蔑之能事，根本目的就是要搞乱人心，煽动推翻中国共产党的领导和我国社会主义制度。习近平总书记在谈到历史虚无主义的问题时，讲到苏联解体前历史虚无主义泛滥的事例，"苏联为什么解体？苏共为什么垮台？一个重要原因就是意识形态领域的斗争十分激烈，全面否定苏联历史、苏共历史，否定列宁，否定斯大林，搞历史虚无主义，思想搞乱了，各级党组织几乎没任何作用了，军队都不在党的领导之下了。最后，苏联共产党偌大一个党就作鸟兽散了，苏联偌大一个社会主义国家就分崩离析了。这是前车之鉴啊！"[①]因此，对历史虚无主义的泛滥，如果不加以必要的引导和坚决的抵制，其对社会主义意识形态的蚕食，对社会主义意识形态认同的削弱作用极大。

各种针对中国的谣言和污名化，也会对社会主义意识形认同带来极大危害。西方针对中国建立了庞大的"谣言工厂"，在这里，反华媒体、非政府组织和分裂势力扮演着重要角色。其中，一些非政府组织的身份更显特殊，它们看似"公正"，时常充当"研究机构"，其实却服务于谣言的生产和传播。这其中位于美国纽约的"人权观察"组织就是典型，在这个组织发表的《2021世界人权报告》中，围绕涉疆涉港等议题散播如"大规模监控""强迫劳动""种族灭绝"等耸人听闻的谣言。针对新冠疫情问题，从将疫情暴发甩锅给中国的"源

---

① 十八大以来重要文献选编（上）[M]．北京：中央文献出版社，2014：113．

头说",到妄称中国疫情数据造假的"隐瞒说",再到中国支援有明显的政治目的的"物资论"。西方媒体一次次地颠倒黑白,尽管都毫无事实根据,经不起推敲。但其对主流意识形态的解构作用还是不容小觑的。

(三)增加民族凝聚力建设的难度

民族地区,历来是西方势力对华意识形态渗透的重点。当前,西方国家更是围绕中国民族问题大做文章,捏造骇人听闻的谎言谬论,企图挑拨民族关系,扰乱我国民族团结进步的大好局面。西方意识形态输出的新态势,客观上增加了做好边疆民族地区意识形态工作的难度。难度的增加主要体现在以下方面。

一是西方国家对我国边疆民族地区的意识形态输出更具针对性。比如,一段时间以来,一些西方媒体及政客炒作"新疆棉花""新疆番茄"事件,给中国扣上"强迫劳动"的帽子。美国首当其冲,以所谓"人权问题"为借口宣布禁止从中国新疆进口棉花和番茄,以及涉及棉花的整个产业链,包括服装、棉纱、纺织品等。在美国的鼓噪下,2021 年 3 月 24 日以来,随着美国在所谓"新疆人权问题"上的不断造谣和炒作,众多外国品牌纷纷被曝出拒绝和"新疆"以及"新疆棉"产生联系,既不用新疆棉花,也不雇佣新疆员工,形成了非常统一和强势的"种族歧视链"。BCI,全名"瑞士良好棉花发展协会",这个受到美国巨大资助的棉花协会,表现尤为积极,宣布暂停对新疆棉花发放认证。西方之所以拿"新疆棉花""新疆番茄"说事,绝非什么人权、强迫劳动,而是因为新疆是全世界最大的棉花生产区,棉花质量水准各方面位居全国第一,也是新疆的支柱产业。棉花种植,是新疆农村的经济支柱和特色产业,南疆有 90% 以上的县域种植棉花,达到当地农业种植面积的 60%,当地农民收入的一半来自棉花。棉花关系到 500 万新疆少数民族群众的生计来源。新疆是世界三大番茄产区之一,占我国番茄种植总面积的六分之一,也是新疆各族群众收入的主要来源之一。搞乱棉花和番茄种植业,就能严重削弱新疆经济发展。正如外交部发言人赵立坚所言,美方关心的根本不是什么"人权"问题,而是打着人权幌子打压中国企业、破坏新疆稳定、抹黑中国治疆政策。不可否认,西方国家针对边疆民族地区的打击,背后反映的是西方意识形态输出的态势变化。这种变化,既有打击我国边疆民族地区的经济发展的企图,也能混淆视听，达到其挑拨民族关系的目的。这就客观上增加了边疆民族地区意识形态工作的难度。

二是西方国家基于意识形态偏见，在反恐问题、民族问题上秉持双重标准，直接或间接助长了民族分裂势力和宗教极端势力分裂国家的活动。反恐、去极端化是世界性课题，也是世界性难题。近年来，新疆坚决贯彻新时代党的治疆方略，特别是社会稳定和长治久安总目标，结合新疆实际，设立职业技能教育培训中心，多措并举，走出了一条有特色的反恐、去极端化路子，为国际社会提供了中国智慧、中国经验、中国方案，值得认真总结和借鉴。但是，以美国为首的西方基于遏制中国发展的目的，近年来，大肆炒作中国新疆维稳政策，在涉疆议题中频频制造"话语陷阱"，出现了从"人权话语陷阱"向"文明话语陷阱"转化，"涉疆议题"与"涉港问题"东西联动，提升人权、民族、宗教炒作力度等三个新动向，最终以其构建的"强盗逻辑"，利用国际舆论达到"以疆遏华"的目的。2019年12月3日，美国国会众议院不顾中方坚决反对，执意审议通过"2019年维吾尔人权政策法案"，再次打着"人权"的幌子，粗暴干涉中国内政，大肆抹黑中国去极端化和打击恐怖主义的努力，恶意攻击中国政府治疆政策。因此，西方国家不计后果、歇斯底里的意识形态渗透方式，客观上会增加民族地区民族凝聚力建设难度。

第二节　经济社会发展形势新变化带来的挑战

经济基础决定上层建筑，经济社会发展形势的深刻变化必然会对中华民族凝聚力建设带来深刻挑战。但与此同时，在世界处于百年未有之大变局和中华民族伟大复兴战略全局的关键时期，国际国内经济社会发展形势将会发生重大变化，有些变化是积极的，但也有些变化会带来诸多不可预知的风险。同时，进入新时代，统筹区域协调发展的任务更加迫切和重要。另外，随着中国日益接近世界舞台中央，国家安全形势也面临新的更大的挑战，面对国家安全形势的重大变化，要化被动为主动，唯有抓好中华民族凝聚力建设，才能有力应对各种挑战。

一、经济社会发展形势新变化的现实表现

经济社会发展形势新变化必然会对中华民族凝聚力建设带来新影响。当前，经济社会发展的风险挑战在增多、统筹区域协调发展的任务在加剧、国家安全形势呈现新的重大变化，都会对中华民族凝聚力带来挑战。

(一)经济社会发展的风险挑战在增多

当前，我国经济社会发展面临的挑战，主要源于外部和内部两个方面，但内外因素并非是相互割裂的，而是密切关联、相互作用的。尤其在全球化面前，一国经济社会发展的风险无一不是由国际国内双重因素综合作用的结果，所以，分析我国经济社会发展风险，需要站在全球化背景下分析。近年来，受经济发展停滞、主权债务危机、难民危机等的影响，美国和欧盟成员国等西方国家掀起"逆全球化"风潮。曾经被人们津津乐道的"地球村"正在受到贸易保护主义、民粹主义、民族主义等的冲击。叠加新冠肺炎疫情在全球的蔓延，西方国家无视全球合作抗疫共克时艰的呼声，趁机鼓噪"脱钩论""制造业回流""去中国化"。由于此次"逆全球化"的矛头直指中国，目的就是遏制中国发展。面对愈演愈烈的"逆全球化"之风，各种抹黑、诋毁中国的声音此起彼伏。暗涌流动的"逆全球化"风潮，已经成为影响当前世界和平与发展的最大障碍。西方势力谋求政治私利，开全球化的倒车。在国际上制造假想敌，把国际规则当"儿戏"；在国内煽动民粹主义，转嫁国内矛盾制造对抗，凡此种种，在经济全球化已经高度发展，各国经济联系日益紧密的当下，西方国家的"逆全球化"行径，客观上增加了经济社会发展风险的概率。因此，需要我们必须始终保持高度警惕，既要高度警惕"黑天鹅"事件，也要防范"灰犀牛"事件。

从经济社会发展的风险挑战的原因来看，一方面，当前我国改革进入攻坚期和深水期。改革是经济社会发展的动力，没有改革就没有发展，没有发展一切都无从谈起。党的十八大以来，习近平总书记在多个场合都在强调，我国改革已经进入啃硬骨头的关键阶段，过去好吃的肉都吃了，剩下的都是难啃的硬骨头，要以壮士断腕的精神推进改革。但改革总是与风险相伴，因为改革涉及一些重大利益关系的调整，涉及经济、政治、文化、社会、生态、

军队、党的建设等方方面面，涉及牵动全局的敏感问题和重大问题。改革越是深入，涉及的利益和面对的矛盾就会越多，碰到的阻力就越大，既得利益者会用优势话语权阻碍改革，媒体公众会带着挑剔的目光审视改革，一些人甚至还会以乌托邦思维苛求改革。纵观世界上一些大党大国的衰落，一个共性的原因都是因为改革在触及既得利益者的利益，遇到强烈的抵制后就戛然而止，从而导致国家矛盾越积越多，最后到了人亡政息的地步。可以说，改革有风险，如果没有上刀山、下火海的胆量，没有功成不必在我、功成必定有我的勇气，改革是难以取得成功的。在经济领域，改革开放四十多年来，我国经济年均增长高达 9.5%，创造了世界经济发展史上的奇迹。但成功的背后，新的矛盾和新的失衡开始酝酿和涌现。以近几年的供给侧结构性改革为例，从"三去一降一补"到"三大攻坚战"，对如何更好防控新的风险提出了挑战，但防范风险本身就是一个不断创新的管理活动。在防控风险方面，我们还需要不断进行新的探索。

另一方面，中国树大招风的效应日益凸显。新中国成立 70 多年来，尤其是改革开放 40 多年和党的十八大以来，中国取得了举世瞩目的发展成就，综合国力得到极大提升，中国已经成为世界上举足轻重的大国。党的十九大报告指出，党的十八大以来的五年间，我国"经济保持中高速增长，在世界主要国家中名列前茅，国内生产总值从五十四万亿元增长到八十万亿元，稳居世界第二，对世界经济增长贡献率超过百分之三十。"[①]在世界 500 种主要工业品中，中国有 220 种产品的产量位居世界第一。2021 年，我国人均 GDP 超过一万美元，迈入中等收入国家行列。同时，中国还是世界最大外汇储备国、世界最大出口国、世界第一货物贸易大国，等等；移动通信、现代核电、载人航天、量子科学、深海探测等领域取得重大突破。"亚投行""一带一路"倡议得到国际社会的积极响应。截至 2018 年年底，我国共有 40 个项目被列入联合国教科文组织非物质文化遗产名录（名册），位居世界第一，中国电视剧和图书年产量稳居世界第一，电影产量高居世界第二，等等。以上数据和成就，

---

① 习近平. 决胜全面建成小康社会 夺取新时代中国特色社会主义伟大胜利——在中国共产党第十九次全国代表大会上的报告[N]. 人民日报，2017-10-18.

充分说明我国综合国力和国家影响力得到显著提高，中国正在由大国向强国迈进。

但正如党的十九大报告强调的，中国特色社会主义进入新时代，中国日益走近世界舞台的中心。生活在聚光灯下，中国"树大招风"的效应也开始凸显。不可否认，对于中国发展取得的成就，西方媒体不乏赞叹的声音，但其中的杂音和噪音也不绝于耳。中国的发展引起西方集体焦虑，面对中国的崛起，美国直接将中国定位为战略竞争对手。在意识形态领域，极力抹黑中国，炮制出诸如中国"计算机黑客威胁论""食品安全威胁论""环境威胁论""对华贸易吃亏论""美国恩赐论"等论调。在经济领域，挑起贸易战，针对《中国制造2025》，美国"发起301调查"，联合其西方盟友对中国高新技术实施封锁和遏制。在政治领域，强化盟友体系，成立由美国、英国、澳大利亚、加拿大和新西兰情报机构组成的"五眼联盟"，以便交换有关中国对外活动的信息。以上也仅是以美国为首的西方遏制中国发展的冰山一角，中国"树大招风"效应凸显，根源仍在西方国家持有的意识形态偏见。这意味着中国和平发展之路注定不会一帆风顺，对此，我们必须做好迎接各种挑战的准备。

(二)统筹区域协调发展面临的任务在加剧

统筹区域协调发展，以解决发展不平衡不充分的问题，满足边疆民族地区各族群众同全国一道共享改革开放发展的成果，是推动边疆民族地区中华民族凝聚力建设的关键要求。虽然，边疆民族地区经济社会发展已经取得重大成就，但与中东部地区经济社会发展程度相比较等仍存在较大差距，比如，在经济增长方面，虽然党的十八以来，边疆七省区的经济增速平均达到7.5%，略高于全国平均水平，但却呈现逐年下降的趋势，"从2015—2017年全国与七省区的纵向增长比较来看，2015年七省区GDP总额为87 751.79亿元，与全国相比相差601 300.31亿元；至2017年七省区GDP总额为94 035.9亿元，与全国相比相差733 086.1亿元。……从人均GDP来看，2015年七省区平均值为42 525.71元，与全国相比差距为7 725.28元；至2017年平均值为

45 292.71元，与全国相比差距为14 367.28元。"①造成经济增长相对滞后的原因，在于边疆民族地区产业结构还不尽合理，表现为，农业占比相对较大，附加值高的工业占比较小，在为数不多的工业中，又以高耗能的重工业为主；第三产业中商贸、餐饮等传统服务行业比重大，而信息咨询、人工智能、金融保险等新兴行业比重较小，等等。因此，统筹区域协调发展的任务可见一斑。

不仅如此，近些年来，国家在破解区域协调发展不平衡方面连出重拳，这对促进边疆民族地区跨越发展提供了机遇；但与此同时，新战略新机遇也就意味着新任务新挑战。所以，对于这些地区而言，能否抓住发展机遇，又是一个新的课题。当前，边疆民族地区面临至少三个方面的任务挑战。

一是由"外部输血"到"内部造血"的动力转换的挑战。随着攻坚脱贫取得决定性胜利，边疆民族地区面临巩固攻坚脱贫的胜利成果，实施内部挖潜，推动经济高质量发展的任务。如果说攻坚脱贫任务的完成，主要靠国家强有力的资金投入，以及各级政府有针对性的强力帮扶，属于"外部输血"；那么，在新的起点上再出发，迎接新的挑战，推动经济社会持续发展，则要求具有"内部造血"的能力，能否顺利实现经济社会发展动能转换，无疑是一个重大的挑战。从"外部输血"到"内部造血"的动力转换，首先就要转变"等靠要"的依赖心理，这种依赖心理，既包括地方政府的领导层，也包括广大的边疆民族群众。这就要求地方领导干部应该具有更强的担当和开拓创新的意识，为地方发展寻找新的经济增长点和发展的着力点。对于广大群众而言，更应该积极行动起来，抓住发展的时代机遇，投身于美好生活的实践中去。因为"内部造血"解决的是发展的可持续性问题，解决不了可持续性问题，区域协调发展的问题就不可能得到解决。因此，这也对边疆民族地区的人才培养、产业结构优化、开放发展、社会治理等提出新的更高要求。

二是由"边陲末梢"到"开放前沿"的方位转换的挑战。党的十八大以来，国家通过发展战略调整，实施了包括"一带一路"、长江经济带、黄河生态经

---

① 郑宇. 当前中国边疆民族地区经济发展态势与突显问题解析[J]. 西南民族大学学报（人文社科版），2020(3).

济带、"八纵八横"高速铁路网布局等区域联通战略，2020年5月17日，中共中央、国务院印发了《关于新时代推进西部大开发形成新格局的指导意见》。众多西部发展战略的实施，使得边疆民族地区由昔日的边陲末梢成为开放前沿。比如，通过"一带一路"，边疆民族地区的区位优势凸显，广西地处祖国西南，具有"一湾相挽十一国"的独特区位优势，在古代，广西合浦港就曾是西汉"海上丝绸之路"最重要的始发港。"一带一路"实施后，广西处在"一带一路"交汇对接和陆海统筹的重要节点、关键区域，在中国对外开放格局中地位突出。广西从昔日的西南边陲变成中国面向东盟开放的最前沿、合作的最佳平台和窗口。广西在"一带一路"建设中既有古代海上丝绸之路的历史底蕴，更有海陆统筹的独特地位和作用，国家赋予了广西参与"一带一路"建设、扩大开放合作、写好海上丝绸之路新篇章的时代要求。对此，习近平总书记还专门就广西的区位优势做过论述，2015年两会期间习总书记参加广西代表团讨论时指出，广西要构建面向东盟的国际大通道，打造西南中南地区开放发展新的战略支点，形成21世纪海上丝绸之路与丝绸之路经济带有机衔接的重要门户。2017年在视察广西时，更是强调广西有条件在"一带一路"建设中发挥更大作用，要写好新世纪海上丝绸之路新篇章。

同样作为边疆民族地区的内蒙古自治区在共建"一带一路"愿景与行动中，特别是在"中蒙俄经济走廊"建设中优势尤为明显，内蒙古横跨东北、华北、西北，毗邻八省区，与俄罗斯、蒙古国交界，边境线长达4200多千米。独特的区位优势，决定了内蒙古在"一带一路"的四条线路之一的中俄蒙经济带中的作用举足轻重，不可替代。中蒙俄经济走廊，也是西出北上的重要一翼。内蒙古恰好处在"一带一路"向北和向西开放推进的国际经贸走廊连接点上。

众所周知，"一带一路"中的"一带"即"丝绸之路经济带"，具体是指从欧亚大陆的太平洋沿岸东亚地区，经中亚与俄罗斯，最终抵达欧洲国家的"亚欧大陆桥"。不管从中国境内哪里出发，一路向西，出国的最后一站都会在新疆。新疆内联西北五省，外接中亚五国，使其成为亚洲地理位置的中心，更是"一带一路"的枢纽所在。川流不息的中欧班列由阿拉山口出境，与哈萨克铁路系统相连，经俄罗斯，过中东欧国家，直达荷兰的鹿特丹和德国的港口。

云南的区位优势更是明显，云南是中国唯一接壤东盟3个国家（缅甸、老挝、越南)的省份,是连接中国与东盟的桥梁。云南北上连接丝绸之路经济带,南下连接海上丝绸之路,是中国唯一可以同时从陆上沟通东南亚、南亚的省份,并通过中东连接欧洲、非洲。在历史上,云南就长期发挥着内陆门户的重要作用。早在秦汉时期,"南方丝绸之路"便造就了古代史上开放和鼎盛的云南。近代修建滇越铁路,带动了近代工业的发展。二战时期,云南又成为抗战大后方,在世界反法西斯东方战场上发挥了重要作用;从现实看,近年来,国家支持云南建设我国面向西南开放的重要桥头堡,使云南从开放"末端"归位于"前沿"。

"一带一路"也赋予西藏新的发展机遇,西藏地处中国西南,毗邻"一带一路"区域的新疆、青海、四川、云南等省区,同时又与印度、尼泊尔、缅甸、不丹等南亚国家接壤,是联系内外的重要枢纽。西藏是我国面向南亚的战略枢纽和开放门户,是国家确定的沿边地区开放开发重点区域和面向南亚开放的重要通道,也是孟中印缅经济走廊的重要门户。2015 年,国家发布了《推动共建丝绸之路经济带和 21 世纪海上丝绸之路的愿景与行动》,就已经将西藏纳入了丝绸之路经济带。中央第六次西藏工作座谈会,又将西藏定位为我国面向南亚开放的重要通道,赋予了西藏更加重要的战略地位,也为西藏跨越发展带来了难得机遇。

可见,党的十八大以来,国家出台和实施的推动边疆民族地区加快发展的战略,为边疆民族地区带来了难得的发展机遇。使边疆民族地区从昔日的边陲末梢变为开放前沿。"发展方位"的转换,自然也对边疆民族地区跨越发展提出了新的课题。也就是说,国家给予了发展机会,但能否抓住机会也是对地方政府发展能力的考验。对于边疆民族地区而言,能否制定科学合理的发展定位、能否处理好开放发展与维护边疆安全的关系、能够实现高质量发展的战略任务、能否在跨越发展中更好地维护民族团结等,这些问题都将伴随发展方位的转换。同时,"发展方位"的转换,也使得边疆民族群众过上美好生活的愿望更加强烈,这也客观上对意识形态凝聚力建设提出新的更高要求。比如,作为边疆民族地区的广西,沿江、沿边和沿海,区位优势明显,"一带一路"为广西发挥区位优势提供了机遇,但是能否将区位优势转换为发展优势,充分释放发展潜能,又考验着地方领导干部的统筹全局的发展能力。

另外，开放的环境也给广西社会主义意识形态凝聚力建设带来潜在的挑战，正如打开面向外部的窗户，新鲜空气会进来，苍蝇、蚊子也会进来。在开放环境下，境外不法势力利用广西特殊的地理环境，加剧进行非法意识形态的渗透。

首先，"合法"交流幌子下的非法意识形态渗透。广西沿江、沿边、沿海，这是广西得天独厚的区位优势，但也为外部势力进行非法意识形态渗透提供了可能。广西陆上与越南有 1 020 余千米的边境线，有 8 个边境县市、41 个乡镇、389 个行政村与越南接壤，沿线居住着十几个民族，其中有些属于"跨界民族"，这为双方开展交流交往提供便利的同时，也为外部势力利用跨界民族的便利制造民族矛盾、进行宗教渗透提供了渠道。新时代，随着广西开放力度的进一步加大，境外势力更是打着"合法"经贸文化交流的幌子开展意识形态渗透，破坏党对社会主义意识形态的领导力，扰乱民族团结进步。

其次，"非法"过境交往对中华民族共同体意识建设的影响。广西边境存在着"非法人口""非法婚姻""非法交易"，这一现象同样是影响广西民族地区中华民族共同体意识建设不容忽视的因素。"非法人口"主要指未经中国政府许可，非法进入我国的境外人员。"据调查核实的数据显示，仅 2015 年在广西边境地区，就查获越籍'三非'（非法入境、非法居留、非法就业）人员 13 514 人，其中还隐藏着不少危险犯罪分子。"[①]"非法婚姻"，是指未履行合法婚姻登记的手续，不被双方国家认可的"事实婚姻"。广西边境地区的"非法婚姻"，主要是越南一方的妇女通过非法入境嫁到我国境内，这些非法婚姻往往与跨国拐卖妇女、民族宗教问题、毒品犯罪问题等相关联。"非法交易"，主要是指境外势力非法向中国境内进行毒品交易等犯罪行为。随着开放力度的加大，中越两国"边民"交流交往日趋频繁，但由此也为犯罪分子进行非法交易提供了可乘之机。因此，上述问题与边境居民的人身安全密切相关，表面上看是经济、社会问题，实质上潜隐着意识形态安全问题，因为这事关"边民"能否安居乐业、社会能否安定有序。其背后是对党和政府领导力和社会治理能力的考验，假若处理不好，极易激化民族矛盾，引发国家认同危机。

---

① 宋才发，王颖慧. 西南边疆地区社会治理法治化问题探讨[J]. 贵州民族研究，2019(7)

　　三是由"前沿阵地"到"外部乱局"的环境变化。当前，"邻国乱局"与"中国之稳"形成鲜明对比。边疆民族地区作为维护国家安全的前沿阵地，随着开放力度和领域的加大，与周边国家的联系也越来越密切、越来越频繁。在开放发展、互动有无的同时，毗邻国家国内局势的不稳定也为边疆民族地区开放发展增加了诸多不确定性因素。周边无小事，周边是首要，周边更是安身立命的基本盘。一直以来，中国不仅是世界上边界线最长、邻国最多的国家之一，也是周边军事强国最多、拥核邻国最多、陆海纠纷最多的国家之一。现实情况表明，"无论从地理方位、自然环境还是相互关系看，周边对我国都具有极为重要的战略意义"。作为与中国新疆毗邻的阿富汗，99%的阿富汗人信仰伊斯兰教，国内存在着深刻的民族、部落和教派矛盾。自从2001年美国以打击恐怖主义之名发动了阿富汗战争，在长达20年的时间里，这个国家一直都处于战乱状态，局势动荡不安，民众流离失所，根本没办法过上正常的生活。在阿富汗陷入战争20年之后，2021年4月14日，美国总统拜登正式宣布，将于2021年9月11日前撤回所有驻阿富汗美军，结束这场"美国最漫长的战争"。面对由美国亲手制造的烂摊子，美国政府"一走了之"的不负责任的行径，分析人士认为，如果美国按计划撤军，而阿富汗冲突双方无法及时达成和平协议，该国未来安全形势可能会进一步恶化。美军撤离造成某种意义上的"权力真空"或将招致一些国际恐怖主义势力再度进驻阿富汗。阿富汗位于"一带一路"沿线，又同新疆接壤，阿富汗的稳定直接关系到中国的海外利益及边疆的安全。

　　作为与中国西藏毗邻的印度，近年来，印军违背承诺，多次越过实控线进行非法活动，蓄意发动挑衅攻击，严重违反两国有关边境问题协定协议，严重违反中印军长级会谈共识，严重危害我国西南边疆的安全。在西南边境，缅甸动荡局势同样引人关注，2021年2月1日凌晨，缅甸总统温敏、国务资政昂山素季及一些民盟高级官员被军方扣押。缅甸军方随后宣布，开始实施为期一年的紧急状态，国家权力被移交给国防军总司令。在军方掌权持续将近一个月后，社会更加动荡，亲民主示威者与军方冲突升级，近期还爆发了大规模抗议活动。许多企业和店铺关闭，以示对示威者的支持。缅甸毗邻我国云南，每次爆发战端总有当地居民逃到我国境内。最严重的是在2016年，曾有少量炮弹落在我国境内，并造成人员伤亡。很显然，缅北地区持续战乱，已经给我国边境地区稳定与安全造成了严重影响。

吉尔吉斯斯坦是苏联解体后出现在中亚地区的一个年轻国家，与我国西部紧密相连，其南部与我国新疆南疆地区唇齿相依，中吉两国自建交起，双边贸易基本保持稳定增长态势，中国是吉尔吉斯期坦第二大贸易伙伴国与第二大进口来源国。吉尔吉斯斯坦是中国通往中亚的门户和"一带一路"建设的重要节点。战略位置极为重要，是中亚地区的东线门户，长期是美俄等大国争夺的目标。吉尔吉斯斯坦建国之后，在政治转型与国家建设上遇到了一些困难和问题。特别是在 2005 年爆发的所谓"郁金香革命"之后，吉尔吉斯斯坦成为中亚地区相对不稳定的国家，内部政治斗争激烈，政权更迭，经济发展困难。2010 年"4·7"事件后，吉尔吉斯斯坦实行了议会制，建立了平衡各派利益的执政联盟。但议会制的建立并没有根本改变吉的乱局，"逢选必乱"是吉尔吉斯斯坦的突出特征，2016 年 10 月 4 日，吉议会举行选举，但选举结果公布后，未进入议会的反对派开始在比什凯克市中心举行抗议，支持者很快由数百增至数千近万。造成吉局势持续动荡的原因除了大国角力，还因为吉尔吉斯斯坦是多民族国家，全国有 84 个民族。其中吉尔吉斯族占 71%，乌兹别克族占 14.3%，俄罗斯族占 7.8%。吉尔吉斯斯坦多数居民信仰伊斯兰教，其次为东正教和天主教。吉尔吉斯斯坦各地区与民族之间，在国家的发展思路上存在重大差异，动荡也就不可避免。

越南作为与中国广西和云南接壤的东南亚国家，与中国同为社会主义国家，越南自革新以来，经济发展相对较好，但随着越共政治体制的不断改革，党内的斗争也日益激烈，2006 年 6 月 1 日，被镇压的越南民主党死灰复燃，继续标榜所谓的西方民主价值观，反对一党专政。2014 年，越共内部的矛盾再次上升，一度延伸到了外交领域。典型的例子就是越南国内爆发大规模反华游行，大量的中资企业也遭到打砸烧抢。尽管后来越共中央将其定性为"反共反社会主义"的暴行，但这也从侧面反映出越共的国家掌控力之弱。越南也是一个民族众多的国家，拥有 54 个民族，京族是其主要民族。由于种种复杂原因，越南也面临着因主体民族与少数民族矛盾而引发的民族分离主义问题。

在东北，因朝核问题的存在，使得东北亚安全局势敏感脆弱，表面上看，半岛危机源于美国、韩国与朝鲜之间的冲突，好像并不能直接影响到中国，其实，中国在半岛危机中不可能做到独善其身。从朝鲜的本意看，发展核力量是对付以美国为首的排朝力量。通过朝鲜历次进行核试验可以看出，每次美韩实施大规模军演或探讨联合对朝实施军事应对措施之后，朝鲜就会发射导弹或进行核试验，而朝鲜发射导弹或进行核试验又会导致新一轮局势紧张，朝核问题不解决，半岛局势就会愈演愈烈，而半岛局势的持续恶化，必将影响中国边疆安全。朝核危机除了引发半岛局势恶化外，更重要的是，美军将会借机把大批军事力量调往东亚、东南亚地区，而日本、韩国也会以应对朝鲜威胁为由，大力发展军事力量，这是我们所不愿意看到的。

可见，我国经济社会发展形势，既面临国家发展战略调整，迎来开放发展的大好机遇，但与此同时，毗邻国家的动荡局势又为开放发展带来了不确定性因素。另外，毗邻国家的动荡局势不可避免地会对我国边疆民族地区带来潜在的威胁，如难民问题、军事安全、民族问题、外部势力渗透问题等，这种影响不仅仅是经济方面的，也会对边疆民族地区意识形态安全提出挑战。一是其"外溢效应"危及中国的边疆稳定与安全，尤其是中亚、南亚与西亚不稳恐将冲击中国的地缘"西线"，"三股势力"又将蠢蠢欲动，中国的"西部大开发"与西部安全将面临新的复杂考验；二是西方大国等乘虚而入，浑水摸鱼，侵蚀中国和平发展的地缘依托带；三是影响中国对周边地区的经济"走出去"战略，海外利益保护压力增大；四是对中国的周边外交带来新挑战，兼顾"维权"与"维稳"的难度加大，中国外交"不干涉内政"原则面临"中国责任论"的冲击；五是影响周边区域合作进程，掣肘亚洲经济一体化。

(三)国家安全形势发生新的重大变化

世界百年未有之大变局与中华民族伟大复兴的战略全局交互叠加，西方政客及媒体推卸责任，转嫁矛盾、信口雌黄，推波助澜、误导全球舆论，使得我国国家安全形势出现重大变化。

一是世界百年未有之大变局下西方呈现"抱团取暖"遏制中国的态势。出于意识形态上的对立与冲突，西方国家对话意识形态渗透就从未停止。与特朗普对华斗争单打独斗不同，拜登则喜欢与各大盟友联合起来，共同遏制中国。虽然欧盟与美国在一些国际问题上存在分歧，但在对华制裁方面则能火速达成共识，因为双方的目标都是一致的——遏制中国的发展，阻止中国的复兴。于是乎，美国和欧盟频频举起"人权""宗教"旗号，行干涉中国内政、遏制中国发展之实，先后制定对华制裁措施，众所周知，针对我国香港地区的问题，众多西方国家始终想要参与其中。而如今随着《中华人民共和国香港特别行政区维护国家安全法》的正式通过，以法国、德国以及英国为首的 27 个国家在这个问题上保持一致的态度，发表了一篇由各种虚假言论组成的联合声明，根本目的就是为了向我国施加压力。美国白宫在 2020 年 5 月发布《美国对中华人民共和国的战略方针》，全面系统阐述美国"全政府"对华战略。其中，借所谓新疆问题指摘中国人权状况，恶意攻击中国治疆政策，歪曲新疆事实，抹黑中国形象，借新疆议题对华实施遏制，已成为美国的战略之一。美国还联合英国等少数西方国家，在第 75 届联合国大会第三委员会审议人权问题时，再次借所谓"新疆问题"指摘中国人权状况，恶意攻击中国政府治疆政策。在美国的鼓噪和炒作下，新疆问题成了一个热度很高的"国际议题"。为向美国表达"忠心"，在 2021 年 3 月 18 日，中美高层战略对话的前一天，欧盟 27 国做出一项罕见举动，以所谓的新疆"人权问题"为由，宣布将对中国 4 名官员和一家实体实施制裁，这是欧盟近 30 年来首次对中国发起的制裁。在中国作出反制措施后，欧盟又以当前的形势不利于讨论中欧投资协定的相关细节为由，决定将此计划暂时搁置。作为美国的重要盟友，澳大利亚在响应美国对华遏制方面叫得最欢，伴随美国对华遏制逐步升级，澳大利亚如同跳梁小丑一般，上蹿下跳，是名副其实的西方限制中国发展的"桥头堡"。从定时参加美国在南海主导的军演，到积极响应西方对中国新疆的无理干涉，再到排挤华为等中国企业在澳的正常商业活动以及在此次疫情中高喊"中国需要割地赔款"等等行为，澳大利亚在政治上的对华强硬，则会始终和美国挂钩，现在看来短期内不会有太大变化，因为美国已经把对中国的定位上升到"全球战略竞争对手"，必然会利用一切资源和盟友对中国进行限制和打压，澳大利亚的天然位置和文化认同必然让其成为美国限华的"排头兵"和"急先锋"。

二是国际格局"东升西降"变局下，西方呈现"逢中必反"的冷战态势。国际格局"东升西降"已经成为不可逆转的趋势，所谓"东升西降"，是指以中国为代表的新兴大国综合实力在显著提升，以美国为首的西方国家综合实力在相对衰退。在全球经济深度融合的今天，西方国家企图以"脱钩""孤立""断供"等"逆全球化"的行为阻碍他国经济发展，结果是损人不利己。据美国《华尔街日报》2020 年 10 月 26 日报道，特朗普发动对华贸易战，并没有扭转美国制造业下滑的势头。叠加新冠肺炎疫情的影响，美国劳工部统计数据显示，2020 年美国失业率高达 8.12%，远高于 1948 年到 2019 年期间的平均值 5.60%。2020 年 12 月，英国学者利亚姆·哈利根在题为"英国应当在亚洲谋增长"一文中指出，过去 30 年里，西方的经济增长明显落后于亚洲。新冠疫情暴发前，西方发达经济体平均增速仅为 1.9%，新兴国家的增速则是西方的 3 倍多。2020 年西方发达经济体面临 GDP 集体收缩 5.8%，国债高达 124%。与此同时，2020 年亚洲新兴国家和发展中国家 GDP 仅收缩 1.7%，债务仅上升到 63%。除经济增长乏力导致硬实力下降外，美国等西方国家在网络安全、气候变化、疫情防控、难民问题、地区形势等全球性问题上推卸国际责任，煽风点火。新冠疫情暴发后，合作本是战胜疫情最有力的武器，但在疫情防控的关键时期，美国对世卫组织"断供"、一度"退群"。在疫苗问题上，无视他国需求和全球利益，大搞疫苗民族主义。疫情就像照妖镜，它照出了西方国家的虚伪、自私和残酷。根据 2020 年美国皮尤中心的调查数据显示，美国的国际声誉降至历史的最低点。与之形成鲜明对比的，是以中国为代表的新兴大国综合实力和国际影响力持续上升，在疫情防控中，中国本着人类命运共同体的理念，向世界 160 多个国家和地区伸出援手，向 100 多个国家和地区提供急需的疫苗，与世界携手战"役"，体现大国担当，使得国际社会对中国的整体形象好感度继续上升。

　　所谓"逢中必反"是指，某些西方国家，出于意识形态、社会制度等的差异，凡是中国的必定加以反对，即对中国的一切都感到不满，这实质上是西方势力冷战思维的表现。冷战思维是指"过于强调国家间意识形态和价值观念的对立""过于强调国家间的政治与军事安全等"[①]的一种观察国际事务的特有的思维模式和认识框架。冷战思维源于战后的美苏争霸时期，是以美国、英

---

　　① 张小明. 冷战及其遗产[M]. 上海：上海人民出版社，1998：390、392.

国为首的西方资本主义国家，出于狭隘的资本主义国家主权理念，而对社会主义国家展开的遏制与挤压。随着苏联的解体，两极格局终结，美国等西方国家的冷战假想敌消失，世界政治格局向多极化发展，但西方势力的冷战思维仍然挥之不去。作为世界上最大的社会主义国家——中国，无疑就成为他们的主要假想敌和遏制对象，"中国威胁论"等论调的提出，"大概便是这种心态的反映，也是冷战思维在新时期的表现形式"。①

比如，在涉台、涉疆、涉港，以及疫情等问题上，西方国家"逢中必反"的冷战思维表现得非常明显。香港修例风波期间，美国国会众议院议长竟然称发生在香港的示威游行是"一道美丽的风景线"。在美国警察暴力执法导致黑人乔治·弗洛伊德死亡后，在美国多地爆发抗议示威活动，美国执法部门在全美数十个城市部署了大量全副武装的执法人员，他们对和平的抗议者使用催泪瓦斯、橡皮子弹，并与这些抗议者进行直接肢体冲突，超过14 000名抗议者遭到警方逮捕，美国政客及媒体选择性失明。因抗议选举结果，2021年1月6日，数百名特朗普支持者聚集在美国首都华盛顿特区进行示威活动，向正在进行的国会联席会议施压，让其拒绝确认拜登选举获胜的结果。部分抗议者穿过美国国会大厦周边设置的障碍，与全副武装的警察扭打起来，以白人为主的抗议者携带武器暴力冲击国会大厦，打碎国会玻璃、破坏国会内部设施，还在国会内安置炸弹。美国的主流媒体都众口一词地谴责"这是暴力事件""暴徒""极端分子""恶棍""是耻辱"。同类性质的事件，西方政客及媒体都有不同的措辞和态度。这种"逢中必反"的心态可见一斑。

还比如作为文化娱乐社交软件"抖音"，中国短视频社交软件，海外版称之为"TikTok"，以美国为首的西方国家以国家安全为由，禁止抖音海外版应用"TikTok"在本国运营。显然，正如有的美国媒体所言，封禁"TikTok"更多的是美国政府的政治行为，只要是中国的公司成为新闻焦点，马上也就会成为美国政府攻击的对象。作为一款深受美国人喜爱的社交软件，美国政府在拿不出任何证据的情况下对中国企业做"有罪推定"并发出威胁，暴露了美方所谓维护公平、自由的虚伪性和"逢中必反"的意识形态偏见。

---

① 张小明. 何为"冷战思维"[J]. 世界经济与政治，1997(4).

新冠疫情暴发后，西方媒体及政客对中国政府负责任和公开透明的抗疫举措视而不见，大搞"政治化""污名化""标签化"，一定要把"病毒之源"强加给中国，甚至四处鼓动"秋后算账"向中国巨额"索赔"；中国战疫率先取得阶段性重要成果，形势稳定向好，他们硬说中国"隐瞒疫情""虚报死亡人数"；国际点赞中国援助他国抗疫，他们制造"劣品出口论"，炒作"检测剂无效论"，指责中国"利用援助搞政治宣传"，甚至耸人听闻地散布中国用"口罩外交""争夺地缘政治影响"……世界上总有那么一些人，或出于政治偏见，或出于不可告人的目的，不管中国做什么、怎么做，他们都要反对，都要说三道四。凡中国主张倡导的，在他们看来都是对他们所代表的利益和秩序的挑战，对他们"权威"和"世界领袖"地位的挑战。这种"逢中必反""逢中必闹"已成常态，在此次战疫中表现得淋漓尽致。

三是"逆全球化"潮流下国家安全面临的风险点在增加。暗涌流动的"逆全球化"风潮，已经成为影响当前世界和平与发展的最大障碍。西方势力谋求政治私利，开全球化的倒车。在国际上制造假想敌，把国际规则当"儿戏"；在国内煽动民粹主义，转嫁国内矛盾制造对抗，凡此种种。在经济全球化已经高度发展的今天，需要高度警惕"逆全球化"衍生的危害国家安全的风险。

国家安全具有总体性、系统性，牵一发而动全身，综合"逆全球化"的种种表现，从总体国家安全观的高度透视"逆全球化"衍生的国家安全风险，需要重点防范经济、政治和军事等领域的风险。其一，经济风险。经济安全是国家安全的基础。西方国家推行贸易保护主义、新重商主义、单边主义等"逆全球化"措施，很大程度上恶化了中国经济发展的外部环境，增大了国内经济发展的压力，使得中国经济在金融安全、国际贸易安全、战略资源储备安全、粮食与能源供应安全等经济领域都面临潜在的风险。比如，金融安全是经济安全的重点，当前中国与世界各国的金融市场已经高度交融，西方国家通过货币扩张、降低银行利率、资产证券化等政策和手段持续对中国经济施压，势必会对我国金融体系带来严峻挑战。其二，政治风险。政治安全是国家安全的根本。西方国家不仅在经济领域对中国持续施压，在政治领域也是无所不用其极。西方政客及媒体运用冷战思维和双重标准，鼓噪"中国威胁论""中国负责论""中国修正论"等，无底线地丑化、污蔑中国，煽动西方社会对中国的仇恨，企图恶化中国发展的外部环境，达到孤立中国之目的。对于中国内政也是横加干涉，插手香港事务支持乱港分子、挑战一个中国原则的红线为"台独"分裂势力撑腰壮胆、"孜孜不倦"地抹黑新疆棉花，明里暗里支持新疆恐怖势力。面对西方国家"逢中必反"的态势，政治风险变得更加复杂。其三，军事风险。军事安全是国家安全的保障。此轮"逆全球化"风潮与世界百年未有之大变局交互叠加，"西方之乱"与"中国之治"的鲜明对比，使得以美国为首的西方国家加大了对中国的军事威胁，美国联合其"盟友"出于牵制中国发展的目的，不遗余力地炒作台海、南海、钓鱼岛问题，美国航母编队和侦察机频繁在南海和东海兴风作浪，美国侦察机抵近中国防空识别区的频次增多，挑衅中国的力度空前，使得我国军事安全风险加剧。

二、经济社会发展形势新变化对民族地区的影响

民族地区因经济发展相对脆弱，以及滋生社会问题的原因复杂。面对经济社会发展的新形势，民族地区改革发展的任务、意识形态斗争形势，以及社会治理的难度等方面都会引发新的变化，从而制约民族凝聚力建设。

(一)民族地区改革发展的任务将更加艰巨

发展是第一要务，改革是发展的动力，面对新形势新任务，以及国内外经济社会发展面临的新挑战，必然使得民族地区改革发展的任务变得更加艰巨。主要有以下表现。

一是民族地区经济发展的压力在增大。西方国家歇斯底里地对我国进行意识形态攻击，不遗余力地以打击中国为主要目的推行"逆全球化"，不可避免地会对我国经济发展带来挑战和压力，一定程度上会增加我国经济社会发展的压力和风险。民族地区因经济相对落后和产业相对脆弱，其对经济发展形势变化的反应也是极其敏感的。比如，从产业结构上看，长期以来，我国边疆七省区均以第一产业——农业为主，使得边疆民族地区产业竞争力相当程度上要依赖第一产业，由于农业产业链条短、产品附加值低，受市场和气候变化的影响较大。面对当前我国经济发展下行的压力，以及西方国家遏制中国发展的行径，比如，西方国家借口"强迫劳动"和"侵犯人权"打压中国新疆棉花，这或多或少会对新疆农业发展带来一定程度的影响。因此，从国际

国内经济发展形势来看，边疆民族地区面临的发展压力是可想而知的。

二是经济发展转型升级的难度在增加。实现经济社会高质量发展，是当前乃至今后一个时期我国经济社会发展的主题。但发展要转型升级，就离不开人才，在全国各地都推动高质量发展的形势下，各地加大了对吸纳人才的力度，许多地区出台了吸引人才落户的丰厚政策。然而，边疆民族地区因其经济实力、地理位置，以及发展平台相对不足等方面的原因，在吸引人才方面无疑处于不利地位，引进高层次人才难、留人也难的困局多年来一直没有根本改变，曾有数据统计："甘肃省内49所高校在2012年至2017年流失人才2600人，约为引进人才数的三分之一，大部分流向北上广深以及东部省区等经济较为发达的地区，且大多是在西部地区培养成长起来的高层次人才，而引进的却大多是需要重新培养的青年人才。"[①]显然，边疆民族地区人才流失之严重和人才吸纳能力之不足，与国家西部大开发战略的人才需求是一对矛盾。由此，人才短缺就成为制约西部边疆民族地区高质量发展的最大难题。

三是民族地区需要培育新的经济增长点。民族地区长期以来因产业结构较为单一，经济发展动力和持续性难以保障。比如，新疆的产业结构在边疆省份最具代表性，新疆"农业内部种植业比重偏大，畜牧业现代化发展水平偏低，农牧产品附加值低且缺乏具有影响力的品牌；工业仍以高能耗的重工业为主；第三产业中商贸、餐饮等传统服务行业比重大，而信息咨询、人工智能、金融保险等新兴行业比重较小等等。"[②]但是，新兴产业的发展需要资金、人才、交通、市场等作为保障，也就是说，产业结构的转型升级是一个系统工程，短期内难以取得成效。边疆民族地区要培育新的经济增长点，面临的难度可想而知。但是，要实现高质量发展，加快边疆民族地区的发展步伐，培育新的经济增长点又是客观需要。因此，如何通过改革培育新的经济增长点，就成为边疆民族地区实现高质量发展面临的重要任务。

(二)民族地区意识形态斗争形势将更加严峻

经济社会发展形势的复杂性，使得意识形态领域斗争形势更加复杂。民

---

① 杨洁、孙庆玲、叶雨婷. 如何为西部人才流失"止血"[N]. 中国青年报，2021-3-22(05).

② 郑宇. 当前中国边疆民族地区经济发展态势与突显问题解析[J]. 西南民族大学学报(人文社科版)，2020(3).

族地区又因其自身特殊性，意识形态斗争形势将会更加严峻。这种复杂严峻性主要表现在以下方面。

一方面，社会主要矛盾变化会滋生意识形态新问题。人民群众美好生活需要与发展不平衡不充分之间的矛盾是新时代我国社会的主要矛盾。那么，新矛盾必然带来新问题，人民群众美好生活需要，意味着人民群众不仅在物质文化生活方面有更高要求，在政治、民主、法治等方面的要求越来越高。但由于我国仍处于社会主义初级阶段，制约人民群众美好生活的因素仍有很多。这样，美好生活需要的多样性与发展的不平衡不充分，客观上增加了意识形态工作的难度。比如，与人民生活密切相关的教育、医疗、就业等民生问题，因各地发展的不平衡不充分，以及个人能力、收入水平等方面的差异，很难保障所有地区、所有个体都能享受到同等优质的资源，加上人们对美好生活的认知程度不到位（如将美好生活理解为同等富足程度、同等水平的生活），由此人们对美好生活的理解就会陷入各种误区，美好生活奋斗目标的意识形态激励、凝聚功能就难以发挥。边疆民族地区因经济发展相对落后，无论在民生领域，还是在经济发展等方面，制约人民群众过上美好生活的因素自然更多。因此，滋生意识形态安全问题的因素也会更多。比如，边疆民族地区的群众外出务工人员较多，外出务工导致大量年轻劳动力常年在外，使得个别村落"空心化"非常严重，传统习俗和村寨文化流失严重，常年外出务工使得许多年轻人对家乡的认同感在减弱，民族文化传承也遇到难题。许多人富了口袋却穷了脑袋，这与国家富民兴边的初衷相背离，民族文化中民族团结一家亲的文化基因得不到传承，从而制约了意识形态凝聚力功能的发挥。

另一方面，西方意识形态渗透力度加大，隐蔽性更高，意识形态安全防范的难度更大。民族地区历来是西方势力进行意识形态渗透的重点。当前，西方国家歇斯底里地遏制围堵中国发展，必然会不遗余力地将边疆民族地区作为意识形态渗透的突破口。从当前来看，西方势力意识形态渗透方式花样频出，近些年来，西方国家借助强大的网络优势，加大文化渗透的深度、广度。一些敌对分子通过销售影视作品、传教、民族文化交流等各种途径和方式，对民族地区渗透有害的价值观念，大肆鼓吹西方国家"优越"的人权，政治上对中国共产党的领导和社会主义制度进行丑化、矮化和妖魔化，甚至直接与国内的敌对分子相勾结，从事有损社会稳定和国家安全的不法活动等。为达到搞乱中国的目的，西方势力甚至直接纵容和支持恐怖分子破坏我国边疆安全。近些年来，以美国为代表的西方国家在反恐问题上大搞双标，2019年9月22日，美国务卿蓬佩奥在会见中亚五国外长期间谈及涉疆问题，称中方在新疆的行动与反恐无关，呼吁所有国家拒绝向中方遣返维吾尔族人。2020年11月，时任美国国务卿蓬佩奥宣布撤销将"东突厥斯坦伊斯兰运动"（ETIM）定性为恐怖组织的决定。美国对自己和盟友国内发生恐怖袭击满腔怒火，对祸乱中国的恐怖分子却"慈悲为怀"。美国众议院议长佩洛西、"美国国家民主基金会"主席等政客曾为"世维会"头目颁发所谓"民主贡献奖"。近年来，更有多名美国高官会见"东突"势力，为其捧场站台。可见，美国政府及其西方政客为达到搞乱中国的目的，可谓不断刷新人类的底线。不仅如此，近来，美国部分政客、非政府组织、行业协会、媒体等掀起了一股炒作所谓新疆"强迫劳动"问题的逆流，并借机推出与之相关的"法案"、制裁和外交动议。美国大肆炒作所谓新疆"强迫劳动"问题，也潜藏着对中国进行全方位舆论抹黑、对中国进行外交孤立的险恶用心。在美国的鼓噪和怂恿下，包括英国、法国、德国在内的欧洲主要大国近来在涉疆问题上也动作频频。相关国家的议员、非政府组织、宗教团体异常活跃，要求本国政府在涉疆问题上对中国"示强"。可以说，为了乱疆反华，美国反华势力已经到了无所不用其极的疯狂地步。另外，与国内其他地区比较，我国民族地区经济社会发展相对滞后。曾经一段时间，境内外敌对势力常将贫富差距和一些细微普通的社会问题引申到民族问题上，侵蚀边疆民族地区民众的思想，消解"五个认同"的理论阐释力。

（三）民族地区社会治理的难度将更加复杂

社会治理与民族凝聚力建设直接相关，有效的社会治理，能缓和社会矛盾，体现社会主义制度的优势，促进社会和谐。但是，经济社会发展形势的复杂，也会对社会治理提出新的挑战，增加民族凝聚力建设的难度。

一是网络信息化增加社会治理难度。网络信息化在加速社会信息生产和流动的同时，由于人人掌握麦克风，也会对社会治理提出新的课题。边疆民族地区在民生领域、民族问题、风俗习惯等方面问题更多，良莠不分的网络信息，极易滋生社会问题和价值认同冲突，影响民族团结。网络信息化，使得无人不网、无处不网，人们获取信息的渠道更加多元，据华经产业研究院（CNNIC）统计显示，截至 2020 年 12 月，我国网民规模为 9.89 亿，其中手机网民规模为 9.86 亿，网民中使用手机上网的比例为 99.7%。从网民年龄结构来看，20～29 岁、30～39 岁、40～49 岁网民占比分别为 17.8%、20.5%和 18.8%，高于其他年龄段群体；50 岁及以上网民群体占比由 2020 年 3 月的 16.9%提升至 26.3%，互联网进一步向中老年群体渗透。从网民学历结构来看，初中、高中/中专/技校学历的网民群体占比分别为 40.3%、20.6%；小学及以下网民群体占比由 2020 年 3 月的 17.2%提升至 19.3%。从收入结构来看，月收入在 2 001～5 000 元的网民群体占比为 32.7%；月收入在 5 000 元以上的网民群体占比为 29.3%；有收入但月收入在 1 000 元及以下的网民群体占比为 15.3%。从以上数据可知，网民的信息获取方式、收入水平、年龄结构等都意味着，以手机为主的网络信息获取方式，加上许多年轻网民信息甄别能力的不足，极易引发思想混乱，干扰思想认知和价值认同。

二是经济转型发展同样会带来社会治理难题。民族地区同全国一样，都要面临经济发展战略转型的战略任务。但由于民族地区经济发展基础相对薄弱，势必面临更为艰难的转型发展难题，转型发展难势必造成发展压力增大，与经济发展基础较好的地区相比，其发展差距可能会进一步拉大，由此就会制约民族地区群众对美好生活的追求，进而会滋生一系列社会矛盾，增加基层社会治理难度，影响社会主义意识形态凝聚力建设。这里的经济转型发展包括经济由"有没有"到"好不好"的发展，也就是经济高质量发展，因为只有实现高质量发展，才能加快民族地区经济的战略转型，以可持续的发展满足边疆群众过上美好生活的愿望。但如果转型升级不成功或者转型低效，意味着社会主要矛盾就得不到切实的缓解，由此带来的社会矛盾就会增多，从而增加社会治理难度。另外，边疆民族地区还面临脱贫攻坚向乡村振兴的发展任务转变，如果说脱贫攻坚更多的是靠"输血"，解决的是"有没有"的问题，乡村振兴则主要靠"造血"，解决的是"好不好"的问题。这一战略任务的转变，客观上对民族地区的发展方式提出新的考验，同时也对基层社会治理提出许多新的课题。因为相对于脱贫攻坚，乡村振兴要求民族地区更多的要靠内部挖潜，民族地区群众要摒弃"等靠要"的思想。因此，发展任务的转型以及思想观念的转变，都会对社会治理带来许多新的课题。实际上，攻坚脱贫任务的胜利完成，边疆民族地区群众的生活水平已经有了极大改善，但是发展起来之后，面临的社会治理问题会变得更加复杂，在凝聚人心方面的任务更加艰巨。巩固党的执政基础和群众基础，不要以为物质生活水平高就可以了，这个认识是不全面的。在提高人民生活水平的同时，还要大力弘扬社会主义核心价值观，向人民讲清楚好日子是怎么来的。同时还要创新社会治理，满足人民对更公平的社会机会、更安全的社会环境的需要，才能更好增强社会主义意识形态认同。

三是开放发展客观上也会增加社会治理难度。开放发展背景下，民族地区已经成为对外开放的前沿，通过"一带一路"，边疆民族地区与沿线国家交流的机会在增加，这在客观上有利于边疆地区加快自身发展的同时，国外动荡的社会局势，以及频繁的跨国交流也会带来一系列社会问题，影响民族地区社会治理。比如，云南紧靠缅甸，多年来，由于缅甸国内在中缅边境交战频繁，导致数万百姓背井离乡，大批缅甸难民涌入中国以寻求避难。据统计，缅甸有多达3万难民涌入中国国境，这些难民多为妇女、儿童和老人。在这些难民中，不可避免地混有各类不明身份的人员，这就直接对边境地区社会治理带来安全隐患。

第三节　民族分裂势力的分裂活动带来的挑战

民族分裂势力历来是影响我国国家安全和民族团结的最大隐患。党的十八大以来，在以习近平同志为核心的党中央的坚强领导下，我国民族团结、社会稳定，人民安居乐业。但这并不意味着民族分裂势力就此偃旗息鼓。实际上，民族分裂势力从事国家分裂的活动从未停止，对此必须警钟长鸣，不能掉以轻心。

一、西方势力为民族分裂活动推波助澜

反分裂是任何主权国家维护主权和领土完整的最重要的国家行为，世界各国政府都高度关注国家内部的反分裂斗争。分裂主义是指破坏国家领土完整而使用暴力，以及策划、准备、共谋和教唆从事上述活动的行为。分裂能瓦解一个国家一个民族的意志和发展潜力，造成不可挽回的恶果。长期以来，西方反华势力为达到遏制中国发展的目的，不遗余力地从事着分裂中国的活动，其中，新疆、西藏是其分裂中国的主要着眼点。可以说，近代以来，从大英帝国到沙俄到后来的苏联和美国，几乎所有视中国为敌的西方列强都有过将新疆、西藏分裂出去的图谋。归纳当前西方反华势力分裂中国的伎俩主要有如下表现。

一是坚持"双重标准"，扶植民族分裂势力。西方势力出于地缘政治目的，故意制造地区混乱，支持新疆、西藏分裂主义和恐怖主义活动，企图破坏中国稳定，遏制中国发展。近年来，以美国为首的少数西方国家频繁拿新疆说事，牵强附会、无中生有、栽赃陷害，无所不用其极，企图把新疆变成掣肘中国的工具，恶化中国的发展环境，最终阻止中国的崛起。长期以来，美英便开始直接把新疆作为遏华抓手，支持分裂主义和恐怖主义势力。随着苏联解体，美国新保守主义势力的目标从反苏转向了"遏制中国在中亚地区的影响力"。美英情报机构通过支持"泛突厥主义"来削弱俄罗斯和中国，实现维护单极世界的目标。美国等西方国家无视"东突""疆独"从事恐怖活动的事实，2004 年以来，美国国家民主基金会向"世维会"反华机构和极端组织投入 876 万美元，用于反对中国的新疆政策，在新疆地区传播极端思想。发生在新疆的分裂主义活动完全是西方一手扶持起来的。在极端思想的鼓动下，大批恐怖分子从阿富汗、巴基斯坦、叙利亚战场进入新疆，一些暴恐组织公开发出袭击中国人的号召。1997 年至 2014 年，"东突"组织频繁策划发动恐怖袭击，造成超过 1 000 名平民死亡。但在西方媒体的报道中，往往看不到这些事实。西方刻意掩盖相关组织与基地组织等恐怖组织的密切联系，回避其暴力和恐怖主义言论。2020 年 11 月，美国时任国务卿蓬佩奥甚至将"东伊运"从恐怖主义组织名单中删除。对于西藏民族分裂势力，西方国家同样明目张胆地给予

扶植。西藏自古就是中国的一部分，根本不存在达赖集团和一些外国势力所谓的"西藏问题"。所谓"西藏问题"是帝国主义为了侵略、瓜分和遏制中国而炮制出来的。1888年、1904年英国两次武装入侵西藏，但是由于西藏人民在全国人民的支持下英勇反抗，使侵略者用武力把西藏从中国分裂出去的图谋没有得逞，外国势力由此转而在西藏地方统治集团上层培植代理人。美国在第二次世界大战后直接插手西藏事务，干扰破坏中国统一和人民解放事业。西藏地方上层反动集团为了永远维持政教合一的封建农奴制度，不惜与外国势力勾结，先是武力抗拒西藏和平解放，后是发动武装叛乱反对民主改革。1954年，美国中央情报局在藏人中招募特工人员，送到关岛、琉球、科罗拉多州等地训练，而后秘密送回国内，通过边境偷运、空投等方式给他们提供武器弹药，进行分裂叛乱活动。西方反华势力频繁挑战中国红线，虽然不能改变西藏是中国不可分割的一部分的事实，但是其对我国民族团结和社会稳定带来的恶劣影响是不容小觑的。

二是发动舆论攻击，企图离间民族感情。西方国家利用其掌握的强大的舆论工具，信口雌黄，妖魔化中国。在涉疆、涉藏等问题上向国际社会散布谣言和虚假信息。典型的案例如"强迫劳动"论、"种族灭绝"论。个别西方企业和组织蔑称新疆棉花种植存在"强迫劳动"，进而抵制新疆棉花。一些西方学者和媒体指责新疆存在"强制堕胎""强制节育"等行为。2021年3月，美国国务院发布的《2020年国别人权报告》甚至直接称中国政府在新疆进行"种族灭绝"。就这样，在一帮西方反华政客、反华智库学者和反华媒体的共同打造下，一条涉疆谣言"产业链"诞生了。在他们塑造的颠倒黑白的世界里，新疆维吾尔族民众似乎在"极端压迫"下，生活在水深火热之中；而民族分裂主义组织和暴恐团体则变成了宣扬"和平""非暴力"的使者、正义的化身。西方舆论机构对中国的各种攻击可谓目不暇接，它们显然已经不是简单的新闻报道，而是构成了颇具规模的对华"舆论战"。而且西方情报机构明显加入了进来，成为这场对华舆论战的操纵指挥者。美国、英国、澳大利亚的相关机构参与得最多，它们是"五眼联盟"国家的主要成员。尽管西方媒体及政客在撒弥天大谎，但由于"西强我弱"的话语格局，其对国际舆论的误导却是不容忽视的。同时，也会在一定程度上误导民族群众，离间民族之间的感情。

二、国内分裂势力及其分裂活动暗流涌动

民族地区意识形态领域从来不是一个平静的港湾，民族分裂势力在意识形态领域散布的民族分裂思想和宗教极端思想，是破坏边疆稳定、国家安全和民族团结的毒瘤。同时，民族分裂势力或明或暗从事的民族分裂活动从来没有停止过，风平浪静的背后往往暗涌流动，与民族分裂势力的斗争是个长期的过程。从当前来看，国内民族分裂势力的分裂活动又有新的花样。

一是相互勾结。2018 年 11 月 8 日，根据香港《大公报》披露，"港独"分子及"台独"组织"台湾公义会"，将趁香港立法会九龙西补选及台湾"九合一选举"带来的政治氛围，于 11 月 25 日和 26 日在台北，举办以"台海大危机和东亚大陆各民族反抗运动大联合"为主题的所谓研讨会，共商"抗中大计"。在所谓的"受邀名单"中，显示出席者除境外反华分子外，也包括"疆独""藏独""蒙独"等势力及日本军国主义分子。"五独"窜聚，大讲分裂国家的言论。

二是混淆视听。利用学术、小说诗歌、文艺演出、音像制品、网络媒体等，搞乱人们的思想观念，是民族分裂势力采用的主要伎俩。以"疆独"为例，长期以来，境内外民族分裂势力在意识形态领域大肆歪曲、编造、篡改新疆历史，以唯心主义的国家观、历史观为基础，以建立"东突厥斯坦伊斯兰共和国"为政治目的，以"新疆独立论""宗教至上论"等为主要内容，夸大文化差异，煽动民族隔阂和仇恨，企图搞乱新疆的意识形态。新疆自古就是中国不可分割的一部分，历史问题是重大政治原则问题，但对历史问题的不同看法和不同解读，会直接影响各族干部群众对伟大祖国、中华民族、中华文化、中国共产党、中国特色社会主义的认同。"疆独"分子极力否定我国历代中央政权对新疆地区的管辖，否定新疆各民族都是中华民族大家庭血脉相连的成员，否定新疆各民族文化是中华文化的组成部分，否定新疆历来是多种宗教并存的地区。致使一些人对新疆的历史、民族、文化、宗教等问题产生错误认知。

三是里应外合。里应外合，是指国内分裂势力与国外分裂势力串通一气，从事分裂国家的行动。2021 年 4 月 2 日，中央国际电视台（CGTN）拍摄制作的第四部新疆反恐纪录片《暗流涌动——中国新疆反恐挑战》，片中披露了希

尔扎提·巴吾东案和沙塔尔·沙吾提里应外合从事和支持恐怖活动的案例。希尔扎提·巴吾东为达到分裂国家目的，以党员领导干部身份为掩护，长期策划实施分裂国家活动。其以宗教为幌子，采取政治拉拢、宗教扶持、经济帮助、法律庇护等方式，唆使、支持、纵容分裂分子和宗教极端分子，公开宣扬宗教极端思想和民族分裂思想，为实施分裂国家、暴恐活动培植思想土壤，提供行动环境；其长期在和田地区墨玉县充当"三股势力"保护伞；在经济上扶持分裂分子，积极储备分裂资金，并主动或者通过境内分裂分子勾结境外分裂势力，以达到分裂新疆的目的。自 2002 年起，沙塔尔·沙吾提担任新疆维吾尔自治区教育工委副书记、自治区教育厅党组副书记、厅长、自治区基础教育课程改革领导小组组长期间，在其授意下，大量宣扬民族分裂、暴力恐怖、宗教极端等内容的文章，被编入 2003 版和 2009 版教材。该教材中具有民族分裂、暴力恐怖、宗教极端等内容的问题课文共计 84 篇，其中 2003 版 41 篇，2009 版 43 篇。该批教材在全疆印发近 2 500 余万册，时间长达 13 年之久，232 万名维吾尔族在校学生及数万名教育工作者使用该教材，造成极其严重的危害后果。影片重点揭示了新疆虽连续 4 年多未发生暴恐事件，但仍面临来自恐怖主义和极端主义的严峻挑战，以事实驳斥西方所谓新疆"过度反恐"、"种族灭绝"谬论，彰显新疆依法持续开展反恐、去极端化工作的正当性和必要性。

三、民族分裂势力思想渗透渠道的多元化

民族分裂势力分裂国家的野心不死，会利用各种方式和渠道传播其极端思想，有些打着"合法"的幌子从事着非法的勾当，尤其会借助网络的便利化变着花样地进行流毒传播。对此必须予以高度警惕。在传播的对象中，农村和基层社区的老年人或生活困难群体往往成为重点毒害对象。这类群体由于防范意识差，面对现实困难和思想困惑一时又找不到疏通的渠道，这就为极端思想的传播提供了机会。

一是打着"文化"的幌子向群众渗透。当前，我国农村地区群众性文化活动缺乏有效治理、缺乏价值认同和缺乏时代创新，难以满足农村群众对高质量文化生活的需要。比如，当前基层群众文化活动过于强调娱乐性，轻视活

动的价值导向性，以"热闹不热闹"取代"满意不满意"也成为目前农村群众性文化活动面临的突出问题。在文化监管相对薄弱和高质量的文化活动相对缺乏的农村，大量"低级趣味"和"哗众取宠"的活动必然会沉渣泛起。不但污染了乡村文化生态，也会将部分意志薄弱者引向歪路或邪路。重经济利益，缺思想性。不是以促进乡村振兴，帮助农民提升思想觉悟为初衷，而是从农村群众急切改善物质生活水平出发，用经济利益诱引农村群众性文化活动。主要热衷于赶场子赚钞票，是非不分、善恶不辨、以丑为美的"农村文化大舞台"一场接着一场，赚得的是一时的经济利益。显然，如果农村群众性文化活动忽视凝魂聚力的作用，不能让群众有文化认同感和获得感，自然也就发挥不出凝聚人心、开启心智和引领风向的强大精神力量。这就为民族分裂势力进行极端思想的传播提供了机会。

二是打着"宗教"的幌子向群众渗透。宗教是人类社会发展到一定历史阶段出现的一种文化现象，属于社会特殊意识形态。我国实行的是宗教信仰自由的政策。但宗教与邪教和极端思想有着本质的区别，宗教是人们的思想信仰，邪教是别有用心的人编造的异端邪说。宗教极端思想则是一种打着宗教旗号出现的一种极端主义思潮。宗教倡导的社会关系应是和谐、和睦，宗教推崇的文化应是和合、宽容。宗教极端思想，就是歪曲宗教信仰的本意，以错误的解读、偏激的阐释，诱使人离开信仰的正道而堕入歧途。民族分裂势力在传播极端思想时，常会将其极端思想包装成宗教的形式对外兜售。宗教本是人们对崇高和超越的精神追求，并体现着生动的现实关怀，如基督教宣传"博爱"，伊斯兰教强调"和平"，佛教追求"觉悟"。但在复杂的环境下，"三股势力"的作祟容易使纯正的信仰被歪曲，宗教思想被错误利用。利用宗教信仰从事和掩饰民族分裂主义，进行反社会、反人类的恐怖行为，是对宗教信仰及其核心价值的背叛和亵渎，也是对宗教基本道德观念和社会伦理的伤害和摧残。因此，打着"宗教"的幌子进行极端思想传播，从事分裂国家的行径，具有一定的迷惑性，这是维护宗教信仰自由，用社会主义意识形态引领教育群众中需要注意的问题。

三是打着"强身健体"的幌子传播极端思想。民族分裂势力还会打着驱邪治病、强身健体的幌子向缺乏辨识能力的群众进行极端思想渗透。人人都渴望拥有健康的身体，但在现实生活中，有些人常常体弱多病，在求医无门，或者无钱治疗的情况下，这些人就会病急乱投医，这种心理极易被一些别有用心的人所利用。因此，民族分裂势力思想渗透渠道的多元化，增加了防范民族分裂势力从事极端思想渗透的难度，同时，也为中华民族凝聚力建设带来了挑战。堵住极端思想传播的渠道，需要时刻保持高度警惕。

第五章　新时代中华民族凝聚力建设的时代际遇

中华民族凝聚力建设扎根于生动的社会实践。新时代新机遇，党的十八大以来，社会主义建设的伟大成就，疫情防控过程中显现出中国社会主义制度相较于西方制度的巨大优势，以及党中央对民族工作的高度重视，为新时代中华民族凝聚力建设，筑牢中华民族共同体意识提供了时代际遇。

第一节　社会主义建设伟大成就带来的时代际遇

中国共产党成立百年，新中国成立 70 多年，改革开放 40 多年来，尤其是党的十八大以来，我国改革开放和社会主义现代化建设取得巨大成就，使人民群众有了切实的获得感、幸福感和安全感。物质决定意识，伟大成就客观上增强了中华民族凝聚力建设的话语底气和实践底气。为此，要及时将人民群众的获得感、幸福感、安全感转化成对党的领导、对中国特色社会主义道路的认同感就显得尤为迫切和重要。

一、以边疆地区为代表社会主义现代化建设取得伟大成就

中国特色社会主义现代化建设取得翻天覆地的巨大变化，其中，作为民族凝聚力建设重心的边疆民族地区更是旧貌换新颜。得益于国家的政策扶持，边疆民族地区和全国一起进入新时代。党的十八大以来，以习近平同志为核心的党中央亲自为民族地区发展谋篇布局。结合边疆民族地区独特优势，习

近平总书记多次就民族地区经济社会发展做出重要指示和批示，为新时代民族地区跨越式发展厘清了思路、明确了方向。

党的十八大以来，习近平总书记立足于民族地区实际，亲自为各地改革发展谋篇布局，为民族地区跨越式发展指明了方向和道路，极大增强了各族群众过上美好生活的信心。

作为地处西南的广西，是我国少数民族人口最多的省份，居住着汉、壮、瑶、苗等12个世居民族和满、蒙、白、藏、黎等其他44个民族。针对广西发展问题，习近平总书记多次给予具体指导。2015年，习近平总书记参加两会广西代表团审议时，明确提出广西发展的"三大定位"，并强调"形成这个格局，广西发展这盘棋就走活了。"[①]2017年、2021年习近平两次亲临广西考察，其间，提出"五个扎实"新要求，提出广西要主动对接长江经济带发展、粤港澳大湾区建设等国家重大战略，融入共建"一带一路"，高水平共建西部陆海新通道，大力发展向海经济，促进中国－东盟开放合作，办好自由贸易试验区，把独特区位优势更好转化为开放发展优势。这为新时代广西开放发展、创新发展、绿色发展、高质量发展明确了方向，提供了遵循。针对广西攻坚脱贫问题，提出要用绣花的功夫实施精准扶贫，做到决不让一个少数民族、一个地区掉队，如此等等。正是以习近平同志为核心的党中央对广西的精准指导，使得广西发展步入快车道。北部湾畔，海阔天宽，千帆竞发，陆海贸易大通道正悄然改变着中国的物流格局，广西服务中南、西南地区支点作用日益凸显，"一带一路"有机衔接重要门户逐步形成。2012—2019年，全区累计减少贫困人口932万人，年均减贫116.5万人，46个贫困县摘帽，贫困发生率从18%降至0.6%。2019年广西贫困地区农村居民人均可支配收入达13 676元，比2015年增加4 209元，年均增长9.63%，增幅高于全区平均水平。日新月异的深刻变化，极大增强了广西各族群众的发展信心。

党的十八大以来，习近平总书记高度重视西藏工作，相继召开的对口支援西藏工作20周年电视电话会议、中央民族工作会议、中央统战工作会议，

---

① 八桂大地起春潮——以习近平同志为核心的党中央关心广西发展纪实[N]. 人民日报，2018-12-09(01)

分别就对口支援西藏工作的方略、民族问题、统一战线等全局性问题进行了全方位部署。党的治藏方略内涵也随之不断深化，体系不断完善。一是提出了治国必治边、治边先稳藏的重要战略思想，2015 年 8 月 24 日，习近平总书记在中央第六次西藏工作座谈会上全面阐释了党的治藏方略，提出"六个必须"的治藏方略。二是明确工作重点，提出抓好稳定、发展、生态、强边四件大事。在推动青藏高原生态保护和可持续发展上不断取得新成就，奋力谱写雪域高原长治久安和高质量发展新篇章。以习近平同志为核心的党中央立足实际，着眼长远，深入研究西藏经济社会发展和长治久安大计，做出一系列重大决策部署，为雪域高原绘就了面向未来的宏伟蓝图，开启了西藏自治区经济快速发展、社会事业全面进步、群众生活水平明显提高、社会大局持续稳定的全新局面。新中国成立 70 多年来，西藏经济社会全面发展进步，从"一无所有"到"应有尽有"，2018 年底，拉萨贡嘎国际机场扩建完成，这是西藏民航史上的标志性成就。如今，西藏基本形成以公路、铁路、航空为主体的综合立体交通网络，西藏公路通车里程达到 9.78 万千米，全区所有县通公路。西藏农牧业现代化程度不断提高。2018 年，西藏农林牧渔业增加值实现 134.14 亿元，粮食产量达到 104.9 万吨。现代工业从无到有，不断发展壮大。西藏已建立起一个包括能源、轻工、食品加工、民族手工业、藏医药等 20 多个门类的现代工业体系，工业增加值从 1959 年的 0.15 亿元增加到 2018 年的 114.51 亿元。全域旅游快速推进。2018 年接待游客 3 368.73 万人次，实现旅游总收入 490.14 亿元。西藏正在党中央的亲切关怀下，谱写人间奇迹。

对于地处西北、占陆地国土面积约六分之一疆域的新疆，习近平总书记时刻牵挂着这片土地，牵挂着新疆各族人民群众。党的十八大以来，习近平总书记多次就新疆发展做出重要指示和批示。从提出新疆发展新定位，到对新疆工作做出新部署，明确提出做好新疆工作的一系列新要求。提出新疆工作的着眼点和着力点要放在社会稳定和长治久安上，这是做好当前新疆工作的总目标。对于新疆发展布局，习近平总书记指出，新疆在建设丝绸之路经济带中具有不可替代的地位和作用，要抓住这个历史机遇，把自身的区域性对外开放战略融入国家丝绸之路经济带建设、向西开放的总体布局中去。新时代党的治疆方略引领新疆发展取得丰硕成果。2014 年至 2019 年，新疆地区生产总值由 9 195.9 亿元增长到 13 597.1 亿元，年均增长 7.2%，人均可支配收入年均增长 9.1%，累计脱贫 292.32 万人，建成农村安居工程 169 万余套、城镇保障性安居工程 156 万余套，1 000 多万群众喜迁新居，贫困家庭义务教育阶段孩子因贫失学辍学实现动态清零，贫困人口基本医疗保险、大病保险参保率均达 100%。截至 2019 年，新疆累计脱贫 292.32 万人、退出 3 107 个贫困村、摘帽 22 个贫困县，贫困发生率由 2014 年的 19.4% 降至 1.24%。其中，南疆 4 地州累计脱贫 251.16 万人、退出 2 683 个贫困村、摘帽 16 个贫困县，贫困发生率由 2014 年的 29.1% 降至 2.21%。这一前所未有的成就，是党中央坚强领导的结果，是全党全国人民共同奋斗的结果，伟大的发展成就极大增强了新疆各族群众对过上美好生活的信心。

作为地处祖国北部边疆的内蒙古自治区，习近平总书记也多次给予指导，对于内蒙古的发展定位，在 2021 年 3 月 5 日，习近平总书记在参加十三届全国人大四次会议内蒙古代表团审议时，提出把内蒙古建设成为我国北方重要生态安全屏障，祖国北疆安全稳定屏障、建设国家重要能源和战略资源基地、农畜产品生产基地，打造我国向北开放发展重要桥头堡的战略定位。新中国成立 70 多年来，内蒙古自治区不断筑起成就的大厦：经济总量由 1949 年的 7 亿元增加到 2018 年的 17 289 亿元，按可比价计算，增长约 595 倍；居民平均预期寿命由不到 35 岁提升至现在的 75.8 岁；旅游收入突破 4 000 亿元，"草原魅力"正吸引越来越多的八方游客；70 年前，全区粮食产量仅为 18.5 亿千克，牧民吃粮靠返销，2018 年则达到 355.3 亿千克，是 6 个粮食净调出省份之一。牛奶、羊肉、羊绒等畜产品产量稳居全国首位。2019 年，全区人均 GDP 由新中国成立前的 120 元增加到 68 302 元，农村牧区居民人均可支配收入由 1978 年的 131 元增加到 13 803 元。新时代，内蒙古各族群众正坚定不移走生态优先、绿色发展的路子，努力将祖国北疆这道风景线打造得更加亮丽。

习近平总书记始终心系云南各族人民，高度重视云南发展进步，党的十八大以来，在 2015 年和 2020 年先后 2 次考察云南并发表重要讲话，做出"一个跨越""三个定位""五个着力"和"四个突出特点""四个方面重点工作"等一系列重要指示，为云南发展指明了方向、明确了目标、赋予了重大使命，是新时代云南发展的行动纲领和根本遵循。党的十八大以来，云南主动适应经济发展新常态，保持了经济持续健康发展。2020 年全省地区生产总值达到 2.45 万亿元，增长 4%，在全国的排位由 23 位提升到第 18 位。基础设施建设取得新成就。"五网"基础设施建设扎实推进，互联互通取得巨大成就。"八出省五出境"铁路、"七出省五出境"高速公路、"两出省三出境"水运、"两网络一枢纽"航空网加快推进。高速公路建成通车里程超过 9 000 千米，居全国第二位，110 个县(市、区)通高速公路，滇中引水工程加快建设。党的十八大以来，坚持"各民族都是一家人，一家人都要过上好日子"的理念，以脱贫攻坚统揽经济社会发展全局，全省现行标准下农村贫困人口全部脱贫，贫困村全部出列，贫困县全部摘帽，11 个"直过民族"和人口较少民族实现整体脱贫，实现了社会形态和物质形态的千年跨越。

从以上列举的边疆部分省区发展成就不难发现，国家对民族地区始终高度重视，党的十八大以来，以习近平同志为核心的党中央对民族地区做出精准指导，为民族地区实现跨越式发展指明了方向，厘清了思路。各族人民在党的坚强领导下，发挥自身优势，经济社会发展取得全方位的发展和进步，人民群众有了实实在在的获得感、幸福感和安全感，各族人民摆脱了困扰千百年的绝对贫困，民族地区发展呈现历史性跨越。

二、伟大发展成就增强了中华民族凝聚力建设的话语力量

社会主义现代化建设取得翻天覆地的巨大变化，用铁的事实证明了党的领导、中国特色社会主义制度的英明、伟大、正确，极大增强了中华民族凝聚力建设的话语底气。强大的话语底气为中华民族凝聚力建设奠定了基础。因为，民族凝聚力实质上是人心(民心)的凝聚，要想赢得人心，首先就要说服人，要说服人既要靠说服的技巧，也要靠客观的现实力量。因为，"人们奋斗所争取的一切，都同他们的利益有关。"[①]

巨大变化和人民群众生活质量的极大提升，一是证明了党和政府始终坚持全国一盘棋谋发展。边疆虽然"边远"但绝不"边缘"，中央对边疆民族地区的支持都是实实在在的。针对攻坚脱贫问题，提出要用绣花的功夫实施精准

---

① 马克思恩格斯全集(第 1 卷)[M]. 北京：人民出版社，1994：82.

扶贫，做到决不让一个少数民族、一个地区掉队。比如，针对广西生态优势，2018年，国务院批复同意桂林建设国家可持续发展议程创新示范区，建设宜居宜业、宜游宜养、活力迸发的可持续发展样板城。同年，中央支持10亿元用于广西左右江流域山水林田湖草生态保护修复，等等。优美的环境提升着各族群众的幸福感。在新疆，党的十八大以来，中央支持和全国对口援疆力度不断加大，"2014年至2019年，中央财政对新疆自治区和兵团转移支付从2 636.9亿元增长到4 224.8亿元，年均增长10.4%，6年合计支持新疆2万多亿元。19个援疆省市全面加强全方位对口支援，累计投入援疆资金（含兵团）964亿元，实施援疆项目1万余个，引进援疆省市企业到位资金16 840亿元，中央企业投资超过7 000亿元。"①"十三五"期间，国家规划安排西藏197个项目，规划期投资3 807亿元，其中中央政府投资2 674亿元。截至2020年10月底，中央政府在"十三五"期间已累计向西藏投资3 136亿元，超出规划投资额17.3%。国家规划安排四省涉藏州县520个项目，规划期投资6 021亿元，其中中央政府投资2 888亿元。这些项目的实施，有力推动了西藏和四省涉藏州县经济社会发展和民生改善，夯实了维护国家安全和民族团结的基础。根据国务院扶贫办提供的数据，2013年起，累计投入到民族八省区的中央财政扶贫资金2 279.3亿元，占同期全国资金总量的44.3%。2018年，在中央财政专项扶贫新增资金中专门安排120亿元用于"三区三州"，占全国新增资金的60%。中央支持力度的持续加大，让边疆各族群众共享社会主义现代化建设的成果，共享祖国繁荣昌盛的荣光。这就进一步密切了边疆各族群众对党的领导的认同和同心共建美好家园的信心。

二是证明了以人民为中心的发展思想绝不含糊。"全面建成小康社会，一个民族不能少；实现中华民族伟大复兴，一个民族也不能少。"这是我党坚持以人民为中心发展思想的生动体现。边疆民族地区作为我国脱贫攻坚的主战场，脱贫攻坚一直是边疆地区面临的最紧要的民生工程。党的十八大以来，精准扶贫战略的实施，使得边疆民族地区脱贫攻坚工作取得历史性成就，通

---

① 习近平在第三次中央新疆工作座谈会上发表重要讲话[EB/OL]，http：//www.gov.cn/xinwen/2020-09/26/content_5547383.htm2020-9-16，

过精准扶贫脱贫攻坚取得的决定性进展，使得各族群众有了更多的物质获得感。在精准扶贫的过程中，精准识贫需要深刻彻底地走近群众，了解群众。通过不留死角、不漏一户、不错一人的精准识贫摸清群众的"家底"，彻底掌握贫困群众的"穷根"，真正找到全面脱贫的路子。在攻坚扶贫的过程中，各地制定脱贫攻坚责任书，实行自治区党委、政府对全区脱贫攻坚工作负总责，设区市党委、政府负责推进本市脱贫攻坚工作，县级党委、政府承担脱贫攻坚主体责任，乡、村负责贯彻落实上级脱贫攻坚决策部署，乡级党委、政府主要负责人是本乡脱贫攻坚工作第一责任人，构建起自上而下层层压实责任，各负其责，合力脱贫攻坚的责任体系。党的十八大以来，习近平总书记时刻牵挂少数民族群众的冷暖，多次深入民族地区为发展把脉问诊，通过多种方式同各族各界人士交往交流，诚心诚意跟少数民族群众交朋友……习近平总书记关心着少数民族群众的冷暖安危，带头做交流、培养、融洽感情的工作，赢得了少数民族群众的衷心爱戴。据央视新闻报道，截至 2020 年底，共有1800 多名党员干部牺牲在脱贫攻坚一线。中国由改革开放之初世界上贫困人口最多的国家，到 2020 年底，成为中国现行标准下农村贫困人口全部脱贫，创造了人类减贫史上的伟大奇迹。显然，奇迹的背后诠释了中国共产党以人民为中心的发展思想，这里的"人民"不是抽象的，而是具体的个人，每个人都能享受到祖国大家庭的温暖，体会到社会主义制度的优越性。从而坚定听党话、跟党走的决心和信心。

三是地方党委和政府聚焦问题真抓实干的务实作风，彰显了党的领导力。"政治路线确定之后，干部就是决定的因素。"[①]党的十八大以来，在以习近平同志为核心的党中央的坚强领导下，各级党委、政府领导班子聚焦问题真抓实干展现的务实作风，进一步密切了党群关系、干群关系，彰显了党的领导力。边疆民族地区经济社会已经取得历史性成就，但对标对表全面水平、高质量发展、人民美好生活需要，以及与全国兄弟省份相比，边疆民族地区仍属于后发展欠发达地区。针对这种情况，各级党委和政府认真落实习近平总书记的指示，比如，广西依据习近平总书记对广西"三大定位"精准指导，自

---

① 毛泽东选集(第 2 卷)[M]. 北京：人民出版社，1991：526.

治区党委和政府明确提出构建"南向、北联、东融、西和"的全方位开放格局。强调"四向"发力，但不是平均用力，而是以东融、南向为重点，以北联、西和为协同。通过借力面向粤港澳大湾区和"一带一路"有机衔接的重要门户优势，广西开放发展这盘棋就真正走活了。自治区党委和政府领导班子深入基层调研、深入了解群众展现的务实作风，进一步拉近了党群、干群关系。例如，广西壮族自治区党委书记鹿心社到广西工作一年多来，"先后到14个设区市、38个贫困县、56个贫困乡镇、83个贫困村屯和100多户贫困家庭实地调研"[①]，亲自与贫困群众共同谋划脱贫致富之道。党委、政府领导班子真抓实干，带动了党风、政风的改善，据2019上半年人民网《地方领导留言板》栏目统计，从各地留言办理满意度、互动活跃度、办理力度三方面的情况进行综合分析，网上群众工作满意度，广西以94.3分位居全国第三。群众满意度的提升折射出广西各族群众对党的领导力的高度认同。边疆民族地区翻天覆地的巨大变化得益于党的坚强领导和以人民为中心的发展思想和地方各级党委、政府真抓实干的务实作风。事实胜于雄辩。中国共产党领导各族群众用短短几十年的时间，走完了西方国家几百年的发展历程，取得的丰硕成果，印证着党的领导、中国特色社会主义道路符合中国实际，展现了社会主义制度的优越性。

三、及时将人民群众的获得感转化成意识形态认同感

伟大成就增强了人民群众的获得感，但是物质的获得感并不能自然而然地转化成对党的领导和社会主义制度的认同感，因为只有转化成认同感，才能为中华民族凝聚力夯实思想基础，但要转化成认同感，就需要从外面灌输。换句话说，就是要深入浅出地向人民群众讲清楚"好日子"是怎么来的，如何珍惜来之不易的幸福生活。意识形态作为"观念的上层建筑"，如果说更多获得感是增强社会主义意识形态认同感的"外化"，那么更深认同感则是增强社会主义意识形态认同感的"内化"。要有更深认同感，需要遵循实践认同、理论认同和价值认同的认知逻辑。

---

① 鹿心社. 精准脱贫调研手记[J]. 求是，2019(9)

一是增强社会主义意识形态认同首先要做到实践认同。意识形态根源于实践，实践认同是增强社会主义意识形态认同的关键。实践认同，是指人民群众对国家发展和社会建设成就的认可和称赞，包括民生福祉改善、社会治理方式、民主法治建设、文化事业发展等。实践认同建立在获得感的基础上，是实现理论认同和价值认同的逻辑起点。实践认同包括相互联系的三个方面。其一，对个人利益实现的认同，对个人利益实现的认同是个人层面的实践认同。个人利益的实现意味着个人的需求得到一定程度的满足，在此基础上，个人会以经验性的看法表达对党执政和国家发展做出积极的认知、判断；但这时的认知、判断仍处于一般意识形式阶段，是个体出于自身利益和追求做出的判断，缺乏共性基础，需要进行引导和深化。其二，对发展成就的认同。对发展成就的认同意味着实践认同从个人层面上升到社会层面。这时个人会对社会实践成就产生积极的价值判断，但这时的价值判断已经具有明显的整体性或共性，这为众人形成共同的愿望和取向（或者说是共同的利益取向）创造了条件；同时，社会成员逐渐形成认识自觉，在精神上开始凝聚起来。其三，对发展道路的认同。发展道路的认同意味着实践认同进入国家层面，开始从国家层面认识国家发展目标、发展规划、发展战略等，并将实践成就归因于当前发展道路的正确。基于维护现实利益的需要，社会大多数成员逐渐形成国家观念。这时的意识形态已经具有"上层建筑"的色彩，这为社会主义意识形态的灌输奠定了思想基础。

二是增强社会主义意识形态认同感关键要做到理论认同。理论认同是指对某一理论成果的认可和赞同，自然，从增强社会主义意识形态认同感的视角，这里的理论认同是指对以马克思主义为指导的马克思主义中国化理论成果的认同。理论认同建立在实践认同的基础上，是对实践过程的归纳和概括，意味着人们经过逻辑抽象形成了对实践发展的理性认知，开始从更深层次上思考推动实践发展的理论动因。换言之，在增强人民群众获得感的同时，要及时引导人民思考获得感产生的因由，引导人民认识到获得感的产生，离不开科学理论的指导，离不开在党的领导下成功开辟的符合中国国情的现代化建设道路。这就将人民对获得感的认识由感性阶段上升到理性阶段，这是实现理论认同增强意识形态认同感的关键环节。

三是增强社会主义意识形态认同感根本要实现价值认同。任何理论都以一定的价值为指向，意识形态作为系统化、理论化的社会意识形式，可以说，经由理论认同并实现价值认同是增强意识形态话语权的根本要求。价值认同是指"民族成员在多元语境中的价值判断，是比较、批判、审视和明辨，以及自主选择、自觉接受、真诚遵守的结果。"①从增强社会主义意识形态认同感的视角，价值认同包括对马克思主义中国化理论成果的实践价值的认同和理论价值的认同。实践价值的认同是指，社会成员能够充分认识到社会主义现代化建设实践对个人发展和社会进步所具有的巨大价值。理论价值的认同，是指社会成员充分认识到马克思主义中国化理论成果对促进经济社会发展所具有的价值。进言之，相对于实践认同和理论认同，价值认同在更深层次、更高层面回答了"为什么要开展这种实践"和"为什么要坚持这种理论"的问题。将实践认同和理论认同上升到信仰的层面。价值认同的实现，意味着人们达成了利益上的自觉、思想上的共识、情感上的凝聚。只有实现价值认同，才能众志成城追求共同价值目标，才能在潜移默化中增强意识形态话语权。

可以说，将人民群众获得感及时转化为社会主义意识形态认同感，对于中华民族凝聚力建设非常关键。只有实现这一转化，才能使人避免成为"物的奴隶"，避免陷入"无知而罔"的境地。才能更加珍惜来之不易的幸福生活，更好的知党情、感党恩、跟党走，众志成城，齐心共筑民族复兴伟业。

第二节　中西制度比较的巨大优势带来时代际遇

资本主义必然灭亡、社会主义必然胜利，这是马克思、恩格斯在《共产党宣言》中做出的科学预言。不难发现，这一预言也蕴含着社会主义制度优越于资本主义制度。但是对于普通群众而言，社会主义制度优越性不能仅体现在理论上，而是要体现在看得见、摸得着的现实生活中。因此，从现实性角度分析社会主义制度的优越性，是增强人民群众对社会主义制度的认同，推进

①　詹小美.中国梦价值认同的当代建构[J].青海社会科学，2014(4).

中华民族凝聚力建设的关键。

一、社会主义制度与中华民族凝聚力建设的关系

社会主义制度是人类历史上最为先进的社会制度，社会主义制度的巨大优越性体现在经济、政治、文化、思想等各个方面。社会主义制度与中华民族凝聚力建设紧密相关。

(一)社会主义制度最能切实反映人民群众的根本利益

社会主义制度是相对于资本主义制度而言的政治经济制度，其基本要素是实行公有制、实现人民当家作主。社会主义是人类历史上最美好的社会，社会主义本质是"解放生产力、发展生产力、消灭剥削、消除两极分化、最终达到共同富裕。"社会主义本质决定了社会主义制度的优越性；而共同富裕则是社会主义制度的本质特征，是社会主义优越于资本主义的最鲜明体现。对于广大群众而言，社会主义制度的优越性不是空中楼阁，不是夸夸其谈，也不是深奥的理论，而是具体的现实的利益。也就是说，社会主义制度优越性要具体体现在与人民群众生活密切相关的教育、就业、医疗、住房、生活环境等方面，因为，"人们奋斗所争取的一切，都同他们的利益有关。"[①]"'思想'一旦离开'利益'，就一定会使自己出丑。"[②]对此，习近平总书记也多次强调："我们的人民热爱生活，期盼有更好的教育、更稳定的工作、更满意的收入、更可靠的社会保障、更高水平的医疗卫生服务、更舒适的居住条件、更优美的环境，期盼着孩子们能成长得更好、工作得更好、生活得更好。"[③]只有让人民群众切实感受到生活的美好，人民才能更深刻地体会到社会主义制度的优越性，才会更加拥护社会主义制度。实践证明，社会主义制度在中国确立以来，人民群众的利益才真正得到满足和实现，一百年前的中国，人民忍饥挨饿、缺吃少穿、生活困顿，文盲率超过80％。直到新中国成立之初，人均国民收入也只有几十美元，平均预期寿命仅为35岁。今天的中国，以世界第二大经济体的实力，托举起全球最大的社会保障网，实现了摆脱贫困的千年夙

---

① 马克思恩格斯全集(第1卷)[M].北京：人民出版社，1994：82.
② 马克思恩格斯全集(第2卷)[M].北京：人民出版社，1957：103.
③ 习近平.人民对美好生活的向往就是我们奋斗的目标[N].人民日报，2012-11-6.

愿，书写了幼有所育、学有所教、劳有所得、病有所医、老有所养、住有所居、弱有所扶的民生篇章。如今，我国年 GDP 总值已经超过 100 万亿元，形成了拥有 14 亿人口、4 亿多中等收入群体的巨大市场，并建成了世界上规模最大的社会保障体系，科技、生态、农业、教育、卫生、文化等方面蓬勃发展。我国经济实力、科技实力、综合国力和人民生活水平都有了相当大的提高。2021 年 2 月 25 日，在全国脱贫攻坚总结表彰大会上，中国庄严宣告：我国脱贫攻坚战取得了全面胜利。这意味着改革开放以来，按照现行贫困标准计算，中国 7.7 亿农村贫困人口摆脱贫困；占世界人口近 1/5 的中国全面消除绝对贫困。

对人民群众而言，利益的满足就是最大的政治，而社会主义制度就是满足最广大人民根本利益的制度。党的十八大以来，党中央把握发展阶段新变化，把逐步实现全体人民共同富裕摆在更加重要的位置上，推动区域协调发展，采取有力措施保障和改善民生，打赢脱贫攻坚战，全面建成小康社会，为促进共同富裕创造了良好条件。几千年来，中国人民孜孜以求的美好生活的梦想得以照进现实，这就是社会主义制度优越性的最鲜明体现，也是赢得民心、建设中华民族凝聚力的制度保障。

(二)社会主义制度优越性的发挥与中华民族凝聚力建设相辅相成

相辅相成，是指两件事物相互配合、互相辅助，缺一不可。社会主义制度的优越性发挥越充分，社会主义意识形态凝聚力建设效果就越好。反过来，中华民族凝聚力建设效果越好，越有利于社会主义制度优越性的发挥，二者是相辅相成、相互促进的关系。社会主义制度优越性发挥得充分，意味着人民群众的获得感、幸福感和安全感越高，从而对社会主义意识形态所倡导的理想信念、价值理念和道德观念就越认同。反过来，社会主义意识形态属于社会意识，社会主义制度属于社会存在，依据社会意识对社会存在具有能动反作用的原理，社会主义意识形态凝聚力建设效果越好，意味着社会主义意识形态凝聚人心的效果越好，广大人民群众团结凝聚起来，从而汇聚起众志成城、攻坚克难不可战胜的强大力量。

要做到二者相辅相成，就需要正确处理二者之间的关系，要求在社会主义社会建设过程中，要及时将社会主义现代化建设的成就转化为社会主义意识形态凝聚力建设的力量。换句话说，一方面要千方百计推动社会主义现代化建设，不断满足人民群众日益增长的美好生活需要。另一方面，要做好思想宣传工作，将社会主义现代化建设的实践成就转化为思想认同。让人民群众明白好日子是怎么来的，如何才能珍惜来之不易的好日子。正如习近平总书记强调的："改革推进到哪一步，思想政治工作就要跟进到哪一步。"①同理，在推进社会主义意识形态凝聚力建设过程中，要深入挖掘和凝练社会主义现代化建设的精神力量，使其成为激励人民群众团结奋斗的精神动力，从而推动社会主义现代化建设取得更大的成就。

二、从现实性看中国特色社会主义制度的比较优势

（一）从疫情防控对比中西制度

人类百年不遇的新冠肺炎疫情，检阅了不同制度的真实面貌，疫情像一把照妖镜，照出了西方资本主义制度虚伪的"民主"和"人性"。反观中国，在抗疫斗争中，以习近平同志为核心的党中央领导和指挥全党全军全国各族人民坚定信心、同舟共济、科学防治、精准施策，仅用两个月就基本阻断了新冠肺炎疫情的本土传播，经济社会秩序加快恢复，社会主义制度的优势得到充分彰显。

具体来看，一是中国在党的领导下坚持全国一盘棋，集中力量办大事。疫情防控过程中，习近平总书记果断决策、亲自指挥，为疫情防控领航掌舵。在党中央统一领导、统一指挥下，各地各部门各司其职、协调联动，紧急行动、全力奋战。全国各地调派医务人员，迅速集结、第一时间从全国各地抽调 4.2 万医务人员支援湖北。建设者日夜奋战，10 天建成武汉火神山医院、雷神山医院；军队高效投送疫情防控物资，抽组医护人员参加医疗救治；企业加班加点生产，疫情防控物资全国统一调度。正如世界卫生组织总干事谭德塞评价的，"中方行动速度之快、规模之大，世所罕见"。这充分证明，坚持全国一盘棋，调动各方面积极性，集中力量办大事，是我们国家制度和国

---

① 中央全面深化改革领导小组第十二次会议召开[EB/OL]，http：//www. gov. cn/xinwen/2015-05/05/content_2857332. htm.

家治理体系的一个显著优势，也是我们打赢疫情防控阻击战的重要法宝。

在疫情肆虐面前，与中国形成鲜明对照的是，部分西方国家缺少集中领导和统一指挥，中央政府推诿扯皮，地方政府各自为战，疫情防控混乱不堪。美国疫情暴发后，联邦政府和各州政府之间、各州政府之间在储备和采购医疗物资方面产生矛盾，相互抢夺医疗资源。联邦政府的指令形同虚设，各州自行其是，加利福尼亚等州因对联邦政府不满，联合起来公开对抗联邦政策。无独有偶，欧洲的比利时政治制度复杂，语言文化南北对立，基层—大区—中央三层政府互相掣肘，掌控各地区各部门卫生医疗资源的行政主管（卫生部长）多达九位，抗疫共识难以达成，战胜疫情的宝贵时机白白浪费。

二是中国坚持人民至上，人民健康高于一切。面对来势汹汹的新冠肺炎疫情，以习近平同志为核心的党中央，率领全党全军全国各族人民风雨同舟、勇抗疫情。要求"把人民生命安全和身体健康摆在第一位""尽最大可能挽救更多患者生命""最大限度提高治愈率、降低病亡率"……习近平总书记多次作出重要部署，要求全力以赴救治每一个患者。从呱呱坠地的婴儿到怀胎七月的孕妇，从垂暮之年的孤寡老人到生活困难的残障人员……中国始终把人民群众的生命安全和身体健康放在第一位，始终把特殊群体的安危视作头等大事，不惜代价、不计成本，全力畅通抢救生命的"绿色通道"。数据显示，仅武汉确诊的 2500 多名 80 岁以上高龄患者中，救治成功率接近 70%，年纪最长者达 108 岁。极高的老年人救治成功率是中国坚持"生命至上"原则的充分体现。据国家医保局披露，确诊住院患者人均医疗费用达到 2.15 万元，重症患者超过 15 万元，少数危重症患者达到几十万元，甚至超过百万元，这些费用除部分由医保报销外，其余均由国家财政补助，从根本上解决了民众就医的后顾之忧。

与之形成鲜明对比的西方，坚持资本至上，把人民健康当儿戏。疫情发生后，大部分西方国家不是麻痹大意、犹犹豫豫，就是避重就轻、患得患失。一些西方国家领导人面对疫情和民众，"花拳"打得不错，"公演秀"不断，但始终没有真招、实招，相反还提出"集体免疫"等荒唐言论。部分西方国家受疫情影响出现了严重的经济衰退。美股在 2020 年 3 月连续 4 次出现熔断，而此前几十年美股只出现过 1 次熔断。经济衰退导致超过 15% 人的失业。更为严重的是，资本主义制度下的医疗制度的伪福利性使很多人因为没有保险或保额不足根本不敢去。美国 2018 年有近 2 800 万"非老年"的美国人没有医疗保险，占总人口的近 9%，加上因新冠疫情失业而失去医疗保险的 1 000 万民众，美国目前有大约 3 800 万人没有医疗保险。独立非营利性组织 FAIR Health 的调查显示，如果患者没有保险或选择了网络外（out-of-network）医疗机构看病，因新冠到医院就诊的费用预计在 42 486 美元至 74 310 美元之间。对那些使用网络内医疗服务看病的患者，根据其保险分担费用的不同，自付费用将在 21 936 美元至 38 755 美元之间。高昂的医疗费用导致的结果就是很多人得不到及时治疗，根据美国约翰斯·霍普金斯大学发布的统计数据显示，截至 2022 年 3 月 29 日，全球累计新冠确诊病例超过 48 017 万例，累计死亡病例超过 600 万例。其中美国累计确诊病例超过 8 000 多万例，累计死亡病例超 100 多万例，美国是累计新冠确诊病例和死亡病例最多的国家。可见，在疫情面前，西方资本主义制度的"资本至上"的逻辑，置人民健康于不顾，将资本贪婪、虚伪、反人民的本性暴露无遗，而美国这个全球最富有的国家，作为资本主义的圣地，在新冠肺炎的传播上却领先全球。西方世界应对疫情的种种表现表明，财富和西方民主并不能保障人类最主要的权利，即生命权和健康权得以充分地实现。

三是中国国家利益至上，勇于奉献，敢于担当。面对疫情，全国人民众志成城、凝心聚力、响应号召、自觉隔离。武汉人民识大体、顾大局，闭门不出、支持抗疫。四万多名医护人员"不计报酬，无论生死"，白衣执甲、逆行湖北；基层社区工作者勇挑重担、甘于奉献；无数社会工作者、志愿者、快递员冲锋在前、无私奉献；全国广大共产党员踊跃捐款，根据《人民日报》的报道，截至 2020 年 3 月 26 日，全国已有 7 901 万多名党员自愿捐款 82.6 亿元。中国人民把个人的生命体验与家国命运紧密相连，同声相应、同气相求、同命相依，用自己的实际行动展现了中国精神、中国价值。与此同时，感恩救助、致敬生命、礼赞英雄之风蔚为大观。

疫情发生后，西方国家则将个人主义、利益至上体现得淋漓尽致，部分西方国家在疫情期间思想混乱，人心动荡。警察大规模"请病假"，医护人员罢工溃散，种族歧视加剧，民众陷入恐慌。截至 2021 年 3 月 24 日，纽约市有 2 774 名警察请病假，占警员的 7.6%。美国密歇根州部分护士罢工，呼吁增派人手，而医院方面却同意他们离职。意大利南部莱切省索莱托市一家暴发疫情的养老院，护理人员集体逃离，留下 87 名孤立无援的老人，多位老人不幸去世。在疫情重压之下，面对物资短缺，不少西方人开始抢购物资甚至打砸商店引发暴乱，尤其是针对亚裔暴力事件频繁发生。美国民众除了抢购食物、卫生纸等生活必需品外，也开始疯狂购入枪支、弹药和防弹衣等商品。意大利 27 所监狱发生暴动，已造成 6 人死亡，另有 50 人越狱。在疫情非常严重的情况下，法国仍然举行了大规模的抗议游行，西班牙仍然举行了妇女节大游行。匈牙利、捷克等国的枪支销量激增，越来越多的人试图武装起来保护自己，担心疫情蔓延出现的严重物资短缺可能导致的法律和秩序瓦解。

（二）从脱贫攻坚对比中西制度

边疆民族地区作为我国攻坚脱贫的主战场，从边疆民族地区攻坚脱贫的过程及效果来看，中西制度孰优孰劣也非常清晰。在攻坚脱贫过程中，展现了中国共产党人坚持人民至上的执政理念，精准务实的精神，举国同心合力攻坚，打出了一套精准脱贫组合拳，创造了世所罕见的攻坚脱贫奇迹。

改革开放以来，中国创造了人类历史上空前的减贫奇迹，减贫规模和速度都前所未有。按照世界银行 1.9 美元国际贫困线计算，1981 年中国贫困发生率为 88%，总人口为 8.75 亿人。截至 2020 年底，中国现行标准下 9 899 万农村贫困人口全部脱贫，832 个贫困县全部摘帽，12.8 万个贫困村全部出列。中国仅用几十年时间就解决了区域性整体贫困，完成了消除绝对贫困这一看起来"不可能完成的任务"。中国实现了从绝大多数人口生活在绝对贫困线下到整体脱贫的巨大转变，提前 10 年完成《联合国 2030 年可持续发展议程》减贫目标，而历史上其他发达国家完成这个过程都要耗费一二百年的时间。

归纳扶贫的经验，一是中国共产党始终坚持以人民为中心的发展思想。在扶贫过程中，党的领导是制胜法宝，这一法宝的背后是以人民为中心的发展思想使然。党的十八大以来，习近平总书记始终将脱贫攻坚放在治国理政的突出问题，从实现"两个一百年"奋斗目标和中华民族伟大复兴的高度，统筹推进扶贫工作，坚持一抓到底、精准施策。2012 年 12 月 29 日，担任中共中央总书记 44 天的习近平，就来到革命老区河北省阜平县骆驼湾村，开启考察扶贫开发工作的序幕。2013 年 11 月 3 日，习近平总书记在湖南湘西花垣县十八洞村与村干部、村民座谈时指出，要精准扶贫，切忌喊口号，也不要定好高骛远的目标。对于扶贫工作，要求五级书记抓扶贫，中央各部门的一把手都在认真抓。在脱贫攻坚战打响以后，习近平总书记每年的新年贺词，都有关于扶贫的论述。每年新年第一次国内考察，都是到贫困地区。每年全国"两会"期间，习近平总书记都会和代表委员讨论脱贫工作。每年至少要召开一次脱贫攻坚的座谈会，对阶段性重点工作作部署、提要求。对于边疆民族地区，他更是给予更多牵挂，2015 年 10 月 16 日，在 2015 减贫与发展高层论坛上，他说："我到过中国绝大部分最贫困的地区，包括陕西、甘肃、宁夏、贵州、云南、广西、西藏、新疆等地。这两年，我又去了十几个贫困地区，到乡亲们家中，同他们聊天。"据统计，党的十八大以来，习近平 30 余次到国内各地考察，有一半以上都涉及扶贫开发问题。从云贵川到东三省，从提出"看真贫、扶真贫、真扶贫"到"找对'穷根'，明确靶向"……他的扶贫脚步遍布各地，扶贫思路清晰可辨。扶贫工作，最忌形式主义，对此习近平要求各地要用绣花的功夫真扶贫、扶真贫。习近平总书记在决战决胜脱贫攻坚座谈会上强调，要加强扶贫领域作风建设，坚决反对形式主义、官僚主义。扶贫工作要经得起历史的检验、得到人民的认可。

二是"集中力量办大事"战略部署彰显脱贫攻坚的制度优势。党的十八大以来，以习近平同志为核心的党中央广泛动员全党全国各族人民以及社会各方面力量共同向贫困宣战，举国同心，合力攻坚，党政军民学劲往一处使，东西南北中拧成一股绳。东部 9 个省、14 个市结对帮扶中西部 14 个省区市；307 家中央单位定点帮扶 592 个贫困县，军队定点帮扶 4 100 个贫困村；12.3 万家民营企业参与"万企帮万村"精准扶贫行动，帮扶 7.28 万个贫困村。中国上下举国同心，党政军民学、东西南北中勠力同心，合力夺取了脱贫攻坚全面胜利。在扶贫工作中，广大扶贫干部冲锋在前，自 2013 年向贫困村选派第一书记和驻村工作队以来，截至 2020 年底，全国累计选派 25.5 万个驻村工作队、300 多万名第一书记和驻村干部，每年保持近 100 万人在岗开展驻村帮扶，同近 200 万名乡镇干部和数百万村干部一道奋战在扶贫一线。在脱贫攻坚过程中，涌现出李保国、张桂梅、黄文秀、黄诗燕等一大批杰出扶贫干部代表，还有 1 800 多名基层扶贫干部献出了宝贵的生命，生动诠释了共产党人的初心使命，也充分体现出"一方有难、八方支援"的集中力量办大事的精神。

反观西方国家，西方国家主要指的是西方发达资本主义国家，尽管西方国家整体经济发展水平较高，但这并不代表它们没有贫困人口。西方国家的贫困情况在近二十年的缓解幅度远远不如众多发展中国家，也就是说很多人并没有享受到发展的利益，二十年前的贫困人口在现在仍旧贫困。根据美国人口普查局和劳工统计局的数据，2019 年，美国贫困人口比例为 10.5%，大约 3 400 万人。2020 年美国哥伦比亚大学公布的数据显示，受到新冠疫情的影响，美国的贫困人口新增 800 万之多。所以，2020 年，美国的实际贫困人口差不多 4 000 万人。而在贫困群体中，处于社会底层的黑人贫困率是白人的二到三倍。实行西方资本主义制度的日本，是亚洲最发达国家，根据日本统计数据显示，日本这个国家贫困人口超过 2 000 万，占了日本人口的近 20%。

贫富差距大也是西方国家贫困治理低效的表征，据美联储最新公布的数据显示，目前美国贫富差距越来越大，数据显示，美国最富裕的 50 个人的财富相当于美国最贫困的 1.65 亿人的财富总和。美国收入最高的 1% 的富人净资产总额达 34.2 万亿美元，而最贫困的 1.65 亿人财富——总共只有 2.08 万亿美元，占全国家庭财富总额的 1.9%。据美联储预测数据显示，美国最富裕的 10% 的家庭持有超过 88% 的股票，而最富有的 1% 的家庭持股比例甚至是美国最底层 50% 家庭的 2 倍以上。除了贫富差距扩大以外，美国居民财富分配不均等情况更为明显。2014 年美国最富有的 10% 的人群掌握了 73% 的社会财富，并且前 1% 人群的财富占比达到 37%。而与其他国家相比，2017 年美国的财富基尼系数高达 0.85，也处于发达国家中较高水平。2010—2017 年间，美国 20% 的最低收入人群的收入增长幅度仅为 17.7%；相比之下，5% 的最高收入人群的收入增长幅度达到 30.6%，是最低收入人群的 1.7 倍。收入增速的差异使得美国收入分化越来越大。5% 的最高收入人群占美国全国居民总收入的比重持续上升至 2017 年的 22.3%，而 20% 的最低收入人群收入占比则持续下降至 2017 年的 3.1%。造成美国贫富差距的主要原因，在于长期的低利率导致富人财富不断增值，而尽管产业结构调整提高了生产率，但也使得收入进一步分化。特朗普上台以后采取的"逆全球化"政策、给富人减税、威胁美联储维持宽松货币政策以及缩减医疗和教育方面的政府支出都没有从根本上解决贫富差距的问题，反而助推了贫富差距的进一步扩大。

综上可见，中国特色社会主义制度的比较优势非常明显，中国共产党全心全意为人民服务的性质和宗旨、以人民为中心的发展思想，以及集中力量办大事的优势，在疫情防控和脱贫攻坚中表现得淋漓尽致。实际上，中国特色社会主义制度的比较优势，不仅在推动自身经济社会健康发展、社会进步、人民幸福，而且在处理世界问题上的优势也非常明显，比如，倡导人类命运共同体的理念，共商共建共享的全球治理观，坚持和而不同、兼收并蓄的文明观等等，与西方国家的"文明冲突论""霸权主义强权政治""美国优先"等形成鲜明对比。可以说，中国为世界发展贡献的中国智慧和中国方案，为人类未来发展指明了方向；而西方的发展理念和道路只能让世界的未来陷入黑暗。

三、从中西制度比较看中华民族凝聚力建设机遇

中西制度比较的巨大优势，使人民群众更加坚定"四个自信"，更加认清了"西方本性"，同时，更加要求"团结奋斗"。这些都是中华民族凝聚力建设的重要因素。

（一）更加坚定"四个自信"

"四个自信"是中华民族凝聚力生成的政治基础，"四个自信"越坚定，中华民族凝聚力建设效果就越好。更加坚定"四个自信"，主要源于中国特色社会主义展现出的突出优势。党领导人民创造经济快速发展和社会长期稳定"两大奇迹"的根本保障，是"中国之治"的制度"密码"，也是坚定"四个自信"的基本依据所在。回顾中国经济巨变，可以清晰地看到一个经济大国的崛起脉络。从 1952 年的 679 亿元，到如今超百万亿元规模的世界第二大经济体，中国综合国力实现历史性跨越，堪称人类发展史上的奇迹。新中国成立初期，中国经济可谓"一穷二白"。1952 年 GDP 为 679 亿元，人均 GDP 仅 119 元。到 2018—2020 年迈上 100 万亿元关口，占世界经济的比重超过 17％。与此同时，中国经济高质量发展之路更加坚实。研发经费投入总量稳居世界第二，研发人员总量、发明专利申请量位居世界首位；新产业、新业态、新商业模式经济增加值稳步提升，一大批重大科技成果密集涌现。经济发展的同时，

是人民生活和收入水平快速提升，党的十八大以来，城乡居民收入增速超过经济增速，城镇居民、农村居民人均可支配收入已分别从 2013 年的26 467元、9 430 元增加到 2019 年的 42 359 元、16 021 元。低收入群体收入增速加快，企业退休人员人均基本养老金已从 2013 年的 1 856 元/月提高到 2019 年的 3 100 元/月。今天，我国历史性地消除了绝对贫困和区域性整体贫困。一个 14 亿人口的大国能够在较长时期保持经济快速发展、人民收入稳步提高并朝着全体人民共同富裕不断迈进，这在人类历史上堪称奇迹。中国"当惊世界殊"的发展成就背后，有何"密码"？党的坚强领导、显著的制度优势是经济行稳致远、社会安定的根本保证。一系列新进展、新变化，彰显党中央坚强领导、科学决策，彰显中国特色社会主义制度优势和亿万人民创造伟力。

世界经济被疫情按下了"暂停键"，中国经济虽然在疫情暴发初期遭受重创，但由于我们疫情防控到位，中国率先走出疫情阴影，2020 年中国全年经济增长率为 2.3%，成为全球唯一实现经济正增长的主要经济体。这些成绩是在新冠肺炎疫情肆虐全球、世界经济陷入严重衰退、外部环境更加复杂严峻的情况下取得的，来之不易。显然，成绩的取得是中国特色社会主义制度优越性的彰显，也使人民进一步坚定了中国特色社会主义"四个自信"。

（二）更深刻地认清"西方本性"

以疫情防控和脱贫攻坚为例的中西制度比较，让人们更加认清了"西方本性"，尤其给那些"言必称希腊"的崇洋媚外之流好好上了一课。概括起来，"西方本性"可以归纳为资本至上、强盗思维、逃避责任。资本增值是资本的本性，也是资产阶级生存和统治的根本条件。资本本性以攫取剩余价值、追逐最大利润为根本目的。马克思指出："资产阶级生存和统治的根本条件，是财富在私人手里的积累，是资本的形成和增值。"①可以说，"自资本主义在西欧兴起以来，一部世界近代史，就是资本主导逻辑驱动下的资本主义全球扩张史。"②资本主义发展到今天，资本本性并没有随着人类文明的进步和国际关系民主化而有所收敛，为了攫取更多的利润，资本不惜一切代价，不惜利用

---

① 马克思恩格斯选集(第 1 卷)[M].北京：人民出版社，2012：412.
② 韩庆祥.从资本逻辑走向人的逻辑[N].《光明日报》，2017-9-18.

一切肮脏的手段攫取超额利润。一直以来，西方发达资本主义国家挥舞着"胡萝卜"加"大棒"，不遗余力地向世界输出资本，攫取全球化带来的滚滚红利。但是，一旦当资本带来的红利被削弱或者受到挑战时，资本立刻就战略回缩，通过采取贸易保护政策、转嫁危机、逃避国际责任、挑起国际争端等"逆全球化"行为，防止资本个体利益受损。

列宁指出，"帝国主义是发展到垄断组织和金融资本的统治已经确立、资本输出具有突出意义、国际托拉斯开始瓜分世界、一些最大的资本主义国家已把世界全部领土瓜分完毕这一阶段的资本主义。"[①]这一论述表明，帝国主义是垄断的资本主义，是金融资本的统治，资本输出是其典型形式。列宁还指出，帝国主义具有腐朽和寄生性。因对货币资本的占有，社会中以"剪息票"为生，终日游手好闲的食利者阶级，就大大地增长起来。同时，世界上少数的高利贷国就成为"食利国"。为获得更多的利息或利润，这些"食利者"或"食利国"就要对外投资、对外征服、对外殖民。"在这种情况下，帝国主义战争，即争夺世界霸权、争夺银行资本的市场和扼杀弱小民族的战争是不可避免的。"[②]因此，列宁关于帝国主义的本质的阐述，为解释和理解当今西方发达资本主义国家掀起的"逆全球化"提供了理论注脚。金融资本的统治是导致西方发达资本主义国家产业空心化、两极分化的根源。帝国主义的垄断性，始终是资本主义无法解决的矛盾。资产阶级依靠垄断地位，"在经济上也就有可能人为地阻碍技术进步"[③]，以谋取超额利润。同时，为了争夺世界市场进行资本输出，战争征服也就成为必要选项。

在新冠疫情全球蔓延的今天，西方国家不是从全球和人类健康的角度合作抗疫，而是仍然抱着严重的意识形态偏见，四处甩锅转嫁矛盾，出于一己之私囤积疫苗，推行疫苗民族主义，置国际责任与广大发展中国家于不顾。持续加大对中国的遏制，继续推行"逆全球化"。为抵御资本贪婪本性带来的产业空心化和虚拟经济膨胀等问题，以美国为代表的西方国家"不惜抛弃曾经极力推崇的全球体系，转而推行贸易保护主义、再工业化等带有"逆全球化"

---

① 列宁全集(第27卷)[M].北京：人民出版社，2017：401.
② 列宁全集(第29卷)[M].北京：人民出版社，2017：474.
③ 列宁选集(第2卷)[M].北京：人民出版社，1995：660.

的经济政策。推动资本向本国实体产业回流。"①在本轮"逆全球化"风潮中，尤以特朗普政府执政期间采取的"逆全球化"政策最为典型。特朗普政府打着中美贸易"美国吃亏"的噱头，无视全球贸易规则，重拾单边主义，修筑边墙、撕毁贸易条约、频繁退群、大幅提高关税，发动对中国的贸易战，利用强权对新兴经济体实施单边制裁，等等。可见，在资本增值本性面前，西方国家完全没有大国该有的样子，不惜冒着全球经济体系崩溃的风险，唯我独尊，逆流而动，将资本唯利是图的本性体现得淋漓尽致。因此，西方这种唯我独尊的心态和行事风格，也让世界爱好和平的人们更加深刻地认清了"西方本性"，也给那些对西方抱有幻想的人以沉重的打击。当然，客观上也有利于抵御西方国家"西化""分化"我们的图谋。

（三）更加要求"团结奋斗"

中西制度比较优势，让人们认清了西方的本质，坚定了"四个自信"。同时，也明确了中华民族伟大复兴不会一帆风顺，全体中华儿女只有更加团结，共同奋斗，才能实现伟大梦想。更加要求"团结奋斗"，是更加珍惜来之不易的伟大成就的需要，是更加珍惜党领导人民历经千辛万苦开创的中国特色社会主义道路的要求，更是全体人民勠力同心创造美好生活的要求。

面对当前西方国家对中国发展的联合遏制，当前的中国只有更加团结奋斗，才能打破西方国家遏制中国发展的企图。当前，在发展的过程中，西方势力谋求政治私利，开全球化的倒车。在国际上制造假想敌，把国际规则当"儿戏"；在国内煽动民粹主义，转嫁国内矛盾制造对抗。在经济全球化已经高度发展的今天，需要高度警惕"逆全球化"衍生的危害国家安全的风险。综合"逆全球化"的种种表现，从总体国家安全观的高度透视"逆全球化"衍生的国家安全风险，需要重点防范经济、政治和军事等领域的风险。一是经济风险。经济安全是国家安全的基础。西方国家推行贸易保护主义、新重商主义、单边主义等"逆全球化"措施，很大程度上恶化了中国经济发展的外部环境，增大了国内经济发展的压力，使得中国经济在金融安全、国际贸易安全、战略资源储备安全、粮食与能源供应安全等经济领域都面临潜在的风险。比如，

---

① 徐艳玲，张琪如. 新一轮"逆全球化"本质的多维反思[J]. 毛泽东邓小平理论研究，2018(12).

金融安全是经济安全的重点，当前中国与世界各国的金融市场已经高度交融，西方国家通过货币扩张、降低银行利率、资产证券化等政策和手段持续对中国经济施压，势必会对我国金融体系带来严峻挑战。二是政治风险。政治安全是国家安全的根本。西方国家不仅在经济领域对中国持续施压，在政治领域也是无所不用其极。西方政客及媒体运用冷战思维和双重标准，鼓噪"中国威胁论""中国负责论""中国修正论"等，无底线地丑化、污蔑中国，煽动西方社会对中国的仇恨，企图恶化中国发展的外部环境，达到孤立中国之目的。对于中国内政也是横加干涉，插手香港事务、支持乱港势力、挑战一个中国原则的红线为"台独"分裂势力撑腰壮胆、"孜孜不倦"地抹黑新疆棉花，明里暗里支持新疆恐怖势力。面对西方国家"逢中必反"的态势，政治风险变得更加复杂。三是军事风险。军事安全是国家安全的保障。此轮"逆全球化"风潮与世界百年未有之大变局交互叠加，"西方之乱"与"中国之治"的鲜明对比，出于帝国主义霸权逻辑，以美国为首的西方国家加大了对中国的军事威胁，美国联合其"盟友"出于牵制中国发展的目的，不遗余力地炒作南海、钓鱼岛问题，美国航母编队和侦察机频繁在南海和东海兴风作浪，美国侦察机抵近中国防空识别区的频次增多，挑衅中国的力度空前，使得我国军事安全风险加剧。

从国内来看，国内发展环境也经历着深刻变化，我国发展已进入各种风险挑战不断积累甚至集中显露的时期，在前进道路上，我们面临着各种风险挑战，甚至会遇到难以想象的惊涛骇浪。我国已进入高质量发展阶段，社会主要矛盾发生了关系全局的历史性变化，继续发展具有多方面优势和条件，同时发展不平衡不充分问题仍然突出。坚持和发展中国特色社会主义是一项长期而艰巨的历史任务，必须准备进行具有许多新的历史特点的伟大斗争。因此，要防范和化解中华民族伟大复兴征程中的风险和挑战，必须团结奋斗，铸牢中华民族共同体意识，增强中华民族凝聚力，勠力同心推进中华民族伟大复兴。

第三节　意识形态工作的高度重视带来时代际遇

中国共产党自成立以来，就高度重视意识形态工作，正是依靠强有力的意识形态工作，才有效保证了革命、建设、改革事业的顺利进行。党的十八大以来，以习近平同志为核心的党中央把意识形态工作摆在突出位置，重视程度之高、工作力度之大、效果之明显都是改革开放以来所罕见的。意识形态工作得到前所未有的重视，无疑为中华民族凝聚力建设带来了机遇。

一、意识形态工作得到高度重视的体现

意识形态工作得到高度重视，主要体现在习近平总书记对意识形态做出科学的价值判断，提出意识形态工作的责任要求。同时，下大力气整治意识形态工作中存在的宽松软的问题。

（一）明确定位

2013 年，习近平总书记在全国宣传思想工作会议上的讲话中强调，"经济建设是党的中心工作，意识形态工作是党的一项极端重要的工作。"在这里，习近平总书记用"极端重要"来强调意识形态工作，这在我们党的历史上还是第一次。虽然之前马克思主义经典作家们都非常重视意识形态工作，但都没有明确强调意识形态工作的"价值定位"。而习近平总书记旗帜鲜明地用"极端重要"定位意识形态工作，这就将意识形态工作的重视程度提升到一个新的高度，既是一次理论上的突破和创新，也为开展意识形态工作提出了明确要求。

意识形态工作的这一明确定位，包含着多层含义，一是意识形态工作要高度重视。经济建设是中心工作，意识形态工作是极端重要的工作，意味着"中心工作"和"意识形态工作"要两手抓，两手都要硬。不能只顾抓经济工作，而忽视了意识形态工作，否则就会犯无法挽回的错误。因为意识形态工作事关党的前途命运，事关国家长治久安，事关民族凝聚力和向心力。二是意识形态工作要常抓不懈。习近平总书记将"中心工作"与"意识形态工作"联系起来讲，实际上就内含着意识形态工作要常抓不懈，意识形态问题要警钟长鸣。

因为只要中心工作不停止，意识形态工作就不能停止。不能只强调中心工作，而忽视了意识形态工作，要处理好二者之间的关系。

在明确意识形态工作与中心工作之间关系的基础上，习近平总书记还提出了意识形态工作的建设要求，既要建设强大凝聚力和引领力的社会主义意识形态，"要巩固马克思主义在意识形态领域的指导地位，巩固全党全国人民团结奋斗的共同思想基础。"①"两个巩固"作为宣传思想工作的根本任务。而且进一步强调，必须牢牢把握意识形态工作的领导权、管理权、话语权，任何时候都不能旁落。

(二)落实责任

在明确意识形态工作定位的基础上，在"8·19讲话"中，习近平总书记还特别强调"宣传思想部门承担着十分重要的职责，必须守土有责、守土负责、守土尽责"②，而且还提出，"各级党委要负起政治责任和领导责任，加强对宣传思想领域重大问题的分析研判和重大战略性任务的统筹指导，不断提高领导宣传思想工作能力和水平。"③从政治责任、领导责任等方面明确了各级党委在意识形态工作中的重要责任和肩负的重任。明确了责任，关键是要落实，对此习近平总书记提出："各级宣传部门领导同志要加强学习、加强实践，真正成为让人信服的行家里手。"④要坚持政治家办报、办刊、办台、办新闻网站，强化文化体制改革要始终坚持社会主义先进文化前进方向。这不仅指出了宣传思想工作必须守土有责、守土负责、守土尽责的重要职责和责任，而且从领导干部、领导班子要强起来，通过加强学习、加强实践成为让人信服的行家里手等方面提出具体要求。意识形态工作不是宣传部门一家之事，不能让宣传部门"单打独斗"，必须坚持"一盘棋"、形成"大合唱"。党委（党组）要统揽全局、协调各方，指导和推动本地区本部门本单位把意识形态工作要求融入各自工作，推动意识形态工作与行政管理、行业管理、社会治理更加紧密地结合起来。充分调动各条战线各个部门抓意识形态工作的积极性，各

---

① 习近平. 谈治国理政[M]. 外文出版社，2014年版，153.
② 习近平. 谈治国理政[M]. 外文出版社，2014年版，156.
③ 习近平. 谈治国理政[M]. 外文出版社，2014年版，156.
④ 习近平. 谈治国理政[M]. 外文出版社，2014年版，156.

司其职、各负其责、共同履责，切实形成党委统一领导、党政齐抓共管、宣传部门组织协调、有关部门分工负责的工作格局。

要落实责任，必须制定规章，党的十八大以来，党中央陆续出台《党委（党组）意识形态工作责任制实施办法》《党委（党组）网络意识形态工作责任制实施细则》，尤其是《党委（党组）意识形态工作责任制实施办法》，提出党管意识形态原则，要从总体要求、责任要求、考核监督和责任追究四大方面明确各级党委（党组）在意识形态工作方面的责任。强调党委（党组）书记是第一责任人，各级党委（党组）应当把意识形态工作作为党的建设和政权建设的重要内容，并提出一些可量化的考核指标。明确要求各级党委（党组）组织部门应当把意识形态工作情况纳入干部考核。习近平针对少数领导干部对意识形态工作不想抓、不会抓、不敢抓的问题进行了深入分析，针对少数干部用"不争论""不炒热""让说话"为自己不作为开脱的情况进行了分析和批评。他指出，领导干部在意识形态斗争中要敢于亮剑，善于发声，旗帜鲜明地批评各种错误思想、错误观点、错误倾向，不断加大问责力度，对意识形态方面出现问题的干部要"一票否决"，切实履行好意识形态工作责任。

党的十九届四中全会从新时代党和国家事业全局出发，提出要"坚持马克思主义在意识形态领域指导地位的根本制度""落实意识形态工作责任制"，并做出一系列重大部署。这是我们党第一次把马克思主义在意识形态领域的指导地位作为一项根本制度明确提出来，是关系党和国家事业长远发展、关系我国文化前进方向和发展道路的重大制度创新。这一根本制度的提出，为"更好地推动社会主义先进文化繁荣发展，不断巩固全体人民团结奋斗的共同思想基础，为新时代坚持和发展中国特色社会主义、实现中华民族伟大复兴的中国梦提供坚强思想保证和强大精神动力。"[①]

（三）全力整治

习近平总书记对意识形态工作高度重视，还体现在对意识形态领域出现的问题全力整治上，党的十八大以来，通过一系列强有力的措施，从根本上扭转了意识形态领域一度出现的被动局面，使意识形态领域形势出现了全局

---

① 黄坤明.坚持马克思主义在意识形态领域指导地位的根本制度[J].求是，2019(11).

性、根本性转变；有效扭转了一些宣传思想阵地党的领导一度被忽视、弱化、削弱的状况，有效扭转了主流意识形态主导权遭受侵蚀的状况，有效扭转了对歪理邪说、歪风邪气被动应对、反击不力的状况，有效扭转了网上乱象丛生的状况。比如，针对党内存在的"妄议中央"的问题，2015 年 10 月 18 日，中共中央颁布了新修订的《中国共产党纪律处分条例》，"妄议中央大政方针，破坏党的集中统一"被明令禁止。新修订《中国共产党纪律处分条例》禁止的"妄议中央"行为是有前提的。《条例》第四十六条规定："通过信息网络、广播、电视、报刊、书籍、讲座、论坛、报告会、座谈会等方式……妄议中央大政方针，破坏党的集中统一的"视情节予以处分。"妄议中央"破坏党内民主，历来为党所不允许，早在新民主主义革命时期，毛泽东就指出过种种现象称之为"自由主义"，并指出其危害，"不负责任的背后批评，不是积极向组织建议。当面不说，背后乱说；开会不说，会后乱说。心目中没有集体生活的原则，只是自由放任。"[①]并进而指出："革命的集体组织中的自由主义是十分有害的。他是一种腐蚀剂，使团结涣散，工作消极，意见分歧。它使革命队伍失掉严密的组织和纪律，政策不能贯彻到底，党的组织和党所领导的群众发生隔离。它是一种严重的恶劣倾向。"[②]因此，禁止"妄议中央"是保持思想统一、政治团结的要求，否则，社会主义意识形态必然会受到侵蚀，党的集中统一领导就很难实现。针对污蔑英雄人物的问题，也进行了强有力的整治，污蔑英雄人物，即虚无历史，其行为严重危害意识形态安全。历史虚无主义在评价革命领袖和英雄人物时，采用的是攻其一点、不及其余的办法，对缺点和错误无限放大，对功绩却选择性失明。一段时期以来，采用网络语言、段子、笑话等方式，拿革命历史开玩笑、拿英雄人物开涮的事情屡见不鲜，并通过网络迅速传播。有人说雷锋故事是虚构的，有人说火烧邱少云违背生理学，还有人"论证"张思德是炼鸦片时被活埋，并得出结论说这些烈士死得"轻于鸿毛"。甚至还将矛头指向毛泽东，其实质是试图通过无限放大毛泽东的错误来否定新中国前 30 年的历史成就，否定毛泽东和毛泽东思想的指导地

---

① 毛泽东选集(第 2 卷)北京：人民出版社，2009：359
② 毛泽东选集(第 2 卷)北京：人民出版社，2009：360

位。因为他们深知要搞垮一个国家，首先就要攻击这个国家的执政党；要搞垮这个国家的执政党，首先就要丑化这个党的主要领袖和英雄人物。为刹住这股歪风邪气，在净化社会风气的同时，2018年5月1日，《中华人民共和国英雄烈士保护法》颁布实施，以法律的形式严惩侮辱、丑化英雄人物形象等行为。

高校作为意识形态工作的前沿阵地，针对有的领域中马克思主义被边缘化、空泛化、标签化，在一些学科中"失语"、教材中"失踪"、论坛上"失声"的问题，党的十八大以来，习近平总书记对高校意识形态工作予以特别的关注，强调办好中国特色社会主义大学，要坚持立德树人，把培育和践行社会主义核心价值观融入教书育人全过程；强化思想引领，牢牢把握高校意识形态工作领导权。通过召开全国哲学社会科学工作座谈会、全国高校思想政治工作会议、学校思政课教师座谈会等，对高校思政工作（意识形态工作）做出部署。强化了党对高校意识形态工作的领导，加强对青年学生的思想引导和价值引领，巩固了党执政的青年基础。

二、意识形态工作得到高度重视对民族凝聚力建设的意义

意识形态工作得到高度重视，使得意识形态工作成就斐然，社会主旋律更加响亮，人民群众的祖国观、民族观、历史观、文化观更加清醒，开展意识形态工作也更加自信，中华民族凝聚力建设也更加强大。

（一）主旋律更加响亮

党的十八大以来，以习近平同志为核心的党中央从坚持和发展中国特色社会主义、实现中华民族伟大复兴中国梦的战略高度，系统规划和全面推进宣传思想文化工作，掀起宣传思想工作高潮，神州大地上，主旋律更加响亮，正能量更加强劲。

一是掀起文化宣传的热潮。党的十八大以来，习近平总书记先后出席全国宣传思想工作会议和文艺工作座谈会、党的新闻舆论工作座谈会、网络安全和信息化工作座谈会、哲学社会科学工作座谈会等重要会议，发表一系列重要讲话。在几次座谈会上，总书记倾听各方面意见，同大家一起分析形势、沟通思想、凝聚共识、谋划未来。一次次高屋建瓴的讲话，让宣传思想文化

战线更觉责任重大、使命光荣，倍感精神振奋、更添前行动力。在以习近平同志为核心的党中央深切关怀和坚强领导下，一份份直击问题关键、着眼长远发展的指导意见相继出台。《中共中央关于繁荣发展社会主义文艺的意见》《关于培育和践行社会主义核心价值观的意见》《关于实施中华优秀传统文化传承发展工程的意见》《关于加快构建中国特色哲学社会科学的意见》等一系列重磅文件，发挥"四梁八柱"的作用，为宣传思想文化工作搭建起全面系统、科学完整的工作体系。党的十八大以来，中央宣讲团用140余场宣讲和220多场座谈，把中央精神讲全、讲准、讲透，讲进人们心里。在中央宣讲团的示范引领下，各地精心组织面向基层的对象化、分众化、互动化宣讲活动。紧锣密鼓开展宣讲活动的同时，一大批权威读物陆续出版，帮助全党全社会更加深刻领会习近平总书记系列重要讲话的精髓要义。《习近平谈治国理政》以22个语种全球发行640余万册，《习近平总书记系列重要讲话读本》累计发行近7 000万册。《习近平用典》《习近平讲故事》等图书广受好评。广大理论工作者也掀起理论研究的高潮，撰写了一大批理论文章，阐释讲话蕴含的重大政治意义、理论意义、实践意义。中国社科院和中央党校每年各招收100名马克思主义理论专业博士生，为马克思主义理论研究和建设培养一大批高素质人才……宣传思想文化队伍的整体素质大幅提升、精神风貌焕然一新。宣传思想文化战线敢于发声亮剑，直面"没有硝烟"的意识形态领域斗争，有理有利有节地批驳西方宪政民主、"普世价值"、历史虚无主义等错误思潮和观点。《西式民主怎么了》《资本主义怎么了》等系列读物，《西方新闻自由只是传说》等电视片，引导干部群众廓清思想迷雾、增强理论自信。一批现象级融媒体产品产生"刷屏之效"。人民日报推出的《最牵挂的人》、新华社打造的《红色气质》、中央电视台制作的《厉害了，我们的2016年！》等融媒体产品，生动讲述中国故事、中国共产党故事，赢得网友纷纷转发点赞。"净网""秋风""护苗"等一系列剑指网络违法有害信息的专项整治先后开展，一大批违法违规网站、微博账号、QQ群、微信群组等被依法关闭。面对国际舆论斗争，中国主流媒体敢于发声、善于发声，充分阐明中国主张、中国方案，有力配合着国家对外工作大局。经过党的十八大以来宣传思想工作的系统建设，马克思主义在意识形态领域的指导地位更加巩固，全党全国人民团结奋斗的共同思想基础更加巩固。

二是社会主义核心价值观深入人心。党的十八大以来，习近平总书记多次就培育践行社会主义核心价值观发表重要讲话。"重要讲话"就社会主义核心价值观践行原则、践行方法、践行载体、践行群体等提出具体指导和明确要求，为推动社会主义核心价值观走深走心走实提供了生动教材。另外，习近平总书记还针对领导干部、知识分子、党外人士、革命军人、大学生、少年儿童等不同群体，也提出明确的践行要求，比如就少年儿童，指出，"要适应少年儿童的年龄和特点，我看，主要是要做到记住要求、心有榜样、从小做起、接受帮助。"①等等。经过大力弘扬和培育，社会主义核心价值观大众认同取得显著成效，有调查显示："高达96.4％的大学生认同社会主义核心价值观""从社会主义核心价值观的国家、社会和公民三个层面来看，大学生对国家层面社会主义核心价值观的平均认同度为96.3％，对社会层面社会主义核心价值观的平均认同度为96.9％，对公民层面社会主义核心价值观的平均认同度为95.9％。"②实际上，不仅是大学生，从整个社会来看，弘扬社会主义核心价值观也成为一种风尚，比如在疫情防控中，在党中央的坚强领导下，各条战线、各个行业的工作者带着拳拳爱国心、铮铮报国情、殷殷强国志，冲锋到医疗卫生、公共交通、社区楼栋等抗击疫情最前线；广大群众也积极行动起来，一方有难、八方支援。我们每天都会被疫情防控中涌现出来的凡人善举感动着。他们有的来自我们身边，他们的事迹也并非惊天动地，但他们用实际行动坚定践行着"爱国、敬业、诚信、友善"的价值观，是我们全社会、每个人学习的榜样。全力投身抗疫战场彰显了社会主义核心价值观的强大精神力量。疫情防控凝聚起了全国人民众志成城、团结奋战的强烈共识，唱响了"伟大祖国好"的主旋律。2021年7月，当郑州受到极端天气影响造成重大伤亡时，部队驰援、消防出动、干部先行，河南暴雨灾害中，党和政府全力投入救灾，河南抗洪救灾的主旋律铿锵向上。爱心人士7天捐助超31亿。7月26日，河南省慈善总会公布的数据显示，捐赠资金超1 000万元的

---

① 习近平. 习近平谈治国理政[M]. 北京：人民出版社，2014：182.
② 张俊涛. 2019年大学生价值观状况调查分析[J]. 文化软实力研究，2021(2).

爱心企业、爱心组织达到 97 家，其中 5 000 万元以上的有 12 家。这些都是社会主义核心价值观的生动体现。

(二)"四观"更加清醒

意识形态工作得到高度重视，爱国主义得到弘扬、中华民族共同体意识得到推进，历史虚无主义、文化虚无主义受到批判。人民群众的祖国观、民族观、历史观、文化观更加清醒。

一是祖国观更加清醒。就是准确把握我国是统一多民族国家，始终把维护国家统一和民族团结作为最高利益。对于祖国观，习近平总书记深刻指出"一个人不爱国，甚至欺骗祖国、背叛祖国，那在自己的国家、在世界上都是很丢脸的，也是没有立足之地的。对每一个中国人来说，爱国是本分，也是职责，是心之所系、情之所归。对新时代中国青年来说，热爱祖国是立身之本、成才之基。当代中国，爱国主义的本质就是坚持爱国和爱党、爱社会主义高度统一。"①习近平总书记对"祖国观"的强调，是对一些数典忘祖、盲目"哈日""哈韩"群体的一种警示；同时，也为加强对当前青年人的爱国主义教育提出了要求。党的十八大以来，以习近平同志为核心的党中央高度重视爱国主义教育，固本培元、凝心铸魂，做出一系列重要部署，推动爱国主义教育取得显著成效。2019 年 11 月，《新时代爱国主义教育实施纲要》印发实施，这对于引导全体人民弘扬伟大的爱国主义精神，为实现中华民族伟大复兴的中国梦不懈奋斗，具有非常重要的现实意义和深远的历史意义。

二是民族观更加清醒。国家的统一，人民的团结，国内各民族的团结，是我们事业必定胜利的保证。高度重视意识形态工作，牢牢掌握意识形态工作领导权，要求正确对待不同民族的文化。我们是一个拥有 56 个民族的多民族国家，在历史长河中不同民族都创造了具有本民族特色的文化。因此，要搞好民族团结，就需要以马克思主义民族观为指导，在坚持马克思主义指导地位的前提下，处理好"多元一体"的关系。党的十八大以来，习近平总书记十几次到民族地区调研，一再强调，要促进各民族像石榴籽一样紧紧抱在一起，实质就是要做到"多元一体"。所以，意识形态工作越重视，"多元一体"

---

① 纪念五四运动 100 周年大会[N]. 人民日报，2019-4-29(03).

的文化格局越深刻，各族干部群众的思想和行动越能统一到党中央决策部署上来。

三是历史观、文化观更加清醒。历史观是人们对社会历史的根本观点、总的看法，是世界观的组成部分。文化观是指人们对文化的根本看法和根本观点。坚持正确的历史观和文化观，就要抵制历史虚无主义和文化虚无主义。无论是文化虚无主义还是历史虚无主义都会危害意识形态安全。历史虚无主义是指以断章取义、歪曲历史事实的方式重新解构历史事件，以达到混淆视听、搞乱人们思想的目的。历史虚无主义的要害，是从根本上否定马克思主义指导地位和中国走向社会主义的历史必然性，否定中国共产党的领导。这是历史虚无主义思潮与生俱来的根本特征，而这一思潮要解构中国社会主流价值、消解中华民族精神的根本目的也从来没有改变过。这里的文化虚无主义是指矮化中华优秀传统文化，质疑革命文化，消解社会主义先进文化，妄图达到动摇中华文化立场、销蚀社会主义核心价值观、兜售西方价值观的目的。可见，无论是历史虚无主义，还是文化虚无主义，其都是对主流意识形态的公然挑衅和蓄意背叛。因此，党的十八大以来，正是由于对意识形态工作的高度重视，历史虚无主义和文化虚无主义的本质和阴谋得到揭露和批判。主流意识形态得到维护，文化自信得到加强。

(三)"工作"更加自信

意识形态工作得到高度重视，意识形态工作队伍信心极大增强。因为意识形态是务虚的工作，不像经济工作那样能够立竿见影，带来经济效益，由此就造成意识形态工作得不到重视。"一些领导干部对理想信念、意识形态的轻视、嘲弄，被一些专家学者用'三笑'来概括：听到马克思主义冷冷一笑，听到中国特色社会主义微微一笑，听到共产主义哈哈一笑。"[①]"一有意识形态方面的问题，书记、市长就交给宣传部，其他部门几乎都不管。尤其是政府部门的一些行政机关更是不谈、不管意识形态问题，认为自己抓好本部门的工作就行了。"[②]对意识形态工作的不重视，导致意识形态工作浮于表面。

---

①　朱继东. 新时期领导干部意识形态能力建设[M]. 人民出版社，2014：5.

②　朱继东. 新时代党的意识形态思想研究[M]. 人民出版社，2018：25.

党的十八大以来，以习近平同志为核心的党中央对意识形态工作高度重视，彻底扭转了意识形态工作宽松软的问题。意识形态工作得到全面坚强。比如，2015年，中共中央办公厅、国务院办公厅印发《关于进一步加强和改进新形势下高校宣传思想工作的意见》，提出要坚持高标准选配高校宣传思想工作干部，高校党委宣传部长由学校党委常委兼任。《意见》还提出，要切实做好高校新闻宣传工作，完善新闻信息发布和新闻发言人制度，进一步改进高校新闻宣传的文风作风，建立高校、宣传部门、新闻媒体三方联动宣传机制，为高校改革发展营造良好舆论氛围。一段时期，思政课教师在学校常常得不到重视，表现为好像什么人都能来讲思政课，随便讲讲就行，以及思政课教师缺编制、缺平台等问题。然而，党的十八大以来，习近平总书记强调"思政课是落实立德树人根本任务的关键课程""思政课教师队伍责任重大""思政课作用不可替代"等，彻底扭转了思政课和思政课教师不受重视的问题。2020年，根据《中华人民共和国教师法》，中共中央办公厅、国务院办公厅制定《关于深化新时代学校思想政治理论课改革创新的若干意见》，要求"教育主管部门、高等学校应当加强思政课教师队伍建设，把思政课教师队伍建设纳入教育事业发展和干部人才队伍建设总体规划，并予以优先考虑，在资金投入上优先保障，在资源配置上优先满足。""高等学校应当科学设置思政课教师专业技术职务（职称）岗位，按教师比例核定思政课教师专业技术职务（职称）各类岗位占比，高级岗位比例不低于学校平均水平，不得挪作他用。"文件的出台，无疑提升了思政课和思政课教师立德树人的信心，增强了站稳守好意识形态前沿阵地的意志和信心，客观上为做好意识形态工作奠定了基础。

第六章　新时代中华民族凝聚力建设的实践策略

直面机遇，认清挑战，推进新时代中华民族凝聚力建设，需要结合新时代新形势新任务，从铸牢中华民族共同体意识和实现中华民族伟大复兴的高度，推进中华民族凝聚力建设，需要在工作能力提升、物质利益共享、文化价值引领和社会治理上下功夫。

第一节　以增强社会责任感为首要的能力提升之策

民族凝聚力建设是一项虚功，但虚功需要实做，需要久久为功。所以，没有强烈的对国家、对民族、对社会的责任感，这项工作很难做好，因此，要推进中华民族凝聚力建设，增强社会责任感并主动提升意识形态能力是首要。

一、增强社会责任感是提升意识形态能力的关键

责任感是指个人和群体对其所扮演的相应社会角色所承担的职责和义务的认识、情感和自律，是实现人生价值和社会价值的必备素质。社会责任感，是指作为中华民族的一分子对国家未来发展理应承担的职责和义务。意识形态作为"社会水泥"，具有凝心聚力的功能，但意识形态工作同样具有务虚的特点，只有以强烈的责任感才能做好意识形态工作，才能提升民族凝聚力。

从"责任感"的内涵要求上看，责任感是人的积极性的外化，是人的内在

动力的激发，责任感是一种自觉主动地做好分内分外一切有益事情的精神状态。责任感与一般的心理情感所不同的是，它属于社会道德心理的范畴，是思想道德素质的重要内容。人只有有了责任感，才能具有驱动自己一生都勇往直前的不竭动力，才能感到许许多多有意义的事需要自己去做，才能感受到自我存在的价值和意义。责任和责任感是有区别的，责任是做分内之事，责任感不仅要做分内之事，还要积极主动地去做分外之事。只有具有很强的责任感，在自己的利益同国家、社会和他人的利益相冲突时，才能不顾甚至放弃自己的利益，维护国家和集体的利益。因此，责任感是一种精神状态，是由一定的价值理念和思想观念决定的，作为心理学概念，责任感与一般的心理情感所不同的是，它属于社会道德心理的范畴，是思想道德素质的重要内容。但是责任感并非自然生成的，人的责任感的形成和增强除受意识形态和社会文化环境的影响外，主要靠教育，包括自我教育。这里的教育，主要是指思想政治教育，只有提升人的思想道德素质，使人从思想上深刻认识到责任感对己对人对社会而言的极端重要性，并且在弘扬社会主旋律和正能量的社会氛围中，推动个人增强社会责任感。责任感的增强，客观上为工作能力的提升奠定了基础。换言之，没有责任感，人的内在积极性就得不到激发，意识形态主动性就很难实现。在实践中，一个缺少责任感的人会表现为自私自利、得过且过，甚至损人利己。反之，一个具有强烈责任感的人，则会为做好工作，积极主动地提升工作能力，更好地服务于社会和集体。

从意识形态工作属性来看，意识形态工作根本上是做人思想的工作，思想工作是在头脑里搞建设，与其他工作比较起来，政治性、思想性、导向性和原则性很强，具有务虚的特点，看不见，摸不着，其经济效益和社会效益也不能直接体现。意识形态工作内容好多是抽象和无形的，表面上看是"空对空"，不如抓经济、社会治理等工作见效快。由此就会导致部分工作责任主体对待意识形态工作不够重视，对意识形态问题不敏感，进而缺少主动抓意识形态工作的责任感，由此也就无从提升意识形态工作能力。

因此，增强意识形态工作的责任感，是提升意识形态工作能力的首要任务，只有在思想上充分认识到意识形态工作的极端重要性，理清了意识形态工作与"中心工作"的关系，才能主动去提升意识形态工作能力。要提升意识形态工作责任感，就需要意识形态责任主体要从政治的高度、理论的深度和实践的向度上深化对意识形态工作重要性的认识。在政治上，要从意识形态工作事关党的前途命运、事关国家长治久安、事关民族凝聚力和向心力上深刻认识意识形态工作的极端重要性。牢固树立做好意识形态工作是本职，不做是失职的思想，时刻保持对意识形态问题的敏感性。在理论上，要充分认识加强理论武装的重要性，深化理论学习，用马克思主义中国化的最新创新理论成果武装头脑，自觉把理论学习作为不可缺少的政治责任，树立马克思主义的学风，善于从理论上分析问题，抓住问题的本质和要害。在实践上，对于意识形态问题要敢抓敢管，树立意识形态思维，对于可能诱发意识形态安全问题的要未雨绸缪，将其消灭在萌芽状态。这既是增强意识形态责任感的体现，客观上也增强了意识形态工作能力。

二、提升意识形态工作能力才能牢牢掌握工作主导权

牢牢掌握意识形态工作主导权，既是意识形态工作能力的体现，也是检验意识形态工作能力的标准。假若意识形态工作主导权都不能牢牢掌握，意识形态工作能力也就无从谈起。意识形态工作主导权必须牢牢掌握在中国共产党手中，任何时候都不能旁落。这是意识形态工作极端重要性的要求。党管宣传、党管意识形态，这是意识形态工作主导权的应有之义，但意识形态工作主导权并非是一劳永逸的，利益格局的调整、多元社会思潮的冲击、党的自身建设等问题都会对意识形态工作领导权带来挑战。要牢牢掌握意识形态工作领导权，必须提升意识形态工作能力。意识形态工作，关乎旗帜、关乎道路、关乎国家政治安全，意识形态工作的极端重要性决定了不同阶级或政治集团围绕意识形态工作主导权，进行的斗争将是长期的、复杂的。随着中国特色社会主义进入新时代，新时代新矛盾、新形势新任务，必然会对党的领导和执政能力提出许多新要求。有没有更强的本领、更优的作风、更好的精神状态担负起新的历史使命，有没有应对"四大考验"和"四大危险"的政治定力，有没有永远与人民站在一起、想在一起、干在一起的为民情怀，都会直接影响意识形态工作主导权问题。

党的十八大以来，以习近平同志为核心的党中央高度重视意识形态工作，

提出全面从严治党的新要求，党风政风作风得到极大改观，党的形象得到重塑，党对意识形态工作的领导得到切实加强。但是正如党的建设是一项伟大工程，不可能毕其功于一役。当前，各种削弱意识形态工作主导权的因素仍然存在，如部分党员干部精神上缺"钙"、作风上缺"规矩"、宗旨和事业上缺"定力"等，都会影响和破坏党在人民群众中的光辉形象，进而制约党的光辉形象，影响党对意识形态工作的主导权。

另外，意识形态工作非常复杂，必须充分认识，谨慎处理，作为观念的上层建筑和阶级社会的维护意识，以及作为人类文化发展载体的意识形态，常潜隐在学术活动、经济活动，甚至国际文化交流活动之中，在目前西强我弱的国际话语格局下，西方势力常通过设置话语议题、模糊话语概念、鼓吹价值中立等方式将其价值观进行精心包装，以此推动资本主义意识形态对外渗透，以达到其"和平演变"社会主义的目的。在一定条件下，一些学术问题、思想认识问题也会转化为意识形态问题。比如，在弘扬中国优秀传统文化的过程中，也出现了"儒化中国""以儒反马""以儒代马"等错误思潮。显然，如果缺乏明确的意识形态理论甄别力，将学术问题、思想认识问题和政治性问题混为一谈，就会出现淡化意识形态，甚或出现意识形态斗争扩大化的问题，最终给意识形态工作领导权带来危害。

因此，要牢牢掌握意识形态工作领导权，就需要维护党中央权威，提升意识形态工作领导力；把握意识形态真问题，提高理论甄别力；用彻底的理论解释现实，提升意识形态工作公信力；创新意识形态话语传播，增强意识形态工作影响力。维护党中央权威，提升意识形工作领导力。党中央权威是党的思想感召力、政治影响力、群众组织力等的集中体现，每位党员都会对党中央权威带来深刻影响，维护党中央权威需要具体到人、具体到事。

在现实实践中要求每位党员，一是要"身正"。"身正"意味着个人的言行举止符合社会主义核心价值观的要求，作为党员，尤其是党的干部必须做到理想信念坚定、大公无私，处处充满正能量。"身正"是塑造良好形象，赢得群众信任的基础。子曰："其身正，不令而行；其身不正，虽令不从。"只有首先"身正"，才能做到"公正"，进而实现"公生明、廉生威"。由此，对每位党员而言，要始终严以修身，学会慎独，提升道德境界，追求高尚情操，以其身正，赢得公信力，进而生成权威力。

二是要实干。空谈误国，实干兴邦。习近平总书记指出，"坚持说实话、谋实事、出实招、求实效，把雷厉风行与久久为功有机结合起来，勇于攻坚克难，以钉钉子的精神做实做细做好各项工作。"①只有这样，才能创造出更多的社会财富，才能让人民群众有充分的获得感，人民群众才能切实认识到党的"英明、正确、伟大"，进而坚定跟党走的信心和信念，党中央权威也就会在潜移默化中得到增强。对于每一位党员而言，要始终强化"四个意识"和宗旨意识，谨记党员的责任和使命，敢于担当，勇于尽责，既尽力而行，又量力而为，真干实干、任劳任怨，才能更好地维护党中央的权威。

提高理论甄别力，找准意识形态工作真问题，是牢牢掌握意识形态工作领导权的基础。这是对"会不会掌握领导权"的回答，同时也是对党的意识形态工作领导水平的检验。提高意识形态理论甄别力，关键是如何甄别，当前，新兴媒体的出现、多元社会思潮的冲击、主要矛盾的转化，使得意识形态领域的斗争变得更加纷繁复杂，客观上增加了意识形态理论甄别的难度。为此，要切实提高意识形态理论甄别力，一方面，要夯实党员、干部的马克思主义理论基石，练好基本功，在当代中国，马克思主义是主流意识形态，是区分和判断一种意识形态正确与否的价值标准。只有夯实马克思主义理论的基本功，建立系统化的马克思主义理论知识，才能懂得"什么是马克思主义"，才能知道"什么才是我们必须坚持的意识形态"。要求全体党员、干部必须用马克思主义理论武装头脑，与时俱进地掌握马克思主义中国化的科学理论，建立起马克思主义意识形态自觉；只有如此，在面对形形色色的论调时，才能进行科学的理论甄别。另一方面，灵活运用马克思主义理论分析方法，增强分析力。各种非马克思主义意识形态理论渗透的隐蔽性和复杂性，客观上要求必须灵活运用马克思主义的分析方法。邓小平指出："属于文化领域的东西，一定要用马克思主义对它们的思想内容和表现方法进行分析、鉴别和批判。"②如马克思主义阶级分析方法、历史分析法、具体分析法等，这样在坚定

---

① 习近平. 决胜全面建成小康社会 夺取新时代中国特色社会主义伟大胜利——在中国共产党第十九次全国代表大会上的报告[N]. 人民日报，2017-10-18.

② 邓小平文选（第 3 卷）[M]. 北京：人民出版社，1993：44.

马克思主义立场、观点的基础上，通过历史的、具体的分析，就能更加深入和全面地掌握一种理论的精神实质，进而进行科学的价值判断，做出"用权"的重点和方向。

增强理论解释现实的能力。增强理论的现实解释力，是牢牢掌握意识形态领导权的核心要求。理论只有能够解释现实，才能更好地掌握群众巩固意识形态领导权。这是对"能不能掌好领导权"的回答。现实解释力是指，马克思主义理论对现实问题的释疑解惑的能力。马克思指出："理论只要说服人，就能掌握群众，理论只要彻底，就能说服人。"①由此推知，以彻底的理论服人赢得民心，同样可以牢牢掌握意识形态领导权。为此，在实践中要求党员，一是要学透马克思主义经典。马克思主义的经典著作博大精深，是指导我们认识世界、解释世界和改造世界的强大思想武器。毛泽东曾提出："如果我们党有一百个至二百个系统地而不是零碎地、实际地而不是空洞地学会了马克思列宁主义的同志，就会大大提高我们党的战斗力量。"②因此，实事求是地深入彻底地掌握马克思主义基本理论、基本立场、基本观点和基本方法的同时，不断推进马克思主义中国化时代化大众化，不断用创新的马克思主义解释新的时代问题。这既是马克思主义的生命力所在，也是推动马克思主义意识形态大众化，巩固马克思主义意识形态工作领导权的需要。二是提高意识形态工作意识。自阶级社会产生以来，意识形态领域内的斗争就是客观存在的，任何忽视或轻视意识形态工作的观点都是错误的有害的。列宁指出："或者是资产阶级的思想体系，或者是社会主义的思想体系。这里中间的东西是没有的。"③因此，树立意识形态极端重要的观念，站稳政治立场，直面政治问题，才能将意识形态工作领导权掌好掌稳。三是创新意识形态工作话语。"传授语言的过程本质上也是传授意识形态的过程"。④ 创新马克思主义意识形态工作话语表达，这是增强意识形态工作亲和力和针对性，更好地推动马克思主义意识形态大众化的需要。只有让大众听得懂、听得进，才意味着理论的现实

---

① 马克思恩格斯选集.(第1卷)[M].北京：人民出版社，2012：12.
② 毛泽东选集(第2卷)[M].北京：人民出版社，1991：533.
③ 列宁全集(第6卷)[M].北京：人民出版社，1986：251.
④ 俞吾金.意识形态论(修订版)[M].北京：人民出版社，2009.

解释力得到切实增强。为此，对于党员干部而言，只有沉得下去，俯下身来，在提高自身理论水平的同时，与群众打成一片，虚心学习群众的语言，将深刻的道理以深入浅出的方式讲出来，才能真正掌握群众，同时意识形态工作领导权也会更加牢固。

三、牢牢掌握意识形态工作主导权是增强中华民族凝聚力的根本保证

意识形态工作的根本目的就是要凝魂聚力，就是要将各族群众在共同的理想信念、价值理念和道德观念上紧紧抱在一起，或者说，就是意识形态凝聚力建设。"牢牢掌握意识形态工作领导权，才能更好巩固和发展主流意识形态，不断增强意识形态领域主导权和话语权，坚定干部群众的道路自信、理论自信、制度自信、文化自信，增强党、国家和民族的凝聚力向心力。"①

从增强中华民族凝聚力建设的角度看，牢牢掌握社会主义意识形态主导权，意味着民族凝聚力建设就有了重点和方向，主旋律和正能量就能得到弘扬，社会主义核心价值观落地就更加有力。作为社会主义意识形态的内核，社会主义核心价值观得到弘扬，全社会就有了凝心聚力的最大公约数。尤其当前在各种社会思潮纷纭激荡、人们的价值选择更加多样的背景下，要把全社会思想和意志统一起来、凝聚起来，就必须有一套全社会都能认同的核心价值观作为共同思想基础和行为规范，从而保持社会成员之间的共性。全社会各个阶层、各个民族、各个地区只要拥有共同的核心价值观，都能自觉认同作为中国人的身份感，才能形成持续稳定的"我们感"，人们之间才能建立起更加紧密的"共同体意识"。显然，如果不能牢牢掌握意识形态主导权，社会主义意识形态难以经受住各种错误社会思潮的冲击，社会主义核心价值观也就难以得到弘扬和认同，全社会的意志和力量也就难以凝聚起来。

中华民族凝聚力建设，还需要发挥话语的力量、舆论的力量，要发挥话语或舆论的力量，既增强意识形态话语传播力，也需要牢牢掌握意识形态领导权。意识形态话语传播力是指，意识形态经由各类媒介传达思想观念或价

---

① 蔡勇春. 牢牢掌握意识形态工作领导权[J]. 求是，2017(12).

值理念，进而影响他人、影响社会的能力。包括话语传播的速度、传播的范围、传播的方式、传播的影响力等方面。这是对"能不能增强领导权"的回答。进言之，尽管社会主义意识形态是科学的、先进的，但并不意味着"酒香不怕巷子深"，随着全球化的推进、新媒体的发展、多元思潮的冲击，意识形态话语传播力在扩大意识形态影响力、夺取意识形态话语权方面发挥的作用越来越大，可以说，"意识形态建设在一定意义上就是传播能力建设。"①只有主动出击，推进意识形态话语传播能力建设，才能占领意识形态话语制高点，夺取意识形态话语主导权，才能牢牢掌握意识形态工作领导权。话语权的增强就能更加有力地抵制各种错误思潮的侵扰，使人们头脑更加清醒，更加坚定"四个自信"，更加坚定跟党走的信心和信念，更加深刻认识到民族团结、社会稳定的重要性。

第二节　以增强物质获得感为基础的利益共享之策

马克思在《德意志意识形态》中指出："我们首先应当确定一切人类生存的第一个前提，也就是一切历史的第一个前提，这个前提是：人们为了能够'创造历史'，必须能够生活。但是为了生活，首先就需要吃喝住穿以及其他一些东西。因此第一个历史活动就是生产满足这些需要的资料，即生产物质生活本身。"②因此，让人民群众有物质获得感是从事其他一切活动的前提，要增强物质获得感，就需要在做大蛋糕的同时分好蛋糕。

一、增强物质获得感的重要性

获得感，原意是指个人在获取某种利益后所产生的满足感。习近平总书记关于让人民群众有更多"获得感"的表述，多用来指人民群众共享改革成果的幸福感。这里的"获得感"，首先是要感受到改革带来的物质生活水平的提

---

① 党的十九大报告辅导读本[M]. 北京：人民出版社，2017：317.
② 马克思恩格斯选集（第1卷）[M]. 北京：人民出版社，2012：158.

高。比如，人民群众有房住，收入增加，能接受优质教育，能看得起病，养老有保障等，这些都是看得见摸得着的"获得感"；还指在精神层面，要让每个人有梦想、有追求，同时活得更有尊严、更体面，能够享受公平公正的同等权利。也就是说，物质获得感绝非物质主义，而是内蕴着追求美好生活的满足感。

从理论上看，让人民群众有更多获得感，共享改革发展成果，这是社会主义制度的应有之义，也是凝聚发展共识、促进民族团结进步的基本要求。马克思指出："人们奋斗所争取的一切，都同他们的利益有关。"[①]"'思想'一旦离开'利益'，就一定会使自己出丑。"[②]可见，物质利益的丰富和满足，是赢得群众、团结凝聚群众的基础性要素。同时，物质上的获得感也是铸牢中华民族共同体意识，促进其凝聚力生成的现实之需。因为，"每一种意识形态都不是凭空产生的，它源于这个阶级在实践中制造的社会现实。"[③]实际上，一部中国共产党党史，就是一部不断为人民谋利益的奋斗史，同时，也是一部中国共产党赢得民心的发展壮大史。建党初期，我们党领导与组织工人运动，就是从改善工人生活和劳动条件的经济斗争入手，进而发展到争取工人民主权利的政治斗争。在土地革命和根据地建设进程中，我们党着力"解决群众的生产和生活问题，盐的问题，米的问题，房子的问题，衣的问题，生小孩子的问题"等群众关心的一切问题，"打土豪、分田地""三大纪律、八项注意"等生动诠释了我们党维护群众利益的实际行动。新中国成立以来，我们党集中精力进行社会主义现代建设，根本目标就是满足人民群众日益增长的物质文化（美好生活）需要。发展经济、改善民生始终是社会主义建设与改革的一条主线。改革开放初期，邓小平同志用"小康社会"这个饱含中国人理想生活追求的概念描述社会主义现代化建设目标。一代又一代共产党人，带领中国人民先后实现了由温饱不足到温饱、由温饱到全面小康的历史性跨越。

党的十八大以来，以习近平同志为核心的党中央把人民对美好生活的向

---

① 马克思恩格斯全集(第 1 卷)[M]. 北京：人民出版社，1994：82.

② 马克思恩格斯全集(第 2 卷)[M]. 北京：人民出版社，1957：103.

③ 陈先达. 坚持马克思主义在意识形态领域指导地位研究[M]. 北京：经济科学出版社，2014：23.

往作为党的奋斗目标，团结带领全国各族人民打响脱贫攻坚战，创造了世所罕见的脱贫奇迹。面对百年不遇的新冠疫情，我们党始终坚持人民至上、生命至上，把人民群众生命安全和身体健康放在第一位，不惜一切代价救死扶伤，将人民利益至上的理念发挥到极致。正是由于党始终坚持人民利益至上，让人民群众拥有看得见、摸得着的实惠，党才赢得了人民的衷心爱戴和支持，党同人民群众的血肉联系才更加密切。

新时代，基于人民群众日益增长的美好生活需要，在做大做好蛋糕的同时，也要切实分好蛋糕，推进利益共享。这是维护社会稳定、促进民族团结进步的基石。从现实来看，民族地区经济社会发展与全国整体水平相比，仍然存在一定的差距，这种差距直接体现在人民群众的收入水平、受教育程度、就业质量等多个方面，这些都会在一定程度上制约民族群众的美好生活需要。因此，重视物质获得感的满足，是密切联系群众、赢得群众信任支持的基础和关键。

二、增强物质获得感的迫切性

增强物质获得感，不仅重要，而且迫切。一是社会主要矛盾转化的要求。中国特色社会主义进入新时代，我国社会主要矛盾转化为人民群众日益增长的美好生活需要与发展不平衡不充分之间的矛盾。一方面是人民群众美好生活需要日益增长，这种"日益增长"的趋势，既是客观的，也是主观的。客观性是指，外部环境的变化会推动人们不断产生新的需要，当前我国经济社会发展日新月异，深刻影响着人们的生产生活方式，不断刺激着人们产生新的美好生活需要。主观性是指，不同的人对美好生活需要的定义是不同的，同样的物质获得会产生因人而异的获得感。由此，不断增长的美好生活需要与因人而异的美好生活定义，都迫切要求增强物质获得感以不断满足人民群众的多重需要。

另一方面，我国经济社会发展还不平衡不充分，边疆民族地区与我国东部沿海地区相比较体现得更为明显，这种差距最为直观的表现就是物质方面，物质方面的差距会在一定程度上影响人民群众的"五个认同"。邓小平曾深刻地指出："革命是在物质利益的基础上产生的，如果只讲牺牲精神，不讲物质利益，那就是唯心论。"①实际上，毛泽东早在《经济问题与财政问题》一文中指出："一切空话都是无用的，必须给人民以看得见的物质福利。"②所以，习近平在全面建成小康社会问题上反复强调，全面建成小康社会一个民族都不能少。在 2021 年省部级主要领导干部学习贯彻党的十九届五中全会精神专题研讨班开班仪式上，习近平特别强调，"实现共同富裕不仅是经济问题，而且是关系党的执政基础的重大政治问题。要统筹考虑需要和可能，按照经济社会发展规律循序渐进，自觉主动解决地区差距，城乡差距、收入差距等问题，不断增强人民群众获得感、幸福感和安全感。"③因此，从促进民族团结进步铸牢中华民族共同体意识的要求来看，增强人民群众的物质获得感尤为迫切。

二是意识形态斗争形势的要求。西方对华意识形态斗争变本加厉，民族地区成为其意识形态渗透和攻击的重点。西方国家利用其经济强势和话语优势，对我国新疆、西藏等民族地区进行无底线的攻击和歪曲，这些都会在一定程度上影响我国意识形态安全。因此，要站稳守好意识形态前沿阵地，利用话语力量向国际社会澄清事实真相，揭露西方势力的险恶用心。但关键是要发展好自己，事实胜于雄辩，只有发展好自己，创造出更多的物质财富，让人民群众共享改革发展的成果，才能更好地展现社会主义制度的比较优势，进而人民群众才能更加坚强地团结凝聚起来，西方谣言才能不攻自破。

三是激发人民群众干事创业信心的要求。随着脱贫攻坚任务的胜利完成，中华民族又站在新的历史起点上，既面临转变经济发展方式实现高质量发展，又要面临巩固脱贫攻坚成果推进乡村振兴。因此，无论是高质量发展，还是乡村振兴，关键是要激发各族群众干事创业的信心，实现从"输血"到"造血"的转变。要实现这一转变，就要增强人民群众干事创业的信心。显然，要增强信心就必须不断提升人民群众的物质获得感，也就是要切实解决"分好蛋糕"的问题。"蛋糕"分好了，人民群众干事创业的信心才能激发出来。

---

① 邓小平文选(第 2 卷)[M]. 北京：人民出版社，1994：146.

② 毛泽东经济问题与财政问题(节选)(1942 年 12 月)[G]. 毛泽东文集(第 2 卷)北京：人民出版社，1993：467.

③ 习近平. 在省部级主要领导干部学习贯彻党的十九届五中全会精神专题研讨班开班仪式上的讲话，央视网，2021-1-11.

三、增强物质获得感的实践要求

物质获得感的增强既要靠经济发展以继续"做大蛋糕"，也要靠宣传思想工作，引导人们树立正确的财富观和利益观。结合经济社会发展的客观现实，当前，一是要继续"做大蛋糕"，推动经济持续健康发展。物质上的获得感根本依赖于经济发展，只有经济持续健康发展，才能创造出更多的物质财富，进而为增强人民群众物质上的获得感提供条件。因此，针对我国经济发展不平衡不充分的问题，要多措并举地推动实现高质量发展。进言之，各地区要充分抓住国家发展机遇，充分发挥各地独特优势、区位优越，因地制宜地制定特色发展战略，将各地资源、区位、政策、平台等优势转化为经济发展优势。培育一批产业特色鲜明、核心竞争能力突出、引领区域发展的龙头强县，加大乡村振兴战略实施，有效衔接脱贫攻坚政策，巩固脱贫成果。以基础设施大会战形式加快新老基建建设，加快推进产业集聚发展，做大做强落地加工业，加强高质量发展的金融支撑，奋力补齐经济高质量发展的短板。形成内外联动、产业协同、要素共享、交通互联、和谐安宁的良性互动机制，打造畅通国内国际双循环的重要节点，促进政策集成、资源整合、要素汇集、财力投入，打造新的经济发展增长极。比如，习近平总书记针对广西经济发展提出，广西要立足独特区位，要释放"海"的潜力，激发"江"的活力，做足"边"的文章的战略指导思想。这一战略指导思想深刻而精准，为广西经济发展明确了方向和战略重点。因为这一独特的区位优势是其他地方所没有的，这是广西发展的潜力所在。唯有运用好这一区位优势，才能推动该地区更好更快发展，全体党员干部要有时不我待的紧迫感、责任感和使命感，解放思想、锐意开拓、真抓实干。找准各地发展优势，坚持新发展理念，实现跨越式发展，以丰富的发展成果展现美好前景，以此增强人民群众发展信心和动力，这是中华民族凝聚力建设的利益逻辑使然。

二是要切实"分好蛋糕"，坚持利益共享。既要做大蛋糕，但更要分好蛋糕，所谓不患寡而患不均。进言之，在社会主义制度下，物质上的获得感是指全体人民的获得，而不是少数人的获得，这是社会公平正义的要求。正如习近平总书记指出的，"必须始终把人民利益摆在至高无上的地位，让改革发展成果更多更公平惠及全体人民。"①显然，做大"蛋糕"不容易，但要分好"蛋糕"同样不容易，因为这涉及利益问题，触动利益往往比触及灵魂还难。况且随着经济发展，人们之间的利益关系更加错综复杂，稍有不慎，就会触及人们的切身利益，引发不满情绪。但是，切实"分好蛋糕"，让各族人民共享改革发展的成果，既是社会主义制度的本质体现，也是凝聚人心、激发社会动力的要求。因此，要分好蛋糕，让人民群众有切实的物质获得感。在实践中就要求坚决落实和解决地区发展不平衡的问题，对后发展地区，国家要继续加大支持力度，当然，这里的"支持"更多的是政策上的、战略上的。切实解决长期以来困扰这些地区发展的资金、人才、市场等困境问题。比如，如何让更多的人才愿意扎根西部，服务边疆，这就需要从国家层面统筹规划，可以通过给予服务西部边疆的高层次人才更多的关照政策，给予他们经济上、子女教育上等更多的支持。从而让更多的人才愿意留下来、乐于留下来，并努力形成强大的人才吸附效应。实际上，只要解决了人才问题，后发展地区的发展问题才能迎刃而解，这也是分好蛋糕的应有之义。要切实分好蛋糕，还要与腐败问题做坚决彻底的斗争，腐败问题是最大的不公平，腐败分子凭借手中掌握的权力，肆意占有国家和人民群众的资源和财富，极大地危害人民群众的切身利益，也是人民群众最为反感和最伤民心的行径。因此，要分好蛋糕，就要坚决打击腐败问题，与腐败斗争越彻底，公平正义越能维护，利益共享越能更好地实现。尽管腐败问题无地域区别，但是对于经济发展相对落后的边疆民族地区而言，腐败问题对于经济社会发展和人民群众的伤害更大更甚，因为它伤害的是人民群众的"五个认同"，关系到国家安全和社会稳定。因此，严肃惩治腐败，也是坚持利益共享的应有之义。坚持利益共享，让人人都有获得感，都能公平地享受到就业、教育、医疗等资源，以利益共享增进价值共识，才能在潜移默化中铸牢中华民族共同体意识。

　　三是增强人民群众物质获得感，要做好宣传思想教育工作。要防止物质获得感转化为物质主义，还要重视做好宣传思想工作，教育引导人民群众树

---

① 习近平. 决胜全面建成小康社会 夺取新时代中国特色社会主义伟大胜利[N]. 人民日报，2017-10-18(01).

立正确的物质利益观。因为单纯讲物质获得感，常会使人们对物质获得感产生片面的理解，认为物质获得感就是追求物质利益的满足，就是要不择手段地、无止境地追求物质利益。显然，这样的认识和理解违背了"美好生活"的本质，最终危害社会发展和社会风气。因此，做好宣传思想教育工作，向人民深入浅出地讲明什么是"物质获得感"，究竟要实现什么样的"物质获得感"，应该怎样实现"物质获得感"，只有把这个问题讲清楚、请明白，才能防止出现物质主义。所以，在宣传的过程中，要引导人民树立合理的需求观，因为人的需求是无止境的，如果没有合理的需求观，就没有正确的利益观，正如马克思指出的："忧心忡忡的穷人甚至对美丽的风景都没有什么感觉；贩卖矿物的商人只看矿物的商业价值，他没有矿物学的感觉。"[①]同时，要深刻认识"物质获得感"的内涵，不能把物质获得感单纯地视为物质利益的满足，也不能把物质获得感"理想化"，我们讲的"物质获得感"是在辛勤付出、诚实劳动后获得丰富成果而产生的自我满足感，显然，这种"获得感"是取之有道、取之有度的获得感。另外，经济社会发展的速度和程度也会影响人们物质获得感，如果不从经济社会发展实际出发，认识不到经济社会发展规律，"物质获得"的心理预期过高或过低，都会影响人们的"获得感"，进而影响人们的理想信念和价值观念。因此，做好宣传思想工作，引导人们树立正确的利益观，树立理性平和的社会心态，才能为凝魂聚力奠定思想基础。

第三节　以增强文化认同感为核心的价值引领之策

习近平总书记强调："文化认同是最深层次的认同，是民族团结之根、民族和睦之魂。"[②]文化认同感，是指个体或群体对于自身所属民族、国家的文化发自内心的赞同和欣赏。文化是一个民族独特的精神标识，中华民族在5000多年的历史长河中，绵绵不断、生生不息，靠的就是文化认同。作为价值体

①　马克思恩格斯全集(第42卷)[M].北京：人民出版社，1979：126.
②　习近平参加内蒙古代表团审议［EB/OL］，http://news.cctv.com/2021/03/05/ARTIVxSj6hrySVQ0YzRwjuis210305.shtml，2021-3-5.

系和行为规范，文化为人们提供鉴是非、辨善恶、识美丑、虑人生的社会价值标准，并且通过教育内化为个人的是非感、正义感、审美感、责任感等，使得全体社会成员形成共同的道德观、价值观、人生观，进而凝聚社会力量。从中华民族凝聚力建设来看，充分挖掘各民族长期以来形成的守望相助、爱国爱党、团结奋斗的优秀文化基因，并加以创造性转化、创新性发展，才能构筑起中华民族共有精神家园。

一、充分挖掘中华民族团结进步的文化基因

文化遗产是历史的回响，是民族的根与魂，是中华民族共同体意识的源头活水。自古以来，神州大地上的各民族交往交流交融，共同缔造了悠久灿烂的思想文化，形成了多元一体的文化格局。因此，深入挖掘各民族创造的优秀传统文化，是中华民族凝聚力建设，实现中华民族伟大复兴的灵魂工程。

在漫长的历史长河中，中华民族在这片土地上繁衍生息，创造了和睦友好的历史文化、攻坚克难的脱贫文化、尊重差异的政治文化，深厚的文化沃土成为中华民族团结进步的文化基因，是中华民族凝聚力建设中需要深入挖掘的重要文化资源。这些重要的文化资源蕴含在各民族共同的日常生活中、历史遗迹中，以及优美的故事中……

体现在日常生活的各个方面，比如，在语言上，虽然广西境内民族众多，语言类型非常丰富，但许多少数民族群众都能熟练掌握几种民族语言。南宁周边地区的平话，相当部分的词汇就来自于壮语，桂林、柳州地区的桂柳话，许多词则来自西南官话。在信仰方面，广西民族的信仰文化体现出多元通和性，广西世居居民除回族信仰伊斯兰教外，其他民族主要以巫（麽）教为主，兼容过去从中原地区传入的道教、佛教等多重宗教信仰。由此，文化上的互鉴性，为各民族和平相处，相互吸引，构建和谐民族关系奠定了心理基础。

体现在历史遗迹中，比如，在澜沧江流域的察雅县香堆镇，融藏族、汉族和尼泊尔风格为一体的仁达摩崖石刻已经在风雨中伫立了1200多年。虽然历经千年，但岩壁上的造像栩栩如生，各种图案和细节显露出不同民族文化间的交流与交融。造像之下有大篇藏文铭刻和数十个汉字，记载了藏汉工匠的姓名等。据专家考证，造像完成于吐蕃时期，由大唐工匠与吐蕃工匠一同

建造。石刻具有藏族和汉族的艺术特色，体现的是藏汉民族文化、经济、政治的交流，有深刻的民族团结底蕴。因此，挖掘、整理、宣传自古以来各民族交往交流交融的历史事实，引导各族群众珍视民族团结进步的历史记忆，有助于铸牢中华民族共同体意识。

在少数民族流传的故事中，流传着许多感人至深的民族团结故事，在新疆，库尔班大叔骑着毛驴去北京见毛主席的故事被传为佳话，库尔班大叔名叫库尔班·吐鲁木，1883 年出生于新疆维吾尔自治区于田县托格日尕孜乡一个贫苦的维吾尔族农民家庭，他从小饱受地主的剥削、压榨和凌辱，过着饥寒交迫的生活，直到新中国成立时，库尔班·吐鲁木全家除了一条破毡子、一只破铜壶，便是一身沉重的债务。1949 年在中国共产党的领导下新疆和平解放。土改时，库尔班一家分了房子和十几亩土地。六十多岁的库尔班第一次种上了属于自己的土地。在粮食获得大丰收，日子一天天好起来后，库尔班就萌生了骑着毛驴带上瓜果去北京看看毛主席，感谢毛主席让他有了耕地和粮食的念头。1958 年 6 月 28 日，库尔班大叔到北京看毛主席的愿望终于得到实现。库尔班大叔为新疆各族人民留下了一份热爱中国共产党、热爱社会主义、热爱民族团结、热爱劳动的宝贵精神财富，无时无刻不在感召着今天的人们。在壮族人民的心中，传承着瓦氏夫人抗倭的故事，明朝时期，在倭寇入侵我国东南沿海的紧急关头，瓦氏夫人不顾 58 岁的高龄，亲率广西 6000 俍兵驰骋千里奔赴抗倭第一线，以"誓不与贼俱生"的气概纵马冲锋陷阵，连歼敌兵，打破了倭寇不可战胜的神话，为保国安民立下了赫赫战功，被明嘉靖皇帝封为二品夫人。在中华民族抗击外敌入侵的历史中，瓦氏夫人堪称"巾帼英雄第一人"。她的抗倭爱国精神，永远值得中国人民缅怀和纪念。同时，也书写了民族团结的佳话。在蒙古族人的故事中，土尔扈特部东归的故事也广为流传，乾隆三十六年（1771 年），土尔扈特部首领渥巴锡（阿玉奇汗之曾孙）为摆脱沙俄压迫，率领部众冲破沙俄重重截击，历经千辛万苦，胜利返回祖国。土尔扈特部的回归为巩固中华统一的多民族国家，写下了可歌可泣的光辉篇章。这些优美的故事生动诠释着民族团结进步的文化基因，是今天铸牢中华民族共同体意识的宝贵资源。

在社会主义现代化建设时期，党领导人民在摆脱贫困的过程中，形成了以矢志不移、互帮互助、苦干实干为基本特征的脱贫文化，激发了人民群众战胜贫穷的内生动力，增强了人民群众对党的信任和对社会主义制度的认同。广西集"老、少、边、山、穷、库"多种困难于一身，历来就是我国扶贫工作的主战场，贫困也是影响民族团结最重要的因素。新中国成立以来，针对广西的扶贫就在接续推进，广西各族群众在党的领导下，通过强力"输血"和努力"造血"，扶贫工作取得了重大成就，人民群众有了切实的获得感。通过"输血"，使得广西各族人民增强了国家认同感，坚定了跟党走的信心和力量；通过"造血"，使得广西各族人民更加深刻认识到民族团结、社会稳定的重要性。改革开放 40 多年，"广西贫困人口就由 1978 年的 2 100 万人下降到 2017 年的 267 万人，贫困发生率由 70％下降到 5.7％"①，2020 年底，脱贫攻坚任务胜利完成，谱写了人类反贫困史上的中国奇迹。这场脱贫攻坚大会战的胜利，离不开党的坚强领导和全国一盘棋的战略部署，离不开各族人民众志成城、团结一心的苦干实干。伴随脱贫攻坚所形成的脱贫文化，必将成为引领各族群众继续团结奋斗的精神动力。

对广西各族群众而言，"尊重差异"的政治文化增强了政治认同。新中国成立后，基于广西少数民族人口众多、民族结构复杂和大杂居小聚居的分布特点，在充分调研和酝酿的基础上，党和国家决定设立广西壮族自治区，以在政治上切实保障民族平等和更好地开展民族工作。在政治制度方面，设立自治区和自治机关，是我国在民族政策上尊重差异、包容多样的集中体现。在坚持国家统一的前提下，通过设立自治地方，可以更加充分地保障少数民族的权利和促进民族地区经济社会发展。譬如，结合自治地方实际，因地制宜地制定自治条例和单行条例；根据民族区域自治制度关于人才保障的要求，加强少数民族干部、专业技能人才、经管人才、乡土人才等的培养；根据广西沿江、沿边、沿海的区位优势，国家给予系列优惠政策的支持，促进广西经济社会发展等。在政治生活上，结合少数民族的语言文字、风俗习惯、宗教信仰等，在尊重少数民族政治文化习俗的基础上，制定单行条例，如经广西壮族自治区人民政府批准和颁布的《壮文方案》，中国人民银行发行的人民

---

① 蒙汉明. 写好人类反贫困历史中国奇迹的广西篇章[N]. 广西日报，2018-12-06(10).

币将壮文作为四种少数民族文字之一；根据"壮族三月三"传统习俗，2014 年，自治区党委、政府决定将"壮族三月三"定为全区民族传统习惯节日，广西全区公民放假两天，等等。这种尊重差异的政治文化，既为民族地区经济社会又好又快发展提供了制度保障，同时也赢得了民心、增强了政治认同，有助于更好地助推广西民族团结进步事业。

同样的还有新疆，新疆古称西域，西域称谓一直延续到清朝中期乾隆帝统治时期。新疆自古以来就是多民族聚居地区，多种文化包容互鉴、交融贯通，是中华文化不可分割的组成部分，同时丰富了中华文化的深刻内涵。中华文化则始终是新疆各民族文化发展的深厚土壤，始终是新疆各族人民的精神家园，始终滋养着各族人民的心灵世界。据文献记载，早在周穆王时期，中原文化即在西域传播，公元前 138 年和公元前 119 年，张骞两次出使西域，进一步增进了西域文化与中原文化的交流，西汉时期设置西域都户，自此历代王朝都将西域视为故土，行使对西域的管辖权，这是中原文化全面在西域传播、传承的重要政治基础。自此，新疆与中原地区间的关系日趋密切，各族民众对伟大祖国的认同、对中华文化的认同也在不断增强。在我国大一统格局下，新疆地区始终都在中央统一管辖之下，这是新疆地区历史发展的主流和方向。在中华大一统思想的浸润下，追求国家统一、对中华文化的认同，始终是新疆各族人民民心所向。于阗王"随唐朝国姓'李'"，高昌回鹘统治者自称"西州外甥"，喀喇汗王自称"桃花石汗"，"秦之王"及"秦与东方之王"等，都反映了新疆各族人民对中原政权的高度认同、积极追求统一的人心所向，都是大一统思想深入人心的具体表现。因此，这些重要文化资源都是增进民族团结的重要文化记忆，深入挖掘历史文化中蕴含的民族团结进步基因，是筑牢中华民族共同体意识，推进中华民族凝聚力建设的重要抓手。

二、用社会主义核心价值观引领中华文化发展

用社会主义核心价值观引领中华文化发展，坚定文化自信。优秀传统文化是文化自信之源，但是，优秀传统文化要想更加从容地获得认同，还需要承古开今，汲养内外，推动新的文化创造。由此，社会主义核心价值观是推动中华文化创造创新发展的助燃剂。用社会主义核心价值观引领各民族独特

的民俗文化、历史文化、宗教文化，才能使中华文化焕发出新的时代生机，增强中华民族的共同体意识。

用社会主义核心价值观引领中华优秀传统文化，使社会主义核心价值观在人民心中落地生根。

1. 推动社会主义核心价值观大众认同。推动社会主义核心价值观大众认同是促进中华文化传承发展的前提要求。社会主义核心价值观作为凝魂聚气、引领道德风尚的铸魂工程，推动社会主义核心价值观大众认同，首先，要让大众知道社会主义核心价值观的丰富内涵、内在逻辑和践行要求等基本常识，以形成对社会主义核心价值观的基本认知。知道社会主义核心价值观的丰富内涵，是推动社会主义核心价值观大众认同的逻辑起点。只有让大众知道社会主义核心价值观"是什么"，才能激发大众兴趣并引发价值思考。在这一阶段，不仅要让大众知道社会主义核心价值观"三个倡导"的内容，还要让大众知道构成"三个倡导"的"24字表述"的深刻含义。进而明确社会主义核心价值观的独特标识，特别是与资本主义价值观的本质区别。知道社会主义核心价值观的内在逻辑，实质是使大众形成对社会主义核心价值观的整体认知，进而促使大众进一步加深对社会主义核心价值观内涵的理解。避免将社会主义核心价值观庸俗化或碎片化。知道社会主义核心价值观的践行要求，是发挥社会主义核心价值观价值引领规范引导大众行为，更好推动社会主义核心价值观培育践行，进而推动大众认同的关键。

其次，充分认识社会主义核心价值观的价值，形成对社会主义核心价值观的价值偏好，这是推动社会主义核心价值观大众认同往实里走的要求。实际上，社会主义核心价值观是兴国之魂、是个人成功之要、是国家治理之基，这些重要价值需要向大众充分讲明。明晰社会主义核心价值观是"兴国之魂"，即是让大众从强国建设、民族复兴层面，充分认识培育践行社会主义核心价值观的重要价值。核心价值观不仅在国家文化软实力建设中发挥着灵魂性的作用，同时也在国家硬实力建设中发挥着灵魂性的作用。社会主义核心价值观正是以价值的"最大公约数"凝聚社会共识，汇聚起勇往直前、不可战胜的磅礴力量。因此，只有从强国建设和民族复兴的高度，才能让大众在历史的记忆，现实的挑战，国家、民族未来展望中明晰社会主义核心价值观建设的重要性，从而将培育践行社会主义核心价值观与国家前途命运紧紧联系在一起。明晰社会主义核心价值观是"成功之要"，是指从个人发展层面，讲清楚社会主义核心价值观对个人成长成才的重要性。从认识论的维度，主体总是根据客体是否满足自身需要以及需要满足的程度，判断客体的价值性大小。对主体而言，客体满足主体需要的程度越大，则价值越大。由此推知，只有联系个人实际，充分展现社会主义核心价值观对个人发展的有用性，才能进一步推动社会主义核心价值观认同提升。明晰社会主义核心价值观是"治国之基"，即是从治国理政的层面认识其在国家治理体系和治理能力现代化中的地位和作用。坚持依法治国和以德治国相结合，是中国特色的国家治理方式。核心价值观作为德治的核心理念，为社会提供了判断是非曲直、善恶良知的价值标准。社会主义核心价值观 24 字的话语表述，精练地概括了"德"的本质内容，为以德治国提供了最基本的道德规范和最基本的道德信仰。同时，也为依法治国提供了道德支撑。

再次，对社会主义核心价值观是否实质认同，还需要在实践中验证。在实践中，要看大众（认同主体）是否主动学习求真知、是否日常践行看品质、是否意志坚定表真挚，这是衡量大众（认同主体）是否实质认同社会主义核心价值观的重要检验标准。是否坚定不移地认同社会主义核心价值观，也需要在三个方面进行把握。一看个人身处逆境时的表现。人生往往充满诸多不确定性的因素，有顺境，也有逆境；有忠言，也有逆耳；有公平，也有不公。人只有在面对逆境、逆耳和不公时展现出的态度，表露出的情感，才能测验一个人的本质。所以，看一个人是否真的认同社会主义核心价值观，也需要在逆境中检验。只有做到真金不怕火炼，无论顺境还是逆境，都能信念坚定，始终如一，才算是真的认同。二看面对花言巧语蛊惑时的表现。全球化和新媒体时代，网络上的信息呈现爆炸式增长，面对各种良莠不分的信息，尤其是针对某些"社会公知""网络大 V"及西方势力，刻意设置的各种丑化党的领导和社会主义制度的话语陷阱。在此背景下，能否做到头脑清醒，仍然按照社会主义核心价值观的要求严以修身，针对各种错误谬论敢于亮剑，也是衡量是否真的认同社会主义核心价值观的重要标准。三看社会需要时能否挺身而出。社会主义核心价值观要求舍小我顾大我，舍小家顾大家，坚持国家利益和集体利益至上。当社会需要时能否挺身而出，毫不犹豫地站出来，担负时代赋予的重任，并尽可能地为社会奉献自己的一切，乃至生命。这是衡量对社会主义核心价值观是否真的认同的标准。因此，只有首先做到认同社会主义核心价值观，才能为民族文化发展明确方向和注入灵魂。

2. 用社会主义核心价值观引领民俗文化。首先，要从维护社会主义意识形态安全的高度，明确民族地区民俗活动的治理主体。治理主体思想重视、权责明确，是保证民族地区文化健康发展的基本要求。少数民族民俗文化作为一项基层"文化活动"，具有明确的意识形态属性。基础不牢，地动山摇，民俗文化活动能否健康发展，直接关系到社会主义核心价值观在民族地区能否落地生根。目前，随着通信工具的智能化和网络化，人民群众的信息获取方式也更加现代和多元，由于缺乏思想辨识能力，在利益驱动和猎奇心理的作用下，大量低级趣味的"荤段子"，断章取义的"假新闻"、丑化社会的"恶搞视频"、各种错误社会思潮及腐朽落后文化，渗透进民俗文化活动之中，以潜在或显性的方式影响着我国意识形态安全。

为此，从维护国家意识形态安全的高度，明晰民俗文化活动治理主体的责任就显得尤为迫切。依据我国党管意识形态、党管宣传和党管媒体的要求，其一，要充分发挥农村基层党组织的战斗堡垒作用。发挥基层党组织的战斗堡垒作用，是民俗文化活动健康发展的根本保证。习近平总书记强调："基层是党的执政之基、力量之源。只有基层党组织坚强有力，党员发挥应有作用，党的根基才能牢固，党才能有战斗力。"[①]为此，要求基层党组织要切实承担起领导民族地区文化活动的主体责任。做到思想上要重视，过程中要引领、行动上要参与。基层党员要发挥自身团结群众、凝聚群众的优势，既要善于甄别价值导向错误的"文化活动"，又要善于打造能够被少数民族群众真心喜爱、充满乡土气息的"文化活动"，用健康活泼的民俗文化活动教育群众、引领风尚。其二，地方党委和政府要种好责任田，守好一段渠。严格落实党管意识形态的政策要求，是地方党委和政府的重要职责。地方党委和政府作为民俗

---

① 习近平. 突出问题导向确保取得实际成效 把全面从严治党落实到每一个支部[N]. 人民日报，2016-04-07.

文化活动健康发展的领导者和监管者。要真正从培育和践行社会主义核心价值观的层面重视民族地区的文化活动。要以"功成不必在我"的心态，从当前边疆民族地区的具体实际出发，做好公共文化服务工作，既要通过完善硬件为农村、农民创设公共文化活动场所，也要从严格履行责任主体的职责，做好对农村群众性文化活动的监管。其三，移动媒体人要做好网络舆情的引导。以智能手机为代表的移动媒体已经成为农村百姓闲暇消遣的主要方式。五花八门的微信群、QQ群的建立，在方便基层群众社交的同时，网络上一些披着"真善美"外衣的假信息，也极易将民族地区民俗活动引向歪路或邪路。民俗文化活动的群体性特征，加上农村熟人社会的交互作用，客观上加速了"假恶丑"信息的传播。为此，结合移动媒体两面性的特点，加强对移动媒体的监管，增强移动媒体人的意识形态安全意识和责任意识，也成为推动民俗文化活动健康发展不容忽视的因素。

其次，从促进社会主义核心价值观落地的角度，推动民俗文化活动引领风尚。社会主义核心价值观落地，是指将社会主义核心价值观的价值要求落实到具体的实践活动之中。社会主义核心价值观要发挥先进性和引领性作用，需要将社会主义核心价值观渗透于社会各个领域才能实现。换言之，要发挥社会主义核心价值观对民俗文化的引领力，根本是要将社会主义核心价值观渗透于民族群众的日常生活之中。民俗文化活动作为当前民族群众参与度高、影响力大的"群众活动"，自然就成为社会主义核心价值观落地的重要载体。

民俗文化活动要发挥引领风尚的作用，必须推动民俗文化创新性发展、创造性转化，用集思想性、艺术性和接地气的优秀文化活动吸引人、感染人、引领人。为此，一方面，以社会主义核心价值观为价值导向，推动民俗文化活动创造性转化。"所谓创造性转化，是指中华传统文化的现代转型，包括在理念上、内容上、表达上、形式上等各层面。"①当前网络化的普及和开放发展的环境，使得人民群众的思想意识日趋前卫，由此，对新鲜事物的渴望，意味着简单地将传统民俗文化活动照抄照搬，已经很难满足当前人民群众的"现代"心态。为此，只有通过"创造性转化"，坚持古为今用、推陈出新，既要体

---

① 商志晓. 中华传统文化创造性转化创新性发展的哲学审思[N]. 光明日报, 2017-01-09.

现中国特色和地方特点，也要赋予鲜明的时代感。唯有如此，才能发挥民俗活动的引领功能。

另一方面，以社会主义核心价值观为价值导向，推动民俗文化活动创新性发展。创新意味着超越，民俗文化活动创新性发展，是指对现有民俗文化活动进行提升超越。换言之，不是对过去传统的简单抛弃，而是在立足传统的基础上的扬弃。具体到边疆民族地区民俗文化活动，不是简单地否定现有的"文化活动"，而是从民族群众的实际和接受能力出发，在原有的基础上进行有效"嫁接"，以此生长出新时代的民俗文化活动，在增强民俗文化活动时代感中增强引领力，唯有如此，才能将最广大的少数民族群众团结起来，凝聚起来。

三、在增强社会主义意识形态认同中做好价值引领

意识形态是文化的内核，增强文化认同的核心是要做好意识形态认同，也可以说，没有意识形态认同，就没有文化的认同，增强意识形态认同的过程也是价值引领实现的过程。社会主义意识形态作为人类社会最为先进的思想体系，推动社会主义意识形态认同，就是要用先进的思想掌握人们的头脑。要增强社会主义意识形态认同，一是牢牢掌握意识形态工作领导权、管理权和话语权。马克思、恩格斯指出："统治阶级的思想在每一个时代都是占统治地位的思想。这就是说，一个阶级是社会上占统治地位的物质力量，同时，也是社会上占统治地位的精神力量。"①意识形态工作，关乎旗帜、关乎道路、关乎国家政治安全，意识形态工作的极端重要性决定了不同阶级或政治集团围绕意识形态工作领导权，进行的斗争将是长期的、复杂的。党管宣传、党管意识形态，要求意识形态领导权、管理权和话语权要牢牢掌握在党的手中，任何时候都不能旁落。要牢牢掌握意识形态"三权"，要求每位党员，尤其是领导干部，既要"身正"，"身正"意味着个人的言行举止符合社会主义核心价值观的要求，作为党员，尤其是党的干部必须做到理想信念坚定、大公无私，处处充满正能量。也要实干。空谈误国，实干兴邦，习近平总书记指出，只

---

① 马克思恩格斯文集(第1卷)[M]．北京：人民出版社，2009．505

有"说实话、谋实事、出实招、求实效，把雷厉风行与久久为功有机结合起来，勇于攻坚克难，以钉钉子的精神做实做细做好各项工作"，人民群众才能切实认识到党的"英明、正确、伟大"，进而坚定跟党走的信心和信念。另外，增强理论的现实解释力，也是牢牢掌握意识形态工作"三权"的理论保障。理论能够解释现实，才能赢得群众掌握群众。针对经济社会发展中出现的各类现象、社会问题、发展难题等，马克思主义理论必须做出科学的、彻底的解释，做到以理服人。马克思指出："理论只要说服人，就能掌握群众，理论只要彻底，就能说服人。"①由此推知，以彻底的理论服人赢得民心，才能夯实意识形态工作领导权的群众基础。

二是创新宣传思想工作，增强意识形态话语传播力。增强社会主义意识形态认同，还要创新意识形态话语传播方式，占领意识形态舆论阵地，用主旋律和正能量占领舆论空间，营造社会主义意识形态无处不在的舆论氛围。从当前意识形态话语传播情况来看，谁重视意识形态传播、谁的意识形态话语吸引人、谁的传播手段多样，谁的思想观念和价值理念就能占据主动。目前，社会主义意识形态话语传播力仍存在诸多问题。其一，社会主义意识形态话语传播的声音"不够响"。这里的声音"不够响"，是指部分党员和哲学社会科学工作者，面对意识形态问题时主体责任意识不强、积极性主动性不够，在涉及意识形态问题时不敢主动发声，不够旗帜鲜明。导致"在有的领域中马克思主义被边缘化、空泛化、标签化，在一些学科中'失语'、教材中'失踪'、论坛上'失声'。"②如果长此以往，负面的东西就会增长，红色的地带会被压缩，进而必然会削弱意识形态工作领导权。

其二，社会主义意识形态话语传播的内容"不够新"。建设具有强大凝聚力和引领力的社会主义意识形态，用创新的马克思主义指导新的实践，才能更好地体现社会主义意识形态的时代性和价值性。如果社会主义意识形态话语传播的内容缺乏鲜明时代感和现实指导力，其意识形态话语自然就缺乏吸引力。针对牢牢掌握意识形态工作领导权，党的十九大报告强调"必须推进马

---

① 马克思恩格斯选集(第1卷)[M]. 北京：人民出版社，2012：9.
② 习近平. 习近平谈治国理政(第2卷)[M]. 北京：外文出版社 2017：329.

克思主义中国化时代化大众化"，其目的性就在于此。

其三，社会主义意识形态话语传播手段"不够多"。与西方国家形式多样的意识形态传播手段相比，我们的传播手段仍然不够多。譬如，以美国为代表的西方国家的意识形态主要伴随着"影片、薯片、软件"等走向世界，巧妙地将"美国梦"以最自然的方式传播出去，在潜移默化中悄然改变着人们的价值观、消费观和人生观。显然，这种潜隐式的意识形态传播与依靠权利灌输的意识形态传播相比，前者的传播无疑更为有效。另外，新媒体的出现也极大改变着意识形态传播方式，比如，如何培植意见领袖、如何做好新媒体与传统媒体的融合、如何开辟国际话语传播平台等，都对新媒体时代的意识形态传播提出了新的课题。

创新意识形态话语传播方式，占领意识形态舆论阵地，着力提升意识形态工作影响力。

其一，强化意识形态话语主体的传播责任。意识形态话语传播力的增强根在"传播主体"，只有解决好"人的因素"，才能从根本上解决提高话语传播力的症结。当前，因话语传播环境、传播条件、传播对象等的深刻变化，都对意识形态话语传播主体的传播能力提出了新的更高要求。为此，只有完善意识形态工作责任制，从制度上细化意识形态工作标准和职责。同时将政治意识好、理论水平高、宣传能力强作为选人用人、职务晋升、绩效考核的重要标准，才能强化意识形态话语传播主体的传播责任。另外，构筑讲党性、讲政治、讲担当的舆论环境和政治氛围也是提升意识形态话语主体传播力的重要方面。

其二，创新意识形态话语传播内容。实际上，提升话语传播力还要重视"讲什么、怎么讲"的问题。意识形态作为一种思想意识和价值观念，只有在内容选择上遵循人的思想认识规律和人的成长需求期待规律，才能将意识形态传播工作做好做实。为此，在意识形态传播内容上，首先，传播内容要讲求针对性，要抓住传播对象的需求和期待，选择具有针对性的意识形态内容，以提高传播的实效性。其次，传播内容要讲求时代性。要直面现实问题，解答现实困惑，立足现在、着眼未来。用具有鲜明时代感的话语内容吸引人、感染人。再次，传播内容要富有亲和力。有亲和力才有吸引力、感染力和实效性。邓小平曾深刻地指出："我们讲了一辈子马克思主义，其实马克思主义并不玄奥。马克思主义是很朴实的东西，很朴实的道理。"①因此，只有深挖理论本身的亲和力，将深刻的道理以通俗易懂的方式讲出来，才能提升其传播力。

其三，推动意识形态话语传播方式创新。提升话语传播力还要重视话语传播载体或者话语表达方式的问题。目的就是增强话语的被接受性。为此，借鉴西方国家多元的意识形态话语传播方式，利用我国党管意识形态的制度优势。增强话语传播力需要构筑起话语传播方式合力。如构筑媒体话语传播合力，在推动实现传统媒体与新媒体深度融合的基础上，构建媒体共同话语，共同一致对外发声以引导社会舆论、化解社会矛盾。同时，还要重视在经济活动、文化产业、社会活动等中的意识形态话语传播。如在影视作品中推动意识形态话语的传播，将饱含社会主义意识形态价值导向的话语渗透到影视作品中，以"口头禅、大众话"的方式使其成为社会的"流行语"。在推动影视作品走向世界的过程中，多采用当地人更易于接受的话语表达方式，以此拉近双方的情感，在情感认同中促进社会主义意识形态在新的环境和土壤中生根发芽、枝繁叶茂。因此，只有牢牢掌握意识形态工作领导权、管理权和话语权，创新意识形态话语传播方式，占领舆论阵地，才能为推动社会主义意识形态认同创造条件。

因此，在充分挖掘中华优秀传统文化蕴含的民族团结进步的文化基因的基础上，大力培育和弘扬社会主义核心价值观，不断推动社会主义意识形态大众认同，这就能有力增强中华文化认同感，进而夯实中华民族凝聚力建设的思想基础。

第四节　以增强社会公平感为重点的社会治理之策

中国特色社会主义进入新时代，我国社会主要矛盾发生现实转化，人民

---

① 邓小平文选（第3卷）[M]. 北京：人民出版社，1993：82

群众对美好生活的需要更加多元多样，"不仅对物质文化生活提出了更高要求，而且在民主、法治、公平、正义、安全、环境等方面的要求日益增长。"①但是由于我国经济社会发展仍然不平衡不充分，由此在多元需求与发展不平衡不充分的背景下，如何创新社会治理以增强人民群众的公平感，就成为亟须解决的重大课题。因为社会越发展，财富越丰富，人民群众对于公平的诉求就会越高。从筑牢中华民族共同体意识，维护民族团结的视角来看，苏联亡党亡国的教训之一，就是在处理民族关系和民族政策上不公平，从而导致苏联共产党失掉民心。以史为鉴，维护社会公平正义，增强人民群众公平感，理应成为社会治理创新的原则要求。

一、社会公平感的含义及重要性

社会公平感是指个人或者群体对个人利益相关的制度、政策和措施的公平感受。社会公平感既具有客观性，也具有主观性。客观性是指，任何一个社会、一个国家要想凝聚人心，维护自身稳定，实现自身发展，都必须重视社会公平问题，否则这个社会或者国家就难以长久维系，古今中外，概莫能外。也就是说，即便是私有制社会，统治阶级也要努力去维护"社会公平"，尽管这种"公平"可能是虚假的，但也要尽力去制造公平。主观性是指，社会公平感是个人的主观心理感受，每个人都会基于自身的利益和心理做出"公平"的判断，即便是最理想的社会和理想的环境，也不可能保证所有人都能认同和接纳。换言之，公平有真实与虚假之分，但公平都是相对的，不是绝对的。当然，社会主义制度下的公平是真实的，社会主义社会是让最广大社会成员能够享受到公平感的社会。

从公平感的类型上看，公平感主要包括分配公平感，即社会成员对社会分配结果是否公平的心理感受。分配越公平，社会成员的内在动力就越能得到激发，工作效率就越能得到提高，对组织、对社会、对国家的制度认同就越高。反之，分配不公，就会降低社会成员的生产或生活积极性，从而对社

① 习近平. 决胜全面建成小康社会 夺取新时代中国特色社会主义伟大胜利[EB/OL]. 新华网，2019-10-18.

会产生抵触和不满情绪。美国心理学家亚当斯曾提出著名的公平理论，也称为社会比较理论。他强调，员工的公平感主要来自对报酬数量的公平性的感受，员工总是将产出（即从组织得到的回报）与自己对组织的投入（包括个人拥有的技能、努力、教育、培训、经验等因素）的比例，与他人的产出和投入比例进行对比。当比例不相等时，就会产生不公平感。这种不公平感会使个体经历紧张或焦虑的心理状态，进而寻求解决方法以求公平重建。当然，这种解决的方式可能因人而异，最为极端的就是诉诸暴力，或以暴力相威胁。另外，还有学者提出程序公平感，顾名思义是指，事件的处理与决策的过程与程序，对事件利益相关方与当事者都是公平的，这个过程中不存在因为人为偏移与"走后门"而造成这个处理与决策过程产生不公正不合理的结果。可见，程序公平是结果公平的保障。程序公平要求制度的设计要充分考虑各方面的因素，除达到不偏不倚与严谨无漏洞外，还要求制度在指导事件处理的实施与监督是开放与透明的，要求在事件处理的过程中，当事方与利益攸关方的地位是平等的。可见，程序公平与结果公平相比，同样重要。除了程序公平，还有互动公平，互动公平也可称为人际关系公平，顾名思义指的是个人所感受到的人与人之间交往的质量。也就是，在公平实现过程中，政策制定者要及时收集员工的反映，并且做出反应。互动公平分成两种：一种是"人际公平"，主要指在执行程序或决定结果时，权威或上级对待下属是否有礼貌、是否考虑到对方的尊严、是否尊重对方等；另一种是"信息公平"，主要指是否给当事人传达了应有的信息，即要给当事人提供一些解释，如为什么要用某种形式的程序或为什么要用特定的方式分配结果。

社会公平感的重要性在于，一是社会公平感是社会稳定之基。公平，通公平正义，公平公正是人类社会最古老的价值追求。早在古希腊时期，柏拉图就把公平公正视为理想政体的重要德行。公平公正亦是社会制度的最高价值。当代最著名的政治哲学家罗尔斯曾说，公正是社会制度的首要价值，如同真理是思想的首要价值。公正是一切统治者孜孜以求的价值目标。只有建立了公正的秩序，才能获得政权的合法性和正当性。公平也是所有人民最渴望的价值理想。只有在公平的社会中，人民才能各得其所、安居乐业。一个社会的公平，应当体现在经济、政治、法律等社会生活的各个领域、各个层次和各个方面。公平的核心是分配公平。依据政治哲学传统，公平的内涵在于"给予其所应得"，马克思也曾指出，各种公平主张实际上是人们对现存分配形式与自身利益关系的价值判断。公平的制度安排，要求国家各项制度总是将最广大人民群众的根本利益作为出发点与目的，并在社会发展的过程中不断实现人民的愿望、满足人民的需要、维护人民的根本利益。在公平正义的社会里，社会成员的权利和权益就能得到切实的保障，每个人的生存和发展就能得到保障。在遇到问题时，人们就会自觉通过合理合法的渠道解决问题，不会动辄诉诸暴力或以暴力相威胁。人们都能在法律和规范允许的范围内寻求解决问题的途径。推而广之，在民族团结这个大问题上，各民族、各地区之间尽管存在这样或那样的差距，但是都对个人和国家发展充满信心，不会破坏国家发展的大局，自觉投身于国家社会建设中去，为社会稳定增砖添瓦。

二是社会公平感是培育理性平和社会心态之要。理性平和的社会心态是社会稳定、民族团结进步的心理基础。或者说，没有理性平和的社会心态，就没有团结稳定的社会局面。社会公平意味着制度设立合理，能够照顾到绝大多数人的利益，权利在阳光下运行，没有暗箱操作，人与人之间也就不会钩心斗角，长此以往，自然有助于理性平和社会心态的培育。反之，一个社会如果不公正，利益受损的人将心理失衡，得益的人则提心吊胆，人与人之间互相嫉妒、防范、猜忌、钩心斗角，矛盾和冲突加剧，整个社会将如同霍布斯所说，"陷入一切人对一切人的战争"。因此，只有建立公平正义的社会，人与人之间才能建立彼此信任、相互包容、互助互利的人际关系。遇到问题时，人们才能多些情怀、少些情绪，多些抱负、少些抱怨，多些冲劲、少些冲动，凝聚起共同逐梦圆梦的强大正能量。

三是社会公平感是社会活力之源。社会公平感是激发人们干事创业社会活力的源泉。社会公平感意味着人们拥有了公平的社会氛围和竞争环境，在海阔凭鱼跃、天高任鸟飞的社会环境下，人民的利益得到切实保证，各方面的社会关系更加和谐，人人皆可出彩的机会得以保障，人民群众的积极性、主动性、创造性充分发挥，从而不断激发社会活力，把社会推向前进。

二、增强社会公平感的原则要求

社会主义制度的建立，是增强社会公平感的制度保障和重要前提。但是，社会主义制度的建立，并非意味着社会公平感会自然而然地提升，当然，也不能"为提升而提升"。要确保社会公平感提升的目的，要求社会公平感的提升要站在国家发展、关注民生、长治久安的层面，统筹推进经济社会发展与人民群众切实利益的关系。一是要立足于国家发展。发展是解决一切问题的关键，发展是增强社会公平感的前提和基础，没有国家发展，社会公平感的提升无疑是纸上谈兵。社会公平感的提升首先要立足于国家发展，从促进国家发展的高度增强社会公平感。要促进国家发展，必须树立国家意识和国家观念。具体来讲，就是要树立中华民族共同体意识。各民族都是中华民族大家庭的平等一员，都要共享改革发展的成果，同时也要从国家全局的高度制定经济发展战略，对于边疆民族地区，要结合国家整体发展要求给予必要的支持和帮助，坚持该管的管、该放的放。比如，针对近些年来许多人关心的国家给予边疆、山区、牧区、少数民族聚居地区的少数民族考生升学考试加分的问题，很多人表示不公平，毕竟大家都是努力学习才考取的分数，竟然被一些加分政策比下去了，总之加分政策遭到了很多不满意的声音。尽管从绝对公平的层面，的确存在不公平的问题。但实际上，国家对边疆、山区、牧区、少数民族聚居地区少数民族考生给予加分的优惠政策，根本目的是为了促进边疆民族地区更好更快发展，解决国家发展不平衡的问题，所以，加分政策也是一个特殊时期的特殊政策，相信随着将来边疆民族地区与沿海发达地区发展差距的缩小，对许多优惠政策自然而言会做出新的调整。因此，站在促进国家更好发展的层面，才能更加深刻地理解国家政策，促进国家发展。

二是着力解决现实问题。现实问题是老百姓最为关心、最为迫切亟须解决的问题，习近平总书记指出："我们中国共产党人干革命、搞建设、抓改革，从来都是为了解决中国的现实问题。"①"现实问题"是指现实发生且绕不开的问题，既包括关系到国计民生的重大问题，也包括广大群众生产生活中遇到的突出问题。解决问题的过程实际上也是人民群众获得感生成的过程，同时，也是社会主义意识形态掌握群众的过程。以问题为导向解决现实问题，是马克思主义的理论品格和根本要求。随着中国特色社会主义进入新时代，各种新情况新问题必然会大量涌现，比如，如何处理利益固化与共享共富的问题、如何认识主要矛盾的历史性变化与社会主义初级阶段国情不变的问题、如何在国内外形势深刻复杂变化时保持战略定力的问题等。诸多问题都对社会主义意识形态话语权提出严峻挑战。始终以群众满意为标准解决现实问题，这既是对党员干部执政能力的考验，也是检验党的理论、路线、方针、政策科学与否的试金石。只有让群众受益，群众才能满意，群众才能听党的话，跟党走。也就是说，铸牢中华民族共同体意识，增强中华民族凝聚力，不能只顾向老百姓讲大道理，而是要真心实意为老百姓解决现实的难题。就新时代中华民族凝聚力建设而言，不能仅停留在向人民群众宣传党的路线、方针、政策等的大道理上，而是要将理论宣传与现实问题解决结合起来，通过着力解决看病问题、就业问题、教育问题、住房问题、出行问题，甚至包括柴米油盐等与老百姓生活息息相关的问题。老百姓遇到什么问题，就着力去解决什么问题，而不是搞形式主义绕着问题走。只有将这些问题逐一解决了，党群关系、干群众关系才能更加密切，老百姓才能有更深刻的公平感。

三是立足国家长治久安。长治久安是国家发展、民族振兴、人民幸福的前提和保障。增强社会公平感也要坚持长治久安的原则。具体来讲，社会公平感要具有长效性，不能追求短期效应，而应是历久弥新的。实践证明，一时一事的公平不能生成真正的公平感，只有经得起历史检验和实践检验的公平，才能生成真正的公平感。这就要求国家在制定政策时，要立足长远，着眼全局，从维护国家长治久安的要求出发，进行制度设立。尤其在涉及民族问题时，更应保证公平的长久性，比如，在制定民族政策时，凡是涉及少数

---

① 本书编写组. 党的十八届三中全会《决定》学习辅导百问[M]. 党建读物出版社：学习出版社，2013：43.

民族群众利益的，制定政策时要保证政策的科学性、稳定性和连续性。不能追求一时的政绩，而去回避问题、掩盖矛盾，以此埋下安全隐患。比如，我国的民族区域自治政策在制定时，就始终强调要在国家统一领导下，在各少数民族聚居的地方实行区域自治，设立自治机关，行使自治权的制度。国家统一领导这是设立民族区域自治制度的前提条件，在国家统一问题上不容任何挑战。只有在坚持国家统一的基础上，民族自治地方才享有自治权。

三、增强社会公平感的国家治理要求

国家治理体系和治理能力现代化是增强社会公平感的根本举措，国家治理体系和治理能力的现代化，就是使国家治理体系制度化、科学化、规范化、程序化，从而把中国特色社会主义各方面的制度优势转化为治理国家的效能。国家治理体系和治理能力现代化有其明确的治理目标，其一就是公共权力运行的制度化和规范化。国家治理体系就是规范社会权力运行和维护公共秩序的一系列制度和程序。其二就是民主化。现代化的国家治理体系要求其公共权力的产生和运作必然是遵循民主规则的，公共治理和制度安排都必须保障主权在民或人民当家作主，所有公共政策要从根本上体现人民的意志和人民的主体地位，公民、社会、市场和政府之间的界限必然是明晰的。其三是法治化，国家治理、政府治理、社会治理的现代化有赖于各个领域的法治化。要以法治的可预期性、可操作性、可救济性等优势来凝聚转型时期的社会共识，使不同利益主体求同存异，依法追求和实现自身利益最大化。除了以上三个方面，还体现为效率化、多元化和协调性。现代化的国家治理体系应当注重科学性、战略性、系统性和有效性，有利于提高行政效率和经济效益，从而行之有效地维护社会稳定和社会秩序。要摆脱单一的政府一元管理模式，向政府、市场、社会和民众多元交互共治转变。国家治理体系主要包含经济治理、政治治理、文化治理、社会治理、生态治理和党的建设六大体系，这六个体系不是孤立存在或各自为政的，而是有机统一、相互协调、整体联动的运行系统。

因此，从国家治理体系和治理能力的特征来看，国家治理体系和治理能力现代化的实现过程也是社会公平感增强的过程。

从中华民族凝聚力建设视角，推进国家治理体系和治理能力现代化。一是要深入贯彻和实施依法治国，增强群众法治意识。法治具有客观性和强制性，同时，社会主义法治体现人民的意志，维护最广大人民的利益。深入贯彻和落实依法治国，增强群众的法治意识和法治观念，是增强社会公平感的关键要求。落实依法治国的方略，首先要依法管理好党员干部，党员干部，是人民群众的主心骨和引路人，是依法治国的践行者。党员干部依法办事、依法行使权力，党的、国家的惠民政策就能切实落地，人民群众的权利和利益就能得到很好的保障。反之，如果把依法治国当成了随意取舍、挑三拣四的利益托盘，滥用党和人民赋予的权力，利用手中掌握的权力中饱私囊，损公肥私，人民群众就感受不到公平感，民族凝聚力建设就会受到受阻。其次，要依法制定自治条例。民族地区制定自治条例，是依法治国的要求，也是尊重和保障少数民族群众风俗习惯和权益的体现。比如，2016 年 9 月 29 日内蒙古自治区第十二届人民代表大会常务委员会第二十六次会议通过的《内蒙古自治区民族教育条例》，许多内容就充分反映和体现内蒙古自治区的教育实际，如规定"民族幼儿园园长、中小学校校长应当由具备国家和自治区规定的任职条件、符合岗位要求的相应少数民族公民担任。""蒙古族幼儿园、中小学校，应当主要招收蒙古族学生，实施以蒙古语授课为主加授汉语或者以汉语授课为主加授蒙古语的双语教学。""实施双语教学，应当在学前教育阶段培养幼儿学习本民族语言能力和学习汉语兴趣，义务教育阶段基本掌握本民族语言文字和汉语言文字，高中阶段教育熟练应用本民族语言文字和汉语言文字。"等等。还如，2020 年 1 月 11 日，西藏自治区第十一届人民代表大会第三次会议全票通过《西藏自治区民族团结进步模范区创建条例》，这部《条例》是符合宪法精神、体现西藏特色、反映人民意志、得到人民拥护的良法，是充分反映西藏民族特色的法规。针对文化在西藏民族团结进步模范区创建中的重要地位，《条例》第十一条中规定，"西藏优秀传统文化是中华文化的重要组成部分""支持格萨尔、藏戏、唐卡、藏医药等民族优秀传统文化的保护、传承和发展"。可见，边疆民族地区结合地方实际，制定的自治条例，契合民族群众的利益和需要，保证了民族特色，有助于增强民族群众的社会公平感。

二是高度重视对人民群众的价值引导。社会公平感的产生，既有客观原因，也有主观因素，客观原因是指客观现实不公会带来不公平感，主观性是指公平感作为一种心理活动，具有一定的主观性，所谓"婆说婆有理、公说公有理"就是这个道理。也就是说，即便是同样的客观实际，不同的人的主观心理感受也会不一样。因此，要树立理性的社会公平感，离不开价值引导。因为公平都是相对的，世界上根本不存在绝对的公平，看待公平需要具有长远和全局的视野，不能只看眼前和局部。比如从当前东中西部经济发展差距来看，东中西部在经济总量、人均收入、教育、医疗等方面存在差距，这是客观存在的，但是这种差距的存在是地理的、历史的，以及人口、环境等因素综合作用的结果，如果忽视这些因素，只看到差距，看不到造成差距的原因，以及国家经济发展战略规划的全局性，忽视国家对边疆民族地区的巨大的支持力度以及坚持共同富裕的制度优势，自然就会滋生不公平感。因此，重视并加强对边疆民族地区的价值引导，帮助群众树立理性的公平观，对于培育理性平和的社会心态具有重要价值。

三是在落实落小中做好民族工作。民族工作无小事，要增强少数民族群众的公平感，要将社会公平落实到具体的民族工作中，正如习近平总书记在谈到政法工作时强调的，"努力让人民在每一个司法案件中都能感受到公平正义"。同样的道理，民族工作复杂而敏感，民族地区民族问题、宗教问题、国家安全问题相互交织，牵一发而动全身，因此，在做民族工作时，要落实落小，落实就是要实事求是、具体问题具体分析，杜绝形式主义和官僚主义。民族工作，不能虚张声势，搞花架子，要让少数民族群众真切感受到获得感。比如，党的十八大以来，针对边疆民族地区的贫困问题，党和政府对边疆民族地区实施精准帮扶，就很好地解决了长期以来扶贫工作中存在的形式主义问题，经过不懈努力，边疆民族地区取得脱贫攻坚的完全胜利，边疆民族群众和全国一道步入全面小康。这就客观上增强了边疆民族群众的国家认同感。落小，就是要将公平正义体现在具体工作中，不以恶小而为之，不以善小而不为。具体而言，就是要将公平正义体现在与人民群众切身利益相关的教育问题、医疗问题、生计问题、住房问题等各个方面，并且坚决杜绝官僚主义和徇私枉法的行为，让权力在阳光下运行。因此，只有将为人民服务真正落到实际，将公平正义体现在各个环节，人民群众的社会公平感才会显著提升，民族团结进步、中华凝聚力自然就会得到加强。

参考文献

著作类

[1]马克思恩格斯选集(1-4卷)[M]. 北京：人民出版社，2012.

[2]马克思恩格斯全集(第42卷)[M]. 北京：人民出版社，1979.

[3]列宁全集(第5卷)[M]. 北京：人民出版社，1986.

[4]列宁全集(第42卷)[M]. 北京：人民出版社，1987

[5]毛泽东选集(1-4卷)[M]. 北京：人民出版社，2009.

[6]邓小平文选(1-3卷)[M]. 北京：人民出版社，2008(重印).

[7]习近平谈治国理政[M]. 北京：外文出版社，2014.

[8]习近平谈治国理政(第2卷)[M]. 北京：外文出版社，2017.

[9]习近平谈治国理政(第3卷)[M]. 北京：外文出版社，2020.

[10]习近平. 论党的宣传思想工作[M]. 北京：中央文献出版社，2020.

[11]十八大以来重要文献选编(上)[M]. 北京：中央文献出版社，2014

[12]俞吾金：意识形态论(修订版)[M]. 北京：人民出版社，2009.

[13]侯惠勤：马克思的意识形态批判与当代中国[M]. 北京：中国社会科学出版社，2010.

[14]费孝通：中华民族多元一体格局[M]. 北京：中央民族大学出版社，2018.

[15]李道湘，于铭松. 中华文化与民族凝聚力[M]. 北京：中央编译出版社，2007

[16]欧阳常青. 民族团结教育研究：理论与模式[M]. 北京：民族出版社，2021.

[17]周竞红. 内蒙古民族团结进步理论与实践[M]. 北京：社会科学文献出版社，2017.

[18]中国社会科学院"云南省民族团结进步边疆繁荣稳定示范区建设研究"课题组. 民族团结云南经验[M]. 北京：社会科学文献出版社，2014.

［19］孙浩然. 云南宗教文化与民族团结的关系研究［M］. 北京：社会科学文献出版社，2017.

［20］国家民族事务委员会. 铸牢中华民族共同体意识--全国民族团结进步表彰大会［M］. 北京：民主出版社，2021.

［21］王希恩. 20 世纪的中国民族问题［M］. 北京：中国社会科学出版社，2012.

［22］郝时远. 中国特色解决民族问题之路［M］. 北京：中国社会科学出版社，2016.

［23］徐杰舜，孙亚楠，刘少莹. 大象：中国民族团结南宁经验研究［M］. 北京：民族出版社，2017.

［24］赵常庆. 苏联民族问题研究［M］. 北京：社会科学文献出版社，2007.

［25］熊坤新. 苏联民族理论与民族政策研究［M］. 北京：中央民族大学，2010.

［26］唐鹏，容本镇. 新加坡的公民道德建设［M］. 北京：民族出版社，2010.

［27］李路曲. 新加坡熔铸共同价值观："移民国家"的立国之本［M］. 长沙：湖南人民出版社，2016.

［28］王兆璟. 美国的公民意识教育与族群认同研究［M］. 北京：中国社会科学出版社，2017.

［29］王永贵：意识形态领域新变化与坚持马克思主义指导地位研究［M］. 北京：人民出版社，2015.

［30］沈壮海. 论文化自信［M］. 武汉：湖北人民出版社，2019.

［31］陈先达等著：坚持马克思主义在意识形态领域指导地位研究［M］. 北京：经济科学出版社，2015.

［32］张骥. 中国文化安全与意识形态战略［M］. 北京：人民出版社，2010.

［33］黄传新. 社会主义意识形态的吸引力和凝聚力研究［M］. 北京：学习出版社，2012.

［34］李慎明. 居安思危-苏共亡党二十年的思考［M］. 北京：社会科学文献出版社，2011.

［35］陈载舸等著：中华民族凝聚力学概论［M］. 广州：广东人民出版社，2013.

［36］胡玉萍. 美国当代少数族裔教育理论与政策研究［M］. 北京：民族出版社，2015.

［37］国家民族事务委员会：铸牢中华民族共同体意识——全国民族团结进步表彰大会精神辅导读本［M］. 北京：民族出版社，2021.

［38］田旭明：当代中华民族凝聚力研究［M］. 北京：人民出版社，2016.

［39］卢勋. 中华民族凝聚力的形成与发展［M］. 北京：民族出版社，2000.

［40］课题组：中华民族凝聚力的形成与发展［M］. 南京：江苏人民出版社. 2013.

［41］［美］塞缪尔·亨廷顿. 文明的冲突与世界秩序的重建［M］. 周琪等译. 北京：新华出版

社，1999.

[42][美]丹尼尔·贝尔.意识形态的终结：五十年代政治观念衰微之考察[M].张国清译.
南京：江苏人民出版社，2001.

[43][美]理查德·尼克松.1999：不战而胜[M].朱佳穗等译.世界知识出版社，1989.

[44][俄]尼·伊·雷日科夫.大国悲剧[M].徐昌翰等译.北京：新华出版社，2008.

[45][美]约瑟夫·熊彼特.资本主义、社会主义与民主[M].吴良健译.北京：商务印书
馆，2009.

论文类

[1]沈嘉荣.中华民族之凝聚力初探[J].学海，1990(2).

[2]肖君和.中华民族凝聚力论纲[J].学术研究，1991(5).

[3]阮纪正.中华民族凝聚力的文化根源[J].学术研究，1991(3).

[4]周大鸣.论中华民族凝聚力的核心——文化精神[J].学术研究，1992(2).

[5]宋堃.增强中华民族凝聚力与新时期爱国统一战线[J].中央社会主义学院学报，1993.

[6]孙友忠.民族凝聚力界定[J].湖北大学学报(哲学社会科学版)，1994(6).

[7]韩振峰.中华民族凝聚力问题探析[J].中州学刊.1996(1).

[8]张勇.现代化与中华民族凝聚力[J].贵州社会科学，1998(3).

[9]马戎.中华民族凝聚力的形成与发展[J].西北民族研究，1999(2).

[10]朱永新，杨树兵.论教育与中华民族凝聚力[J].教育研究，2000(6).

[11]王希恩.民族凝聚力与综合国力[J].民族团结，2000(1).

[12]王希恩.中华民族凝聚力的更新和重构[J].民族研究，2006(3).

[13]经盛志.党的领导与民族凝聚力[J].求是，2001(16).

[14]詹小美.论民族凝聚力的新挑战[J].西南民族大学学报(人文社科版)，2004(12).

[15]解丽霞.文化建设的四重路向与中华民族凝聚力[J].贵州民族研究，2006(3).

[16]娄杰.中华民族凝聚力的历史文化底蕴[J].中共中央党校学报，2007(6).

[17]章忠民.中国梦：提升中华民族的凝聚力[J].马克思主义研究，2013(10).

[18]吴祖鲲，王慧姝.强化优秀传统文化认同 提升中华民族凝聚力[J].2015(9).

[19]姜迎春.历史虚无主义削弱民族凝聚力[J].2018(7).

[20]徐杰舜，李菲."中华民族多元一体格局"理论定位研究[J].广西民族大学学报(哲学
社会科学版).2020，42(01).

[21]苏泽宇.国家凝聚力视域下中华民族共同体意识建构[J].青海社会科学，2021(6).

[22]宋才发. 中华民族共同体意识是国家凝聚力的精神纽带[J]. 社会科学家，2021(5).

[23]陈明凡. 中华民族凝聚力的历史基因与时代内涵[J]. 人民论坛，2021(8).

[24]秦宣. 意识形态工作是党的一项极端重要的工作-学习习近平总书记8. 19重要讲话体会之一[J]. 前线，2013(9).

[25]艾四林. "中国梦"与中国软实力[J]. 中国特色社会主义研究，2013(3).

[26]黄超. 美国对华宗教渗透新模式及其意识形态演变[J]. 中国党政干部论坛. 2012(2).

[27]陈秀丽，付晓丽：社会主义意识形态吸引力和凝聚力的理性思考[J]. 学术交流，2010(9).

[28]刘绍卫：广西当代民族团结进步的历史考察与现代意义[J]. 广西民族研究，2009(4).

[29]田鹏颖. 增强社会主义意识形态凝聚力和引领力——新时代意识形态建设的方法论思考[J]. 中国特色社会主义研究，2019(2).

[30]林建华. 我国意识形态安全的新时代意蕴和旨归[J]. 当代世界与社会主义，2018(6)。

[31]姜辉. 新时代意识形态工作要在增强凝聚力和引领力上下功夫[J]. 2018(09).

[32]陈创生. 面向市民社会增强主流意识形态凝聚力[J]. 岭南学刊，2008(4)。

[33]陈石明. 增强我国社会主义意识形态吸引力和凝聚力的思考[J]. 湖南社会科学，2010(1).

[34]邱仁富. 论新时代社会主义意识形态的凝聚力和引领力[J]. 学校党建与思想教育，2018(16).

[35]吴祖鲲，马伟. 中国主流文化之构建与民族凝聚力的归宿[J]. 湖南社会科学，2013(4).

报纸类

[1]姜辉：不断增强社会主义意识形态凝聚力引领力[N]. 人民日报，2018-2-22.

[2]阿布来提·麦麦提. 新疆各民族文化是中华文化的组成部分[N]. 光明日报，2018-10-15(4)

[3]刘亚洲. 抗日战争与中华民族精神的崛起[N]. 光明日报，2015-8-31(01).

[4]朱维群、孙冬冬：中华民族共同体意识唤起巨大凝聚力[N]. 环球时报，2020-8-14.

后　记

　　增强中华民族凝聚力是一项永恒的课题，中华民族凝聚力作为一种"力"，这种"力"是一种合力，是一种软实力，是一种只能加强、不能削弱的力，因为它事关国家兴亡、民族兴衰、人民幸福。实现中华民族伟大复兴，需要各民族像石榴籽一样紧紧抱在一起，万众一心，众志成城，筑成强大的民族凝聚力。进入新时代，随着我国社会主要矛盾的转化，世界百年未有之大变局和中华民族伟大复兴的战略全局交互叠加、新冠肺炎疫情的全球蔓延、"逆全球化"思潮愈演愈烈，人类面临"世界怎么了、我们怎么办"的世界之问；在世界大变局的形势下，"中国之治"与"西方之乱"形成鲜明对比，站在"两个一百年"奋斗目标的历史交汇点，中华民族以强大的民族凝聚力，才能任凭风浪起，稳坐钓鱼船。由此要求我们要时刻警惕和抵制各种企图扰乱、破坏中华民族凝聚力的"黑手"，倍加珍惜和维护好来之不易的民族团结进步的大好局面。

　　党的十八大以来，以习近平同志为核心的党中央高度重视中华民族凝聚力建设，发表了大量关于增强中华民族凝聚力的重要讲话、论述、指示和批示，为新时代中华民族凝聚力建设提供了新的理论指导，推动了中华民族凝聚力建设的理论发展。比如，关于意识形态凝聚力建设、关于铸牢中华民族共同体意识、中华民族伟大复兴的中国梦、关于增进"五个认同"，以及针对民族地区经济社会发展的具体指导，等等，都为推动新时代中华民族凝聚力建设提出了新的实践要求、提供了新的理论指导。深入总结和领悟这些新思想、新理论，对于守正创新地做好新时代民族工作、铸牢中华民族共同体意识、增强中华民族凝聚力具有重要意义。

　　作为一名曾经在广西工作的十一年的山东人，对于广西的风土人情、生活习惯、民族状况有着深切的了解，内心也早已把广西当成了自己的第二故乡，虽然因工作调动，离开了这片热土，但带不走的是回忆。最近收看央视播出的电视剧《大山的女儿》，内心深受触动，这里面，除了被黄文秀的事迹所感动，也有"桂柳话"勾起的自己对广西的美好回忆。实际上，撰写本书，初衷是想对广西民族团结进步的盛况做一个透彻的分析，但随着研究的深入发现，广西各民族团结进步实际上也是中华民族团结进步的一个缩影，不同时期，党在领导全国各族人民实现美好生活的过程中，与时俱进地推动中华民族凝聚力建设，取得了非常丰富的建设经验，这些重要经验，需要及时加以总结，才能更好地用科学理论指导新的实践。

　　承蒙吉林大学出版社对拙作的厚爱，感谢吉林大学出版社编辑老师的热心指导，感谢广西铸牢中华民族共同体意识研究广西科技大学基地提供的资料支撑，感谢曲阜师范大学马克思主义学院提供的研究平台和给予的出版支持，感谢所参考和征引的参考文献资料的学者们提供的理论成果，在此致以深深的敬意，如有遗漏之处，敬请谅解。

张学亮

2022 年 8 月 12 日